走出疑古时代

李学勤 著

江西教育出版社
JIANGXI EDUCATION PUBLISHING HOUSE
·南昌·

图书在版编目（CIP）数据

走出疑古时代 / 李学勤著. -- 南昌 : 江西教育出
版社, 2025.1. -- (李学勤经典著作丛书). -- ISBN
978-7-5705-4464-6

Ⅰ. K870.4-53

中国国家版本馆CIP数据核字第2024E20R97号

走出疑古时代
ZOUCHU YIGU SHIDAI

李学勤 著

江西教育出版社出版
（南昌市学府大道 299 号 邮编：330038）

出 品 人：熊 炽
策划编辑：陈 骥
责任编辑：马 静
装帧设计：纸 上 / 光亚平 万 炎

各地新华书店经销
江西赣版印务有限公司印刷
710 毫米 × 1000 毫米 16 开本 25.75 印张 300 千字
2025 年 1 月第 1 版 2025 年 1 月第 1 次印刷

ISBN 978-7-5705-4464-6
定价：112.00 元

赣教版图书如有印装质量问题，请向我社调换 电话：0791-86710427
总编室电话：0791-86705643 编辑部电话：0791-86705903
投稿邮箱：JXJYCBS@163.com 网址：http://www.jxeph.com

出版说明

　　李学勤先生（1933—2019）是当代著名历史学家、考古学家、古文字学家、古文献学家和教育家，被誉为"百科全书式的学者"。他长期致力于中国古代文明的研究，在多学科领域都做出了开创性的贡献，为中国学术事业留下了丰富而宝贵的文化遗产和精神财富。

　　李学勤先生的一系列学术著作，曾先后在各大出版社出版，有的还再版、三版，深受读者广泛关注和欢迎。随着时光流逝，有些著作目前在市面上已难觅其踪。作为一家和先生多次合作的出版社，屡有来电垂询先生多年前的旧作。我们深感有责任继续做好精品力作的再版传播工作，以飨读者，以广流传，遂组织出版了"李学勤经典著作丛书"，收入《比较考古学随笔》《走出疑古时代》《简帛佚籍与学术史》《四海寻珍》《夏商周年代学札记》《周易溯源》等一系列先生的代表作品。

　　《走出疑古时代》是李学勤先生讨论中国古代考古发现和文明特色的一部高质量学术著作，主要涉及中国上古时期的考古发现与历史文化、中原与边远地区的文化交流、早期的中外关系等内容。

书名来自李学勤先生1992年在一次小型学术座谈会上的发言，该发言后来经李零和魏赤两位先生整理，以"走出疑古时代"为题，发表于1992年出版的《中国文化》第7期。本书初版时即采用了这一标题作为书名。

本书出版后引起了广大读者的强烈反响，"走出疑古"的认识已成为当代的一种学术思潮，对学术界产生了广泛而深刻的影响。很多大学的历史、考古、哲学等院系把本书作为本科、研究生的教材，或列为必读书目。1999年，本书荣获第四届国家图书奖提名奖。

本书1994年由辽宁大学出版社出版，1997年修订再版，2007年由长春出版社修订出版，后全文收入李学勤先生手定，于2023年在江西教育出版社出版的《李学勤文集》。本次再版，选据底本为《李学勤文集》。为展现李学勤先生学术之进路与历史之原貌，我们充分尊重先生的学术观点、行文习惯、语言风格，以及当时语言文字的习惯用法，对全书进行了认真编校，并重新设计开本版式，以最大的努力维护、传播先生的学术成果，向先生致敬。

自 序

《走出疑古时代》这本书，是我最近几年继续探索中国古代文明的结果。

我自知研究能力有限，所及范围只是中国古代文明的前段，即自文明起源到汉代初年。中国文明的这一段十分宏大辉煌，对我来说如同眺望海洋，竭尽目力也难见其边际。这几年事务繁多，能接触到的不过几个课题，因此我便把本书划为五篇：

第一篇是关于古代文明起源及其早期的发展。中国文明的始源，二三十年来一直是国内外学界关心的题目，争论很多。篇中第一节《中国古代文明的起源》综合了我一系列小文的观点，勾画了有关看法的轮廓。书里还有几节和这个题目有关，如第二篇第二、第三两节论良渚文化符号，就涉及文字的起源。

古玉的研究，近年随考古发现的增加而有迅速进展。玉器在中国古代有特殊重要的意义，相信这方面的研究不久将与青铜器研究并驾齐驱。我做的一点工作，多数是关于早期玉器的，现划为第二篇。

最新考古发现多对古代历史文化研究有重大价值，我以能力所及，有选择地做了一些考察。本书第三篇中谈到的，如濮阳西水坡墓与天文的四象、北京琉璃河金文与周初封燕、三门峡上村岭墓与虢国史事等，希望引起大家的兴趣。

对中原地区以外的考古发现，第四篇各节用了较多力量去探讨。尤其是四川广汉三星堆、江西新干大洋洲两项重要发现，事实上已经改变了人们心目中当时历史文化的面貌，我觉得有必要从多种层面和角度讨论研究。

观察和研究海外发现或收藏的中国文物，也是我经常的工作之一。本书第五篇各节所论，有的是流散到外国的中国珍品，有的是境外出土的中国文物，或者与中国文化有关可资比较的文物。

在本书各篇节中，我着重谈几个问题，记在这里，以供读者参考：

一、上古时期的宇宙论（cosmology）。中国汉以前对宇宙的认识，有其明显的特征，富于哲学和科学史的意义。当时一些观念渊源久远，可以追溯到很古老的时期。本书第二篇第四节《论含山凌家滩玉龟、玉版》、第三篇第一节《西水坡"龙虎墓"与四象的起源》等，均与之有关。前者曾以"A Neolithic Jade Plaque and Ancient Chinese Cosmology"为题，在1992年美国亚洲研究协会年会上报告过。

二、饕餮纹的演变。所谓饕餮纹，在中国考古学、美术史、神话学等学科中，都有重要的位置，但其性质和源流迄今不很清楚。本书几处对此试做研讨，如第二篇第一节《良渚文化玉器与饕餮纹的演变》，主旨曾在伦敦大学亚非学院的珀西沃·大卫基金会召开的"商代青铜器纹饰的意义"讨论会上提出。另外第三篇第二节、第四篇第七节等，也有涉及这一问题。

三、中原与边远地区文化的交流。灿烂的中国古代文明，是各民族、各地区的人民共同缔造的。我一直主张古代中原地区与边远地区的文化间存在着双向的传播影响。中原文化强烈地影响到很遥远的地区，同时在中原也能找到源于边远地区的许多文化因素。书中较多篇节谈到这个看法，而以第四篇更集中些。

四、早期的中外关系。本书第五篇论介了日本、韩国、阿富汗发现的若干文物，皆与当时中外的文化交往有关。比如日本、阿富汗出土的铜镜，可补充1991年出版的拙著《比较考古学随笔》的一些论述。日前我写了一篇小文，根据最新公布的材料，谈及商朝通向东南亚的道路，似可与"西南丝绸之路"相证，可惜其内容已不及纳入本书了。比较考古学方面的试探，我很想继续下去。

这里还应谈一下本书的标题。两年以前，我在一次座谈会上发言，整理后冠以此题，现在已用作本书导论。从这个标题委实容易联想到冯友兰先生30年代关于"信古、疑古、释古"的提法，我在导论中也确实引述了冯先生的话。

冯友兰先生这一见解见于《古史辨》第6册序，近来受到越来越多的注意。信古、疑古、释古，指的是怎样看待文献记载的古代历史文化的问题。疑古是晚清今文经学一派率先倡导的一种思潮，反对古人对文献一味尊信，要求就古史普遍做理性的审查。疑古思潮在思想史上起过很大的进步作用，但因怀疑过度，难免造成古史的空白。这一思潮的影响深远，要对古代历史文化做出实事求是的评价，不能不摆脱有关观点的约束。冯先生提出以释古代替疑古，确具卓识。如我在导论所说，有人建议把释古改为考古，考古是释古的关键方面，不过释古的含义比考古要更为广泛。

我常常揣想，冯友兰先生的提法应该和他任教多年的清华大学学风有关。大家知道，1925年清华国学研究院成立，导师为梁启超、王国维、陈寅恪、赵元任，讲师为李济。那时，梁任公在清华执教有年，他以往曾认同"对于今文学派为猛烈的宣传运动"，但他这时的讲义《中国近三百年学术史》，议论已较持平。王国维先生对古文等问题做了许多切实研究，并在《古史新证》中提出以地上、地下材料彼此印证的"二重证据法"。李济先生1926年发掘山西夏县西阴村遗址，更是中国人自行主持考古发掘之始。清华不少学者对古代的探究，沿着这样的方向发展，为释古之说开了先路。

信古、疑古、释古的提法，已经是学术史上的公案了。今天的中国考古学、历史学和文献学，都是相当发达成熟的学科。充分沟通这些学科的成果，将能进一步阐释古代的历史文化。不仅如此，我们还要把中国古代文明放到整个人类文明历史的背景中，去考察、理解、比较和估价，从而做出具有理论高度的贡献。这是我长期企望的目标，却苦于力所未及。放在你们面前的这本小书，只能算是近期工作的一份报告，个中得失，敬请评判指教。

对辽宁大学出版社热心关切学术发展的精神，我深为钦佩和感谢。

作　者

1994年5月26日

于中国社会科学院寓所

目 录

导论　走出疑古时代
——在一次学术座谈会上的发言

一、考古与思想文化研究

谈到近年来的考古发现，特别是一些新的考古发现，它们对研究古代历史、文化，特别是在座各位关心的思想文化会有什么影响，这个题目，还是很值得研究的。考古发现对研究历史作用很大。这一点，恐怕现在所有的人都承认。这点恐怕是一个常识。不过，很少有人想到它对研究思想文化的作用，大家都重视得不够。关于它有这种作用，很多人不这么看。为什么？我想这里有个原因，就是早期的考古学本来就不强调思想文化的研究。特别是在一个很长的时期里，英国的柴尔德，就是 Gordon Childe，他给我们带来一种影响。大家知道，柴尔德这个人在一定意义上是个马克思主义者。比如从他的书，像《历史上究竟发生了什么》等等，我们可以看出他基本上是马克思主义者。但我们可以注意到的是，他带来了早期考古学上的丹麦学派的影响。因为丹麦学派本来是搞博物馆，它的创始人就是发明"石器时代""铜器时代""铁器时代"这些词的，他们都是搞博物馆的，光摆东西，不大讲，当时也不可能讲思想文化。所以，柴尔德的书也带来了一些这样的影响。我们大家都知道，在苏联，很长一个时期里，他们的考古研究所不叫"考古研究所"，他们不用"考古学"这个词，是叫"物质文化研究所"。什么叫"物质文化"？这个词不大清楚。因为考古发现的东西是不能用"物质文化"来限定的。考古挖出来的东西，怎么都是"物质文化"呢？我自己从来都不这么看。所以，我写那本《东周与秦代文明》的小册子，里面就特别讲到一段话。后来好多人都引用这段话，幸亏大家觉得还可以。那意思就是说，考古学发现的东西，比如一个墓葬，它总有一定的葬仪，一定的礼制，这些东西都是反映当时的社会，当时的风俗习惯。如果你只是从物质上来看，那么，这样的考古学，它的作用就很值得考虑了。这是我的一种看法，向大家请教。那么，今天我就想讲讲考古文化对精神的东西有什么影响。

二、两种考古证据

我想大家都知道，把考古学的东西和历史学的东西放在一起来研究，特别是把地下的东西和地上的传世文献放在一起来研究，从方法上讲，是我们大家尊重的王国维先生提出来的。王国维先生提出来"二重证据法"，即地下的与地上的相互印证，这是很有名的。它为中国现代考古学的建立奠定了基础。

王静安先生是讲"二重证据法"，最近听说香港饶宗颐先生写了文章，提出"三重证据法"，把考古材料又分为两部分。这第三重证据就是考古发现的古文字资料。如果说一般的考古资料和古文字资料可以分开，那么后者就是第三重证据。像楚简就是第三类。考古学的发现基本上可以分为两种，一种是有字的，一种是没字的。有字的这一类，它所负载的信息当然就更丰富。有字的东西和挖出来的一般东西不大相同，当然也可以作为另外的一类。

我是不是先用比较简单的话说说那些没有字的东西？没有字的东西，在我看来，对于精神文化的某些方面，甚至于对古书的研究也很有用。我特别推荐考古所张长寿先生写的一篇文章，在《文物》1992 年第 4 期发表，题目叫"墙柳与荒帷"。特别是里面讲了铜鱼，这见于礼书的郑玄注，用考古材料一讲就清楚了。类似这样的研究，今天不可能多谈。考古发现的东西，或者遗址，或者墓葬，或者建筑，或者服饰，或者各种器物的形制，都可以了解古书的真伪。像墓葬中这些铜鱼，作为棺盖上的装饰，一串串的，现在我们知道，这些东西主要都是西周晚期到春秋时期的。最近在三门峡的虢国墓地发现这种铜鱼很多。墓打开一看，张长寿先生在那儿说，这和我们在沣西挖的东西一样。我们挖的墓大多是盗过的，这儿是完整的。这样一些材料，可以印证古书的一些讲法。那我们大家就可以知道《仪礼》这本书确实是讲春秋的，至少是有相当一部分是和春秋时代有关。

这些都是没有文字的东西。我想这些是比较直接的。还有一些是比较间接的。既然是间接的，那就不一定很准确了，但我们还是可以有一些体会的。比如说前一个时候大家都看到良渚文化出土的大玉琮。那种琮有一个很明显的特点：你从侧面看是一个玉琮，但从上面看就是一个玉璧，是按照璧的形式做的。很多人都知道璧是礼天的，琮是礼地的，这个大玉琮是把天和地结合起来的。当然这一点仅仅是推论，不能直接证明一定是对的，可是至少还是有一定道理的。讨论良渚文化的朋友有这样的看法，我个人也有这样的想法。当然这些是间接的，不像我们刚才说到的铜鱼，是可以直接看到的。这类情形，我们还可举很多例子。它不仅可以证明我们对很多问题研究得不够，而且还可以证明很多古人本来讲的是对的东西，后人却怀疑起来了，结果最后证明，他们的看法还是对的。

有一个例子可能不恰当，聂崇义的《三礼图》，它的内容很多可能是从汉代和六朝的一些图传下来的。它把器物每每画成一种动物形状，背上背着个尊。宋仿的铜器很多是这个样子。后来人就说这种东西是杜撰，实际不是这样，没有动物身上背个尊的。现在像这样的东西出了好几件，最近文物精华展上看到的一件，完全是这个样子，可见《三礼图》虽然画的不一定都对，但是并非毫无所据。所以，我们对古代的东西别那么轻易怀疑。

当然，今天更重要的东西还是带文字的东西。带文字的考古发现，即第三重证据，是更重要的，它的影响当然特别大。王静安先生讲近代以来有几次大的发现，都是带文字的材料。20年代，他写了《最近二三十年中中国新发见之学问》，你们知道这篇文章最早发表在哪儿吗？先见于《清华周刊》，后来又发表在《科学》杂志上。《科学》杂志是任鸿隽、秉志、胡明复等留美学生创办的，他们成立了中国科学社，先后出版了《科学》《科学画报》。卢于道曾担任《科学》杂志主编，并和夫人卢邵漱容一道编辑《科学画报》。说起这两个人，我总是带着敬佩之情。虽然今天我是学了文史，可原来是想学科学的。我有一点科学知识，都是从他们的这两种杂志学来的。王静安先生的文章就是印在《科学》杂志上，我过去曾经有过一本，现在是珍本了。

王静安先生说，中国历代发现的新学问都是由于有新的发现。他举的例子很多，最重要的是汉代的孔壁中经和西晋的汲冢竹书，都是地地道道的古书。这些古书发现之后，对于中国文化和学术的发展起了很大的推动作用，这种作用到今天还能看到。我们今天的新发现至少不比那个时候少吧？可是有一点，重要性差些，比如我们还没有发现《尚书》。张政烺先生总是说什么时候挖出《尚书》就好了。

现在的发现还没有《尚书》，可是至少从数量上说，比起古代一点不差，因此它的影响是特别大的。从70年代以来，屡屡有一些新的东西发现，这些发现使我们直接看到当时的书。我自己认为，对这些东西做全面和彻底的研究，恐怕不是像我们这个年纪的人做得到的。因为比如汲冢竹书，一直到清朝还有人研究，对古史研究作用很大。所以这一类新发现，它的影响要经过很长时间才能看到。

对考古学的作用，我发表过一个看法。古代的东西无论在空间还是时间上与我们都有一段距离。这个距离，必须通过信息才可以越过。古代给我们的信息就是古书，除了这个没有第二条路，可是考古学的东西不是这样，那是另外一条途径。古书是历代传下来的东西，它是曾被歪曲和变化的。不管有意无意，总会有些歪曲，而考古获得的东西就不一样，我们是直接看见了古代的遗存。现在我们有了机会，可以直接看到古代的书，这就没有辨伪的问题。

古书的面貌和我们的想象是大不一样的，这一点我们要有充分的认识。我常常说，我们应该用我们的感受去体会孔安国，或者束晳、荀勖这些人的重大成果。孔安国作隶古定，那时候他对战国文字毕竟不大懂，所以弄出很多问题来。当然他在某些点上比我们认识得更多，可是基本上他已不很了解，就像今天我们很多人已不认识繁体字。繁体字离开我们才多少年？社会上繁体字还存在，可当时社会上已没有古文流行，人们没有这种教养。

　　我们今天看到的这些古书是一种新的信息途径。它使我们可以直接看到当时人的思想、学术，这个机会是前人没有的，因为至少两千年来很少有这样的机会。过去很多东西都糟蹋了，像王僧虔所见的所谓蝌蚪文《考工记》，结果根本没有传下来。还有傅奕本的《老子》提到，在徐州发现了项羽妾墓，墓里面发现了《老子》，可是没有人把它记下来，只是做了一点儿校勘，也不知道哪些是从项羽妾墓来的，是不是就是《汗简》里的《古老子》？所以今天我们要做的第一步是把新发现的这些书整理出来，把这些信息记录下来，发表出来。至于说，我们学术界要想充分吸取这些东西，得到它的影响，那还仅仅是尝试。当然，今天它已经起了很大作用。

　　我们发现的这些东西，在现已发现的这类材料里，我想今天大家最需要的有一种就是秦律和汉律。过去研究汉律，比如沈家本、程树德专门辑录汉律，他们钩稽汉律费了那么大劲，至于秦律简直不成条，所以程氏的书只叫《九朝律考》，不敢叫《十朝律考》。近年我们居然在云梦睡虎地和龙岗两次发现了秦律。秦律我们发表得还比较快。现在江陵张家山两批汉律竹简还没有发表，但可以告诉你们，材料好极了。我老劝人不要急于去讨论什么"隶臣妾"，最好稍微等一下。因为我们的材料太多了，如果你说错了的话，马上没法办。张家山简数量很大，第一批和云梦睡虎地的简差不多，总在1200枚左右。睡虎地随葬秦律的那个叫喜的人是个令史，他抄的那些律，很多重要的东西都没有。随葬张家山第一批汉律的那个人我们不知道他是干什么的，但他的官职比睡虎地的官要高，他抄的律很多都是刑律。这批简给我最深的印象是《盗》《贼》二律，它的细致程度比起唐律并不逊色。它考虑的各种细节，比如杀人吧，涉及各种不同的情况、各种不同的对象以及亲属关系等等，非常非常细。从这一点看，从汉朝到唐朝的发展不是很多。

另一个大家最关心的是马王堆帛书的《周易》，特别是《易传》。关于《易传》，我可以告诉大家，这个《易传》中的《易之义》比今本《系辞下》多出很大的一段，而这一段和今本《系辞》有同样的哲学意义，这当然极其不得了。

当然除这些还有其他一些很重要的发现，比如定县八角廊的西汉竹简《论语》，估计还保存有今本的75%。另外还有《周易》，那是阜阳双古堆汉墓出的，是占卦用的，像《火珠林》这类玩意儿。

那么现在问题是我们发现这么多东西，现在看起来绝大多数是佚书，即使是今天还有传本的，也很不一样。比如马王堆帛书《老子》怎么会把《德经》放到《道经》前面？这个问题需要讨论。台湾一些学者的那个意见也不是没有一点道理，就是抄写时把上下篇给拿错了。当时是抄写上的错误，造成了一种暂时流行的本子。这我自己是不接受，但还是可以考虑。

三、学术史的再认识

以上所说，引起种种的问题。我认为，今天它对我们学术史研究的影响还不仅仅是这些发现的东西本身。我们看见《周易》经传这些东西，当然对研究《周易》有很大好处。我们看到《老子》，对研究老子很有用；看到《孙子》，对研究孙子很有用。但我以为更重要的一点，是这些出土的东西所显示的当时的学术面貌。这种面貌和我们过去的估计相当不一样，这件事是个大问题。因此可以得出一个结论，就是我们今天的学术史研究有一个改观的必要。

当然如何评价这个影响，今天我们还做不到。虽然我比在座的几位痴长几岁，但就连各位也不可能完全看到其结果。因为发现太多了，不断出现，必须深入研究到一定程度，才能看到其成果。可是有一点今天我们已经可以说的，就是学术史恐怕得重写，这不仅是先秦和秦汉学术史的问题，而是整个学术史的问题。在这一点上它是特别重要。今天已经可以认识到，过去我们的一些结论，受过去出现的思潮影响认识到的学术史的面貌，现在看起来与事实有相当大的距离。

我们的思潮是什么呢？就是大家都深受影响的疑古思潮，下面我说说这方面的一些看法。

你们大概都看过我在《人文杂志》增刊上的一篇文章。这里我得做点儿说明。从小我就读过《古史辨》，小时候我有一次走到旧书摊上，买到一本《古史辨》第3册的上本，看过之后就着迷了，后来把整个《古史辨》都买来看。从晚清以来的疑古思潮基本上是进步的，从思想来说是冲决网罗，有很大进步意义，是要肯定的。因为它把当时古史上的偶像一脚全都踢翻了，经书也没有权威性了，起了思想解放的作用，当然很好。可是它也有副作用，在今天不能不平心而论，它对古书搞了很多"冤假错案"。

从晚清而起的这股思潮不只是中国有，外国也存在，如日本的白鸟库吉，他不是写过"尧舜禹抹杀论"吗？在日本也成了名文。奇怪的是这篇东西在中国怎么没见过？我觉得现在应该翻译翻译了。西方如马伯乐，他写的东西也是这个作风，而且也是比较早的。晚清以来的看法为什么在中国会造成这种影响？还可以向上追溯到清代的学术史。

我一直认为清儒的学术是做出了巨大成绩的，可是，它有一个极不好的地方，在今天还有影响，就是它很讲门户。当然这一点，实际上晚明也有，晚明就有人开始讲门户，可是明末清初的一些大学者还是很博大。所谓"三大家"，甚至于像"四公子"这些人，不管他学什么，都是很博大。甚至一些较小的思想家，像江西的易堂九子，都很博大，还没有门户之见。但清朝自己的学术确立之后，特别讲门户，一点点讲，第一步是分汉、宋，首先就把宋学一脚给踢出去了。最初宋学的影响还是很大，像李光地这些人还是大受重视。可是后来汉学逐渐上升，汉、宋的门户就先分开来了。江藩的《汉学师承记》就是证据。分了汉、宋之后，再分西汉、东汉，把今、古文分开了。然后在今、古文里还要分，越分越小，眼界越来越狭窄，看的书越来越少。这个分门户的办法在一定意义上说就是辨伪。这个讲门户实在要不得。我觉得我们写学术史，一定不要这样。

有一点要指出的，就是在对古书的辨伪上，晚清的疑古思潮反而是继承宋学。宋人是开始辨伪的，在这一点上，它是完全继承了。宋明理学的一个特点，就是讲究直接读古书，不依靠汉唐注疏，这当然是好事。我常常说，他们对早期儒家的一些认识，在某些点上可能比汉代人认识的还正确些，因为他们直接读古书，不考虑后来的师说，可能有些地方是值得考虑的。不过这种倾向发展到末流，就变成了师心自用，特别是明朝一些人，简直是束书不观了。清人改变了这种风气，但门户之见在带来的副作用中是很重要的一点。

四、古书新证（甲骨金文）

我觉得我们今天研究古代文献，一个很重要的问题还是真伪与年代。在这方面，有两本书可以作为标志，一本就是50年代张心澂的那部《伪书通考》，各个图书馆都有这本书。（李零：国外汉学家也是必读此书。他们要用哪本书，总要先翻翻此书！）张心澂的书前面有一部分是讲方法论，举了多少条，代表他的辨伪方法。其影响之大，你别看余嘉锡先生那本书，也比不了。余先生的书，即《古书通例》，是上海出的。其实《古书通例》比张心澂写的好得多。第二部书就是郑良树的《续伪书通考》，不知大家看过没有。他也有讲方法论部分，对比一下就知道时代已经变了。做《续伪书通考》的这位郑良树先生现在香港中文大学，原来做过马来亚大学的中文系主任，是台大的早期毕业生。你看《续伪书通考》就可以知道，近二三十年来，关于辨伪方面的认识已有很大的变化，这是很明显的。这里起很大作用的就是考古发现。这可以说明现在的学术界对疑古思潮既有所肯定，也有所扬弃。这点是对的，特别是我们从新发现来看，有些问题就看得比较清楚了。我想就古文字对文献的关系举几个例子。

我们先说简牍帛书以外的。简牍帛书以外的东西对于古书也可以印证，如甲骨文。有一点我要说明，甲骨文所能表现的东西是有限的，不能认为甲骨文没有的东西商朝就不能有。这点是很重要的，例如有学者已经指出，甲骨卜辞的文体并非当时的唯一文体，这种说法很有意义，因为各个时代都有一些不同文体，今天仍然如此。比如报刊上的社论，外交用的文件，和日常写的书信绝对不能比拟。甲骨文只能刻那么很少的一点儿字，它的文体一定是力求简练，不能用很多虚词。至于当时的一篇文章，就一定不同，如《商书》的一些篇和《商颂》，与商代有关系还是完全可能的。董作宾先生写过一篇论文叫《王若曰古义》，文中引述了一版甲骨文，上刻有"王若曰：羌女……"等语。下面的"羌女"当然有各种不同的解释，但最好的解释还是"羌，汝……"，这是对羌人的一种文告，意思是王这样说：羌，你如何如何。可见当时就有"诰"这样一种文体。这样我们就可以证明《商书》里的"王若曰"，还有"微子若曰"，并不是周人所拟作。

还有一个例子，现在很多人都说甲骨文里没有四季，我从来不这么看。当然甲骨文到今天还没有找到"夏""冬"这两个字，可是这一点不等于说当时没有四季的观念。我们从常识来讲，也是这样。我这个人劳动下放去过好几回，农业还多少干过一点。我们知道，只要在华北这个地方住，是不可能没有四季观念的，这是很明显的道理。在甲骨文里有四方、四风，就是有四季，因为四方风的观念就是和四季紧紧地结合在一起。那些表示春生、夏长、秋收、冬藏的名称，如"析"呀，"因"呀，就是这么来的，怎么能没有四季呢？其实过去于省吾先生在《甲骨文字释林》中已经接触到了。记四方风名的甲骨已经可以明确地证明四季的存在了。最近，我还想写一篇文章，《山海经》讲四方风的地方，大家不太注意，就是它里面总是讲到"司日月之长短"。"司日月之长短"说明那个风和风来的方向是与四季有关。所以甲骨文里的很多东西也可以论证文献。胡厚宣先生是首先提示四方风名的意义的，其贡献实在很大。

金文也是这样。金文也有局限，因为金文是铸在铜器上，它不可能把很多东西都记录下来，我们也不能说金文没有的东西当时就没有。金文与文献印证的地方很多，比如说我写过一篇文章谈到《逸周书》的《祭公》，其中有些句子和金文完全一样，而且有些错字也能看出来了，如金文中常见的"懿（音ǐ）龢"，《祭公》这篇文章里把它写成了"执和"。这样我们就知道《祭公》一定是西周的作品。

还有一些铭文也是如此。前些时候我写了一篇小文章，是讲陕西出土的一件史惠鼎。那鼎不算什么，但它写着"日就月将"，这是出自《诗经》的《敬之》篇。《敬之》篇传说是周成王时作的，鼎作于西周晚期，自然可以引用。还有中山王的铜器里引了后来收入《大戴礼记》的一段话，这段话可能出自栾武子，是春秋时期的。我们从中山王铭文还可以看出，当时中山国的人不仅学《诗》，还可能学了《左传》，都是儒家的作品。这些是甲骨金文，当然重要的还是简牍帛书。

五、古书新证（简牍帛书）

关于简牍帛书，我这些年有一些想法，可能对学术史的研究有一些作用。我认为最理想的是，用今天出土的这些材料设立几个定点，然后把其他的古书排进去。过去研究古书和古书的关系，比如哪个比哪个早，我们也可以有一些推定，可是年代每每没有绝对的定点。比如假设A、B、C三种书，A早于B，B早于C。按相对年代来说，你可以把它们放得早些，也可以放得晚些。你只要把A、B、C这三个点的顺序排对了，形成一个系列，就完了，很难知道它的绝对时间在哪儿。可是今天我们的考古学材料却可以提供中间的一些定点。只要把一个点定住了，A、B、C序列的时间就容易排定。当然这还需要很多的证据，现在也许还做不好，但至少可以先定几个点试试。

我们可以举几个例子。比如我到处做检讨的一个例子，是我关于信阳长台关楚简的说法。1956年的时候，信阳长台关1号大墓发掘出了两批竹简。竹简发表后，那个时候我年少气盛，喜欢抢时间，马上就写了篇短文，登在《光明日报》上。我说竹简的一篇是儒家的作品，因为里面有"先王"、"三代"和"周公"这些词，儒家气极浓。大家都承认我这个说法。这篇文章发表后，我就把它忘了，很长时间里觉得没有什么问题。后来到了"文革"期间，中山大学几位学者从中找出了几句话，在古书中有，是《墨子》的一条逸文，见于《太平御览》。过了些年，我再看这组竹简，特别是信阳长台关的报告出来，有了更好的释文，才发现不是原来我想的那么回事。既然是《墨子》逸文，这怎么还是儒家作品呢？后来查了一下就明白了，原来《墨子》里面也有"三代""先王""周公"这些东西，一点不少。所以我就写了一篇文章，收入徐中舒先生的纪念论文集，说明这组简是《墨子》佚篇，其中有申徒狄与周公的对话。后来我看到李家浩写的一篇文章，他把"周公曰"后面的字读为"易"，说这就是"申徒狄"的"狄"字，这就完全证明了那段话是周公和申徒狄的对话。周公不是周公旦，恐怕应该是西周君，因为申徒狄是战国时候的人。这个《墨子》佚篇的确定是很重要的。长台关这座墓属于战国中期，佚篇类似于《墨子》书中一般认为特别晚的那些篇，如《贵义》《公孟》等。这些篇大都认为比较晚，肯定要比《墨子》前面学者认为是墨子自著的那些篇，如《明鬼》《节葬》，要晚得多。大家知道，墨子的卒年已经到周安王时，即战国中期之初了。墨子本人是到过楚国的，见过楚惠王，因此这个地方流行墨家的作品，是很自然的。这也就是说，过去我们认为《墨子》书中很晚的一些篇，其实一点儿也不晚，顶多是墨子下一代人写的。我想这一点对于我们研究《墨子》的意义很大。还有《墨子》最后面的《城守》各篇，我们拿它跟秦简一对照，就知道那确实是秦人的东西，所以一定是墨学传到了秦国之后，在那个地方作的。特别是篇中有的地方是称"王"，有的还是称"公"，可见后者当时秦还没有称王，即在秦惠文王称王以前，这和上述佚篇的年代也差不远。因此，我们对《墨子》各篇年代的估计就有重新考虑的必要。

还有一个例子，就是1942年长沙子弹库出土的楚帛书。出楚帛书的那个墓葬的年代是确定的。1973年，湖南省博物馆清理了那个墓葬，清理时又发现了一幅帛画。从陶器排队等方面看，它的年代一定是在战国中晚期之间，就是公元前300年左右。所以楚帛书的内涵在公元前300年一定有了，不可能比这个时候更晚。这也是一个很有用的定点。楚帛书是一种阴阳数术性质的书，在学术史上是很有价值的。楚帛书的内涵中有许多思想、文化的因素，既然楚帛书的年代定了，这些因素也绝不可能晚于公元前300年。从这里出发，便能得出一系列有意义的推论，有益于学术史的探讨研究。

反过来，也可以用文献的定点来推定出土材料的时代。最好的例子是《鹖冠子》。《鹖冠子》现在在海内外都是热门，最近我去美国，也谈了《鹖冠子》，见到一些研究这部古书的学者。《鹖冠子》的年代比较清楚，它的上、下限连20年都没有。因为很明显的是，庞煖死的年代是已知的，书中称呼他作"庞子"，是庞煖学生的口吻，另外有些地方还避秦始皇的讳，可见一定也经过秦代。仔细考虑，这部书的时代不出战国的最后几年到秦代的焚书以前。大家了解，要是不发现帛书《黄帝书》，那么《鹖冠子》就还是冤沉海底。《鹖冠子》从唐代柳宗元那儿就给否了，后来的人对柳宗元崇拜得很，所以很少有人肯定《鹖冠子》，以致到今天连个好的注本都没有。从版本说，《鹖冠子》就有两个明版，一个是明翻宋本，即《四部丛刊》影印的那个本子，还有一个就是《道藏》本。两个本子差别不大。至于注，最早是北宋陆佃注。所谓唐写本《鹖冠子》是假的。前不久，陈鼓应先生找我写篇小文，我就讲了《鹖冠子》的年代问题。那篇稿子写得比较粗糙，比较仓促，希望大家多给予批评。我举了几个例子，可以证明是《鹖冠子》引用在马王堆帛书中发现的《黄帝书》，《黄帝书》是早于《鹖冠子》的。特别是像"五正"这样的词也见于子弹库楚帛书，更能说明它的年代。

不管怎么说吧，我们的想法是现在出土的很多东西可以和传世的古籍相联系。像《鹖冠子》，虽然没有出土，但它和帛书《黄帝书》很像，可以说明《鹖冠子》确实是楚人作的，而且也比较早。像这些例子，可以给我们提供一些定点，可以做出很多的推论。而这些推出的结果，它的趋向是很明显的，就是和疑古思潮相反。这会给我们带来一个巨大的好处，就是使学术史变得丰富多了。因为过去很多书不能提，我就记不起有哪本哲学史的书提到过《鹖冠子》。这本过去所有人都不提的书，现在看来大有可谈，那里面包含着很多哲学概念，都很重要，所以我们一定要刮目相看。

上面我说学术史一定要重新写，其实不只是先秦的、汉代的，后来的也要重新写。关于后者，在这里我也要说几句。我们每一代人，在学术上、文化上要有所发展，就一定要扬弃前人那个时代的局限，这是不可避免的。不这样做，就不能发展。在文献学方面，我觉得我们一定要扬弃清人的门户之见，因为清人的缺点就在这里。如果你不排除他们的门户之见，一定做不出什么新的成果。有一点我印象最深。我最早看到帛书《周易》，首先注意的就是它的次序，就是所谓卦序。它和今本到底哪个更早呢？我自己认为，帛书《周易》是很晚的，因为它完全是按阴阳说排列，做法很像京氏易，只不过比较简单，没有京氏易那一套系统。它实际上是分宫的，即以下卦分宫，这比后来如《元包》之类好多了。我们参加整理的人都发现，按照帛书的卦序，也可以画出一种卦位图，这种图和宋人所说的先天卦非常类似，只有四隅卦差了九十度。为什么？那道理就是因为《说卦》中"天地定位"那几句话，帛书本与今本略有不同。如果是按照今本的样子，那就画出先天卦位来了。这样就可以看出来，尚秉和及近代那些搞汉易的人，如日本的铃木由次郎（《汉易研究》），他们指出在汉代已经有先天卦的观念，我觉得这是正确的。所以后人所谓"河图洛书"，宋代讲易学的那些基本的东西，不可能是宋人发明的。清朝人搞门户，特点就是好给人戴帽子。当时最大的帽子就是"二氏"，他们考出宋人的卦图出于陈抟，这个帽子就套上了。陈抟不是老道吗？陈抟既然是老道，你当然就是背弃了儒家正宗。但是道教难道就不可以保存汉代的一些东西，甚至是先秦的东西吗？例如今天我们看见的《周易参同契》，里面保存的东西就是比较早的。汉易本以象数为本，后来王弼一扫象数，就把这些东西忘掉了。儒家的人忘了，但道教把它保存了，反而得到发展，为什么不可以呢？如果我们不讲门户，这个问题本来是很平实的。

另外，马王堆帛书《五行》，也可以看出很多东西来。宋学的一些基本观念，过去很多人都认为先秦不会有，但现在在帛书里面都有。比如"理"呀，"性"呀，帛书里都讲到了。这也没有什么奇怪，宋学本来是以思孟之学为本，而《五行》正是思孟一派的作品。从现在发现的新材料出发，再去看传世各种文献，宋人所说曾参、子思、孟子的系统确是存在的。《五行》的作者，应该是这一派的学者。由这一点也可以看出，宋学有些地方是比较接近先秦的。

六、结语：走出"疑古"时代

前面谈到宋学，也就是清人所划分的汉、宋的问题。其实，今、古的问题也是这样的。汉代当然有所谓今文经、古文经，问题是当时是不是像一些学者所说，今文为一派，古文为一派，两派水火不相容呢？这是一个很值得重新审查的问题。我前些时候写的一篇小文，实际上是一条札记，印在张岱年先生主编的《国学丛书》第一种《国学今论》里，题目叫作"《今古学考》与《五经异义》"。《今古学考》是清末今文经学大家廖平先生的名著，对康有为的经学有很大影响。平分今古是廖氏经学初变的宗旨，《今古学考》主要是依据东汉许慎的《五经异义》，把汉学严格分为今文、古文两派。这样的观点，已经成了经学史的常识。可是仔细覆按《五经异义》，发现很多地方与《今古学考》不合。许慎本人据《说文·叙》所说，"其称《易》孟氏、《书》孔氏、《诗》毛氏、《礼》、《周官》、《春秋》左氏、《论语》、《孝经》，皆古文也"。这里所说的《易》孟氏是孟喜之学，明明是今文，不是古文，可见许慎并不是专学古文的。他的《五经异义》，也是有时尊今文，有时尊古文，并没有门户之见。《今古学考》强把"孟氏"改成"费氏"，是没有理由的。这一类例子说明，在学术史上有许多带关键性的问题，今天是必须重新考虑了。

冯友兰先生曾讲到一个"三阶段"说，即"信古—疑古—释古"。后来有学者认为，不如把"释古"改成"考古"。考古当然是非常重要的，我在前面已经谈了不少。我近年来写的一篇纪念郭沫若先生百年诞辰的文章，也特别强调他倡导以考古探索古史的功绩。不过，当前大家说"考古"，基本上是指田野考古，其含义恐怕不像"释古"那么宽广。我想说的是，咱们今天的学术界，有些地方还没有从"疑古"的阶段脱离出来，不能摆脱一些旧的观点的束缚。在现在的条件下，我看走出"疑古"的时代，不但是必要的，而且也是可能的了。

我们要讲理论，也要讲方法。我们把文献研究和考古研究结合起来，这是"疑古"时代所不能做到的。充分运用这样的方法，将能开拓出古代历史、文化研究的新局面，对整个中国古代文明做出重新估价。

第一篇　论古代文明

一、中国古代文明的起源

中国有着悠久的历史，创造过灿烂的古代文明。中国文明在整个人类文明史上据有重要地位。这种文明在什么时候和什么地方诞生，又怎样兴起和发扬光大，不仅中国学者在长期进行探讨，国际学术界也把它当作相当热门的研究课题。

按照马克思主义的观点，文明起源的问题也就是阶级社会和国家起源的问题，马克思、恩格斯在其晚年仔细研究了美国学者摩尔根的著作《古代社会》。马克思写有《摩尔根〈古代社会〉一书摘要》，恩格斯于1884年出版了《家庭、私有制和国家的起源》一书。恩格斯在这本经典著作里，以唯物史观详尽地分析了人类由野蛮到文明的发展历程。他根据希腊人、罗马人和德意志人等实例，探索了氏族制度如何解体，研究破坏氏族组织以至将之消灭的经济条件，指出"文明时代的基础是一个阶级对另一个阶级的剥削"[1]。这些研究和结论，奠立了马克思主义关于文明起源的基本理论。

---

[1]《马克思恩格斯选集》第4卷，第173页，人民出版社，1972年。

由于当时的历史条件，恩格斯的著作没有具体讲到中国。马克思主义传到中国以后，便有学者开始把《家庭、私有制和国家的起源》的理论运用到中国古史的研究中去。1929年，郭沫若先生撰写了《中国古代社会研究》，他以恩格斯这一经典著作为向导，研究了恩格斯未曾提及的中国的古代社会。此后，有不少马克思主义史学家，在他们的作品中接续着郭沫若的工作。

十月革命后，苏联的一些史学家曾对中国文明的起源问题做过研究。在西方，恩格斯著作的观点影响到人类学、考古学界，例如英国的考古学家戈登·柴尔德，关于史前考古和古代文明的若干看法，像新石器时代革命、城市革命一类观念，传播的范围是相当广的。20世纪60年代后期以来，西方学术界出现讨论文明起源问题的热潮，有一系列论著。如1968年丹尼尔的《最初的文明》，1975年塞维斯的《国家与文明的起源》，1978年穆瑞主编的《文明的起源》和柯恩、塞维斯主编的《国家的起源》，等等，都代表了这一趋势。这些作品，在不同程度上也涉及中国的古代文明。

近十几年来在中国，文明的起源也是学术界非常重视的题目，史学界和考古学界应用马克思主义历史观进行了认真的研究，发表了许多论作。这些新作的思想观点，与《中国古代社会研究》等早期作品相比，有着颇为显著的发展。综合起来看，可以说有以下几个特点：

第一，加深理论的探讨。

研究中国文明起源问题的著作，大都坚持马克思主义的基本理论，同时借鉴吸收了晚近国外一些论著的观点。这特别表现于文明的标志或要素的讨论。按马克思主义理论，阶级和国家是文明产生的根本标志，但对于判断某一古代社会，尤其是考古工作中的具体古代遗址是否属于文明社会来说，还可以提出若干要素作为根据。在国外著作中，上面提到过的英国丹尼尔的《最初的文明》即列举文字、城市和复杂的礼仪中心三项要素，并且说只要一个社会具备其中两项，便可判定属于文明。日本贝塚茂树在1977年出版的著作集《中国古代史学的发展》的补记里，则举出青铜器、宫殿基址、文字三项要素。

1983年，夏鼐先生应日本广播协会之邀做公开演讲，其中一次以"中国文明的起源"为题。他说："现今史学界一般把'文明'一词用来以指一个社会已由氏族制度解体而进入有了国家组织的阶级社会的阶段。这种社会中，除了政治组织上的国家以外，已有城市作为政治（宫殿和官署）、经济（手工业以外，又有商业）、文化（包括宗教）各方面活动的中心。它们一般都已经发明文字和能够利用文字作记载（秘鲁似为例外，仅有结绳纪事），并且都已知道冶炼金属。文明的这些标志中以文字最为重要。"[1]夏鼐先生这样的见解，当前在国内学术界较为通行。

第二，强调考古学的重要。

在《中国古代社会研究》撰著的时代，现代考古学在中国刚刚发轫，还没有取得多少成绩。经过60年左右的辛勤努力，中国考古学已具有举世公认的辉煌成果。中国古代文明，包括其产生和形成时期的面貌，业已在考古学者的锄头下逐渐显现出来。

世界各种古代文明的起源问题，无例外地都要依靠考古学成果来研究解决。这是因为从野蛮过渡到文明的历史阶段，文字仅处于萌芽状态（在某些地区还没有发明），自然不能有直接的系统的记

---

[1] 夏鼐：《中国文明的起源》，第81页，文物出版社，1985年。

载。中国古代有大量典籍，不少传流至今，但涉及文明初期的材料究竟是有限的。研究这方面应以考古材料为主，已成为学术界的共识。

第三，重视传说的价值。

上面说考古学重要，不等于认为传世古籍中的古史传说没有意义。晚清以来兴起的疑古思潮，以为古史传说所指的时代越古，后人作伪的成分就越多，也便更不能凭信。50年代已有学者不赞成这一观点，他们对古史传说做了细心的整理分析，发现了好多有价值的线索。随后，有的学者还根据传说进行考古调查，如徐炳昶先生对豫西夏文化的调查工作，有很引人注意的收获。

1982年底，尹达先生为《史前研究》杂志的创刊写了一篇《衷心的愿望》，是他最后的学术论文。他在这篇文章里问道："我国古代社会的传说里究竟是否全属伪造？在这些疑说纷纭、似是而非的神话般的古史传说中是否有真正的社会历史的素地？"他认为，考古学的发展已经"充分证明这些神话的传说自有真正的史实素地，切不可一概抹煞"[1]。

第四，反对文明起源单元论的观点。

在研究古籍中的传说方面，邵望平关于《尚书·禹贡》的论文很令人发生兴趣[2]。文章提出，公元前第三千年期间，特别是其中、晚期，黄河、长江流域的史前文化发生了大的社会变革，进入考古学上的龙山时代。这个时代形成的龙山文化群体，是中国文明形成

---

[1] 尹达：《衷心的愿望》，《尹达史学论著选集》，第450页，人民出版社，1989年。

[2] 邵望平：《〈禹贡〉"九州"的考古学研究》，《考古学文化论集（二）》，文物出版社，1989年。

的基地。《禹贡》记述的九州，在很大程度上与当时的文化区系相对应，其内容之古老、真实，绝非后人凭想象所能杜撰。邵望平认为，中国古代文明以黄河、长江流域为基地，中原地区为中心，是多源的。过去考古学尚未取得足够材料去打破中国文明起源于中原的单元论，现在考古学已为中国文明起源的研究打下新的基础，单元论的传统观点就被打破了。

文明起源单元论的破灭，是考古工作在全国各地进一步普遍开展的结果。许多地区考古学文化演进情况逐步清楚，使各种文明要素产生的过程也趋于明朗了。下面试从几个方面，勾画一下中国史学界和考古学界应用马克思主义历史观研究中国古代文明起源的初步结果。

金属的使用

按照马克思主义历史观，生产力是经济基础中最活跃的因素，而在生产力中，生产工具的进步又是生产力发展的标志。

现代考古学证明，不少古国的文明时代的开始，和青铜时代的到来大体相当。中国的青铜时代是在什么时候开始的，长期以来是学术界十分关心的课题。

人们都知道，商代已经是青铜时代，而且青铜器的制作工艺达到了非常复杂发展的高度。不过直到20世纪50年代，大家所知道的商代青铜器，只限于商代后期（即大约公元前1300年商王盘庚迁都到殷以后）的器物。这在考古学上，叫作殷墟期的青铜器。比殷墟期更早的商代青铜器，是通过河南郑州和辉县等地的发掘而确定的，由于郑州二里岗出土的这种器物较多，就叫作二里岗期的青铜器。

二里岗期青铜器属于商代前期，其工艺当然不像殷墟期那样发展，但仍然是有相当高度的。这种青铜器特点是器壁比较薄，花纹比较简单，可是礼器、兵器、工具品种齐备。殷墟期的主要器种，这时都已经有了。有的器物形制很大，例如方鼎的高度有达到1米的，比殷墟期最大的后母戊方鼎只低0.33米。这个时期青铜器的出土地点分布得相当广，远到长江中游的湖北黄陂、陕西汉中的城固，都有不少发现，而且其形制、花纹和郑州等地所出差不多一样。这说明，商代前期的青铜工艺绝不是原始的。

比二里岗期更早的青铜器，主要是在河南偃师二里头遗址发现的，所以叫作二里头文化青铜器。若干学者主张二里头文化就是夏文化，有关的意见如果不错，这种青铜器便属于夏朝。无论如何，二里头文化显然是青铜时代的，所出器物虽比二里岗期的商代青铜器又粗糙简单了一些，然而仍然不是原始的。据发掘者统计，二里头遗址出土的礼器有鼎、爵（数量最多）、斝、盉、盉，兵器有戈、戚、箭镞，工具有凿、锛、锥、钻、镶（陶范）、刀、刻刀、鱼钩等，另外还有铜铃、铜泡和铜饰牌等物。这些器物的工艺颇为复杂，使用了合范法浇铸，还有分铸、接铸的技巧。有的器物镶嵌有美丽的绿松石，有多种纹样，据说个别器上还发现有鎏金痕①。这充分表明，当时的人们能够制造出更大更复杂的青铜器，可能蕴藏在迄今尚未找到的大墓里面。

过去，有人看到殷墟期青铜器很发达，又还没有找到更早的渊源，就认为这种生产技术是外来的。现在二里头文化的发现已将中国青铜器的传统上溯到夏代，那么这个传统的根源在哪里呢？

---

① 《中国文明起源座谈纪要》，《考古》1989年第12期。

在近年的考古工作中，从青海、甘肃、陕西到河南、山西、河北、京津、内蒙古，以至山东，都发现有年代早于或相当二里头文化的铜器或者制造铜器的遗存。其中年代最早的，当推1973年在陕西临潼姜寨一座仰韶文化房子基址发现的半圆形残铜片①，房子的碳素测定年代约是公元前4700年。这块铜片经科学分析，是含有锌的黄铜，可能是用含锌的铜矿石炼成的。同一遗址还出土一件铜管，也是黄铜的。

1987年，在内蒙古敖汉旗西台的红山文化房子基址发现了多块陶范，可能是用来铸造鱼钩的②。红山文化年代的下限，在公元前3000年左右，陶范不会晚于这个年代。

1975年，在甘肃东乡林家遗址的一处房子基址北壁下发现一柄铜刀。遗址属甘肃仰韶文化马家窑类型，该房子基址的碳素测定年代约为公元前3200年。此数据可能偏早，可估计为公元前3000年左右。经科学鉴定，铜刀是含锡的青铜，系用两块范浇铸制成，这是我国已知最早的一件青铜器。

以上所举，仅是早期铜器的一些例子。根据已有的种种发现，有学者提出，仰韶文化可划为晚期新石器时代到早期铜石并用时代，龙山时代则是晚期铜石并用时代③。还有学者主张，龙山时代的中晚期已经是青铜时代了④。值得注意的是，上述一些最早的铜器都是经过冶铸的，而按照冶金史的一般规律，在发明铜器的冶铸

① 巩启明：《姜寨遗址考古发掘的主要收获及其意义》，《人文杂志》1981年第4期。

②《中国文明起源座谈纪要》，《考古》1989年第12期。

③ 严文明：《论中国的铜石并用时代》，《史前研究》1984年第1期。

④《中国文明起源座谈纪要》，《考古》1989年第12期。

工艺之前，应该有利用天然铜加以锻打来制造铜器的阶段，当时的铜器乃是纯铜（即红铜）的小件器物。国外的铜石并用时代主要是这种器物，而在中国这样的阶段还没有被认识。有文章以为这是中国冶金史的特点，中国并没有经过这样的阶段[①]，是否如此，尚待今后考古工作来证明。

文字的产生

摩尔根的《古代社会》认为，文明"始于标音字母的发明和文字的使用"。恩格斯肯定了这一看法，并说野蛮时代的高级阶段"由于文字的发明及其应用于文献记录而过渡到文明时代"[②]。由此可见，文字是文明的一项重要因素。中国古代文字主要是早期的汉字。关于汉字的起源，《荀子》《吕氏春秋》等古书都说黄帝时仓颉造字。黄帝的年代约当公元前第三千年的前期。这一传说当然有待考古材料加以证明。

很多人以为殷墟的甲骨文是最早的汉字，这是不正确的。甲骨文只不过是商代后期的文字，字的个数已经超过四千，而且从字的结构看，传统的所谓"六书"已经具备了。所以甲骨文是一种相当发展的文字系统，汉字的演变在它以前肯定有一个很长的过程。

近年关于中国文字起源的探讨，主要和年代较早的陶器上面的符号有关。这种刻划符号发现已久。20世纪30年代在山东章丘城子崖的考古发掘，就获得一些有刻划符号的龙山文化陶片，不过没有得到太多注意。50年代陕西西安半坡的发掘，发现了一大批仰

---

① 金正耀：《中国金属文化史上的"红铜时期"问题》，《中国社会科学院研究生院学报》1987年第1期。

②《马克思恩格斯选集》第4卷，第21页，人民出版社，1972年。

韶文化陶器刻划符号，这在1963年出版的《西安半坡》报告中公布，很快就引起古文字学者的重视。

有刻划符号的仰韶文化陶器，都属于半坡类型，迄今已在渭水流域的陕西西安、长安、临潼、合阳、铜川、宝鸡和甘肃秦安等不少地点发现。在这一地区早于半坡类型的文化的陶器上，也出现有刻划符号。半坡类型的陶器符号大多刻于器物烧成以前，器种绝大多数是陶钵。符号有固定位置，一般在钵口外面的黑色带缘上。符号有的简单，有的则相当复杂，接近文字，比如临潼姜寨的一个符号就很像甲骨文的"岳"字。

晚于仰韶文化半坡类型的不少种文化，也都有类似的陶器符号，有的还是用毛笔一类工具绘写的。例如青海乐都柳湾出土的马厂类型彩陶壶，下腹部外面常有绘写的符号，据统计有50多种。龙山时代的文化、二里头文化的陶器，也发现了不少符号。河南登封王城岗两处龙山文化晚期灰坑中出土的陶片，刻有异常复杂的符号，很像是文字①。山西襄汾陶寺龙山文化陶寺类型晚期居址出土的一件陶扁壶，有毛笔朱书的一个"字"和其他两个符号②。至于商代前期即二里岗期陶器上面的符号，有的已很明显是近似甲骨文的文字。总的说来，从仰韶文化以来，陶器符号可以说是向甲骨文那样的文字趋近。

文字起源与陶器符号有关的情形，在其他古代文明中也有实例。据有的外国学者研究，古埃及文字的起源可追溯到公元前

---

① 李先登：《关于探索夏文化的若干问题》，《中国历史博物馆馆刊》总第2期，1980年；《王城岗遗址出土的铜器残片及其它》，《文物》1984年第11期。

② 《中国文明起源座谈纪要》，《考古》1989年第12期。

4000—前3000年的陶器上绘写、浮雕或刻划的符号①。这个年代，和中国的陶器符号是差不多的。

这一类符号并不限于陶器。1984年至1987年在河南舞阳贾湖进行的发掘②，从相当于裴李岗文化的墓葬中发现了一版完整的龟腹甲和另外两个龟甲残片，上面都刻有符号，有的像甲骨文的"目"字，有的像甲骨文的"户"字。还有一件柄形石饰，也有刻划。墓葬的年代，据碳素测定不晚于公元前5500年。这项发现的意义，还有待进一步研究。

上面谈到的各种符号，性质如何，学术界尚有不同意见。还有一种陶器符号，大多数学者认为可能是原始文字，这就是大汶口文化的陶器符号。

大汶口文化分布在山东、江苏北部及河南东部一带，年代在公元前4300—前2500年之间，其后身是山东龙山文化。陶器符号属于大汶口文化晚期，发现最早的是1959年山东宁阳堡头（即大汶口遗址）出土的一件灰陶背壶，上面有毛笔绘写的朱色符号。后来在山东莒县、诸城陆续发现一批灰陶尊，都刻有符号一处或两处，有的还涂填红色。这些符号的位置和结构很像商代青铜器铭文。1977年，唐兰先生曾把他所见到的几种符号释为"莽""斤""戌""炅"等字。到现在为止，这种符号已出现9种③。

值得注意的是，分布地域和大汶口文化毗连的良渚文化也有类似的符号。良渚文化在江苏南部到浙江北部，年代同大汶口文化中

① 李学勤：《中国和古埃及文字的起源》，《文史知识》1984年第5期。

② 河南省文物研究所：《河南舞阳贾湖新石器时代遗址第二至六次发掘简报》，《文物》1989年第1期。

③ 李学勤：《论新出大汶口文化陶器符号》，《文物》1987年第12期。

晚期相当。良渚文化个别陶器有成串的刻划符号，同时在不少玉器上也有符号。有符号的玉器有璧、琮、环、臂圈等，符号的刻划位置独特，不同器上花纹混淆。有的符号为了突出，还特别施加框线或填有细线。良渚文化玉器符号已经发现11种，其中5种和大汶口文化陶器符号相同或近似。这些符号试用古文字学的方法分析，大多能够释读[①]。

大汶口文化和良渚文化是两种颇不相同的文化，但互相有密切的关系。1987年在江苏新沂花厅发掘了一大批大汶口文化墓葬，其中出土不少良渚文化玉器，说明两种文化的人民存在着交往。两者符号的相通，很可能标志着这些符号是原始文字。

城市的出现

按照马克思主义历史观，原始城市产生，是古代文明进步的一个重大标志，因此，学术界普遍重视城市的产生问题。但什么是城市，原始聚落同城市如何区别，仍是探讨中的问题。学者间的多数趋向于认为，城市的主要标志是反映出阶级的社会结构。城市不一定有城墙，例如中国商代后期的殷墟，经过多年的发掘，只在宫殿基址外围发现防御性的水沟，并未找到城墙。另外，人口的规模可以作为城市的参考标志，例如丹尼尔便主张城市应容纳至少5000人。

殷墟是典型的中国古代城市，包括有宫殿基址、陵墓、居住遗址和手工业遗址，其性质是不容争议的。商代前期的城市，可举出河南偃师尸乡沟商城、郑州商城和湖北黄陂的盘龙城。偃师

① 李学勤：《论良渚文化玉器符号》，中国古文字研究会第七届年会论文，1988年。本文正式发表于《湖南博物馆文集》（岳麓书社，1991年）。

商城是1983年发现的，位于县西大槐树村南，南临洛水。已探出东、北、西三面城墙，南北距约1700余米，东西最宽处1215米，面积约190万平方米。城内发现了大型建筑基址、道路等。这座城建于商代早期，其地望与古书所载汤都西亳吻合。郑州商城发现于1952年，遗址总面积达2.5平方公里。城东、南墙各长1700米，西墙1870米，北墙1690米。城内发现有大型建筑基址，城外也有许多手工业遗址、墓葬等遗迹。有些学者认为这座城是商王仲丁的都城隞。盘龙城发现于1954年，位于长江北岸不远，城较小，南北约290米，东西约270米，城内也有建筑基址，城外有居住遗址、手工业遗址、墓葬等。这些材料，说明商代前期已有规模可观的城市，而且有的是王都，有的可能是诸侯国的都邑。

前面曾经提到的河南偃师二里头遗址，距尸乡沟商城不远，可能属于夏文化，有人主张是夏都斟鄩。这处遗址没有发现城墙，但有大型宫殿基址以及居住遗址、手工业遗址、墓葬等。

更早的城址也已有不少发现。

最早发现的是山东章丘城子崖的古城。1928年以来，曾在当地进行发掘，那时已找到城址，但由于认识限制，对城的年代犹豫不决。1989年到1990年，在该地重作勘查试掘，证明是一处龙山文化、岳石文化（与二里头文化大致相当）、周代三城重叠的遗址。最下面的龙山文化城址，平面接近方形，南北最长530米，东西430余米，面积约20万平方米。勘查还证明，30年代发现的城址，是三城中的岳石文化古城①。

① 山东省考古研究所：《城子崖遗址又有重大发现 龙山岳石周代城址重见天日》，《中国文物报》1990年7月26日。

30年代在河南安阳后冈还曾发现龙山文化的夯土墙，可能也是当时的城址。

近年发现的龙山文化城址，有河南登封王城岗、淮阳平粮台和山东寿光边线王等多处。例如登封王城岗城址包括相连的东西两小城，合计面积约2万平方米，城内有建筑基址。淮阳平粮台城址为正方形，面积约3.4万平方米，城内有建筑基址，城门有门卫房建筑，并发现排水管道等遗迹。寿光边线王城址略呈梯形，面积约4.4万平方米，有内外两城，城基下有奠基牺牲①。需要注意的是，平粮台古城南、北两城门与城内建筑基址在一条直线上，已具有后世城市中轴线布局的雏形②。

上述这些龙山文化城址，和古书记载的上古都邑有相合处，如传说太昊都陈，即今淮阳；禹都阳城，即今登封。安阳后冈在殷墟范围内，更不待言。周代，淮阳为陈国国都，寿光为纪国国都，章丘为谭国国都。这种情形，恐怕不会是偶合。

在北方，还发现了夏家店下层文化（相当二里头文化和商代二里岗期）的城址。这种城址的墙多用石块垒筑，在内蒙古赤峰一带就发现了这样的石城43座，面积一般为1万—2万平方米。城内有用石块垒砌的房屋基址，最多的达600处以上。这些石城分布为三群，每群中有一座大城，最大的面积有10万平方米。夏家店下层文化也有夯土城址，如内蒙古敖汉旗大甸子城址，面积6万平方米。附属有相当大的墓地，包括随葬多组陶器的大墓③。此外，在内蒙

---

① 曲英杰：《论龙山文化时期古城址》，《中国原始文化论集》，文物出版社，1989年。

② 俞伟超：《中国古代都城规划的发展阶段性》，《文物》1985年第2期。

③《中国文明起源座谈纪要》，《考古》1989年第12期。

古包头阿善、凉城老虎山也发现石城，年代有可能更早①。

赤峰石城群的结构暗示，其中的大城可能是身份高贵者居住的"宫城"。由此类推，龙山文化面积较小的城址也可能是"宫城"，而一般人民在城外环居。这要求今后在考古工作中更注意勘查城址周围的环境。

礼制的形成

马克思主义历史观认为，私有制、阶级和国家产生之后就必然有一套与之相应的典章制度。因此，礼仪性建筑中心也是文明的标志之一。应该注意到，中国古代的祭祀崇拜是礼制的一部分，有敬祖追远的特点，因此君主的宫室和宗庙常不分离。这使得古代城市中罕有突出、独立的礼仪性建筑。不过，在年代较早的一些考古遗址中，还是发现了礼仪性建筑的存在，以下试举几个例子。

1983年，在辽宁凌源、建平间的牛河梁发现了红山文化的"女神庙"遗迹。牛河梁主梁北山丘顶有平台形地，庙址在平台南侧缓坡上，由多室和单室的两组建筑组成，出土有泥塑人像及龙、鸟像的残部。人像由形体看属女性，臂部内腔见有骨骼残片。同出陶器中有特大的彩陶镂孔器残片等，应为专用的祭器②。据闻，最近在该地又发现"金字塔"之类建筑物。

1987年，在浙江余杭瑶山发现良渚文化的"祭坛"遗迹。遗迹在瑶山顶上西北，平面呈方形，中心系一红土台，环以填灰色土

---

① 曲英杰：《论龙山文化时期古城址》，《中国原始文化论集》，文物出版社，1989年。

② 辽宁省文物考古研究所：《辽宁牛河梁红山文化"女神庙"与积石冢群发掘简报》，《文物》1986年第8期。

的围沟，西、北、南三面又有以黄褐色土筑成、用砾石铺面的土台，其西、北边有砾石砌成的石础。整个"祭坛"面积约400平方米，南部被时代相距不远的同文化墓葬所打破。发掘者推断，这处土台是"以祭天礼地为主要用途的祭坛"[①]。

齐家文化也有祭祀遗迹发现，在甘肃永靖大何庄、秦魏家发掘到6处"石圆圈"，周围有牛、羊骨架及卜骨，被认为"与祭坛的性质相类似"[②]。

与此相联系的，是专用于一定礼仪的器物即礼器的出现。其中最具有特色的是玉器。在中国古代，人们对莹润光泽的玉（一部分按现代标准应属石质）有特殊的观念和感情，因此不少种考古文化都有非常精美的玉器，成为商周玉器的先驱，以下也举一些例子。

红山文化玉器，重要的有龙形玦（玉龙）、勾云形佩和用途待考的筒形器等，还有璧、三联璧、环，以及龟、鸮等动物形饰物。1973年，在辽宁阜新发现两座红山文化石棺墓，均随葬相当多的玉器，墓制也很特殊[③]。

良渚文化玉器重要的有璧、琮、璜、圭、环、钺、冠饰等。近年在江苏吴县草鞋山、上海青浦福泉山、浙江余杭反山和瑶山等地，都从良渚文化墓葬中出土了大量玉器[④]。不少玉器上的兽面纹，

[①] 浙江省文物考古研究所：《余杭瑶山良渚文化祭坛遗址发掘简报》，《文物》1988年第1期。

[②]《中国文明起源座谈纪要》，《考古》1989年第12期。

[③] 方殿春、刘葆华：《辽宁阜新县胡头沟红山文化玉器墓的发现》，《文物》1984年第6期。

[④] 浙江省文物考古研究所、上海市文物管理委员会、南京博物院：《良渚文化玉器》，文物出版社、两木出版社，1990年。

被认为可能是商周最流行的"饕餮"纹的前身①。

龙山文化玉器，尤其是山东出土的，制作尤为精细。有的也雕琢有兽面一类纹饰，但发掘品还不多。

齐家文化玉器，有璧、琮、璜、铲等等。仅甘肃武威皇娘娘台一座墓中，就出璧83件②。

二里头文化玉器有璧、琮、璋等。二里头遗址出土的一种歧尖的牙璋，和陕西神木石峁（可能属龙山文化）、四川广汉三星堆（属商代后期）发现的很是相像。

总之，《周礼》记载的六种礼玉，在上述文化中都可找到渊源。这些玉器都不具有兵器、工具一类的实用性（虽然有的像刀，有的像斧，其锋刃都是朝上的），只是在礼仪中使用，并作为所有者身份的标记。

还有些考古文化中出现非实用性的精美陶器，如山东龙山文化的蛋壳黑陶，轻薄如纸，显然不切实用。夏家店下层文化的彩绘陶器，有很像商代青铜器的美观花纹。这些也是供礼仪中使用的，也作为有特殊身份者随葬的器物。

有学者在论述襄汾陶寺早期墓地（约公元前2500年）时说，这里"礼器已不是偶见的一二件，其中有由彩绘（漆）木器、彩绘陶器及玉石器构成的成组家具、炊器、食器、酒器、盛贮器、武器、工具、乐器、饰物等。又以蟠龙纹陶盘和后来商王陵也曾使用的鼍鼓、特磬最引人注目。……若从随葬品组合的角度看，其后商

---

① 牟永抗：《良渚玉器上神崇拜的探索》，《庆祝苏秉琦考古五十五年论文集》，文物出版社，1989年。

②《中国文明起源座谈纪要》，《考古》1989年第12期。

周贵族使用的礼、乐器，在这里已初具规模"①。

贫富的分化

马克思主义历史观认为，伴随私有制的出现和阶级的分化，社会必然发生贫富分化现象，因此贫富分化现象也成了古文明研究者的聚焦点。

原始社会氏族的财富是共有的，体现在考古发现的材料中，是居住遗址和墓葬的集体性和平等性。如仰韶文化的聚落和公共墓地，其情形就是这样，已为众所周知。

仰韶文化已经开始出现一些走向不均的迹象，例如特殊的墓葬。陕西华县元君庙墓地有5座这种墓葬，一座男性老人墓在二层台上砌有砾石。西安半坡一座幼女墓有木棺，随葬玉耳坠、陶器、石珠等物。临潼姜寨一座少女墓，随葬玉耳坠、陶器外，有由8577颗骨珠组成的串饰。

大汶口文化墓葬的贫富分化业已相当清楚，出现了厚葬的大墓。以山东泰安大汶口遗址的墓地为例，早期大墓如13号墓，为成年男女合葬，有圆木叠筑的木椁，随葬许多陶器，还有象牙琮、雕筒等珍贵物品。晚期大墓如10号墓，也有木椁，墓主系成年女子，有象牙梳、绿松石串饰、玉臂圈、玉指环等饰物，随葬彩陶、白陶等器物约90件，还有象牙雕筒等物品②。

继大汶口文化之后的山东龙山文化，也有大墓出现。1989年，在山东临朐西朱封发现两座大墓，一为一椁一棺，一为重椁一棺。

---

① 《中国文明起源座谈纪要》，《考古》1989年第12期。

② 山东省文物管理处、济南市博物馆编：《大汶口》，文物出版社，1974年。

以前者（202号墓）为例，墓主系成年，棺内有极精美的镂空嵌绿松石玉笄、浮雕人面纹的玉簪、绿松石坠和串饰以及玉钺、玉刀等物，其余陶器（包括蛋壳陶杯）、骨器、彩绘器皿等则放置在棺、椁间的边箱里面①。

山西襄汾陶寺的龙山文化厚葬墓，上文已经谈到过了。

良渚文化的厚葬墓，可以浙江余杭反山的墓地为例。这处墓地的年代约当公元前3000年或略晚一些。所谓反山，实际是专为埋葬而用人工堆筑的土台，土方量估计达2万立方米。台上有墓11座，呈有秩序排列。出土随葬物，除陶器、石器外，有大量玉器、象牙器和涂朱、嵌玉的漆器遗迹②。类似的厚葬墓，在其他若干地点也有发现，在浙江嘉兴雀幕桥还发掘到木椁大墓。

贫富分化与产品的积累、交换的扩大直接有关。在当时，金属、牲畜，甚至奴隶，都可能成为货币。在中国，猪比较普遍地起过这样的作用，成为财富的标志。华县元君庙仰韶文化厚葬墓已有以猪下颚骨随葬的例证。大汶口文化的大墓以猪头随葬，大汶口10号墓即有猪头14个。有学者指出，"它们既是财富，也是货币。因而在不同身份和地位人的墓葬中随葬的数目也多少不同。首领和一般成员不同，贫者和富者不同。就以齐家文化墓葬随葬的猪头来说，多的六十八头，其次三十多头、十几头，少的三五头或一两

---

① 中国社会科学院考古研究所山东工作队：《山东临朐朱封龙山文化墓葬》，《考古》1990年第7期。

② 浙江省文物考古研究所反山考古队：《浙江余杭反山良渚墓地发掘简报》，《文物》1988年第1期。

头，有的根本没有"①。贫富的差别，在这方面表现得也十分明显。

人牲人殉的发端

人牲人殉，即用人作为祭祀的牺牲或墓中的殉葬器，在古代世界很多地方都出现过。由于在我国史学界曾有过长时间讨论，至今仍为许多人所关注，所以在这里仍有必要谈到。

见于报道的最早的人殉事例，是 1987 年河南濮阳西水坡 45 号墓②。这座墓葬属于仰韶文化，据有关碳素年代测定，可估计为不早于公元前 4500 年。墓葬有一些奇特的现象，墓主是壮年男子，位于墓室中央，两侧用蚌壳排成一龙一虎图形。简报说，墓室东、北、西三面有小龛，各有一人。能鉴别的，北龛为 16 岁左右男性，西龛为 12 岁左右女孩，两手均压于骨盆下，女孩头上还有砍斫痕迹，因此判断为人殉。有学者对简报提出异议，认为所谓小龛可能与 45 号墓不属同一层位③。而发掘者继续坚持该墓殉 3 人的观点④。这个事例能否成立，现在不能做出定论。

最早的人牲事例，也属于仰韶文化。西安半坡遗址的一处长方形房子的居住面下，出土有一具带砍斫痕迹的人头骨，还有一个陶罐，见于《西安半坡》报告。据研究，这很可能是建造房子时的奠

① 石兴邦：《从考古学文化探讨我国私有制和国家的起源问题》，《史前研究》1983 年创刊号。

② 濮阳市文物管理委员会、濮阳市博物馆、濮阳市文物工作队：《河南濮阳西水坡遗址发掘简报》，《文物》1988 年第 3 期。

③ 言明：《关于濮阳西水坡遗址发掘简报及其有关的两篇文章中若干问题的商榷》，《华夏考古》1988 年第 4 期。

④ 濮阳西水坡遗址考古队：《1988 年河南濮阳西水坡遗址发掘简报》，《考古》1989 年第 12 期。

基人牲。

1987年，在江苏新沂花厅大汶口文化墓地中发现有人牲人殉的现象。有关的均属大墓，16号墓墓主左下方有一17岁以下的男少年，脚后又有一少女；18号墓墓主右侧有一侧身的成年女子，左有一婴儿；20号墓墓主系成年男子，脚后有两少年。另外在16号墓室外还埋有几具幼童的骨架①。

同时，在上海青浦福泉山的良渚文化墓葬中，据报道也有人殉发现②，详情尚未公布。

在河南安阳、汤阴、永城、登封等地的龙山文化遗址，多次发现有奠基人牲。所用以幼童为多，甚至有婴儿。

甘肃武威皇娘娘台和永靖秦魏家的齐家文化墓地，都发现有成年男女合葬墓。女子或一或二，侧身面向男子，随葬品也是男子更多，看来是女子为夫殉葬的实例。内蒙古伊克昭盟伊金霍洛旗朱开沟的朱开沟文化墓地，也发现类似现象。有的女子似曾捆缚，还有的墓有木椁，男子在椁内，女子置于椁外。在墓主脚下也有放置幼童的。

二里头文化的偃师二里头遗址，有的大型房子基址周围发现好多人骨架，没有固定葬式，有的经过捆缚，有的身首分离，不少与牲畜同埋。据研究，他们都是用于祭祀的人牲③。

上面所述的这一类人牲人殉的惨酷现象，都是商代同类行为的

---

① 南京博物院花厅考古队：《江苏新沂花厅遗址1987年发掘纪要》，《东南文化》1988年第2期。

②《上海福泉山考古新发现　"良渚"古墓有陪葬奴隶》，《人民日报》1988年1月3日。

③ 黄展岳：《中国古代的人牲人殉》，第一章，文物出版社，1990年。

先声。

我们关于中国古代各种文明因素渊源的叙述，暂限于此。必须承认，文明因素的产生不等于文明时代的出现，而且以目前所了解的情况而论，这些因素的产生和发展还存在许多未解决的疑难，已有的材料是散在的、不系统的。正是出于这样的原因，要根据这些材料，以陈述的形式讲出中国文明起源的历史，还缺乏充分的条件。过去很长时期，国内外学术界认为商代是中国古代文明的源头。这种看法，至今影响仍然不小。现在看来，中国文明很可能应上溯相当长一段时间。最近很多学者撰文，提出中国古代文明形成于公元前第三千年，即考古学上的龙山时代[①]，这就和《史记》始于《五帝本纪》差不多了。

现代考古学在中国的历史还不长，当前方兴未艾。相信在不久的将来，在马克思主义历史观的指导下，田野考古工作会为探索中国古代文明起源的研究提供更多重要依据，导向这一问题的解决。

二、古史、考古学与炎黄二帝

从现代的古代史和考古学的角度，怎样去看待我国世代相传的炎黄二帝事迹，是一个长期没有得到解决的课题。众所周知，司马迁的《史记》始于《五帝本纪》，而《五帝本纪》开端就是黄帝的史事，也提到炎黄二帝的关系。这样重要的记载，我们是不能忽略过去、不予研究的，可是在几十年来疑古思潮盛行的时期，炎黄二

---

① 高炜：《龙山时代的礼制》，《庆祝苏秉琦考古五十五年论文集》，文物出版社，1989年。

帝的事迹几乎被全部否定了，普遍认为是子虚乌有，屏之于历史研究的视野之外。因此，这里涉及炎黄二帝，也必须从疑古思潮的评价说起。

疑古思潮从起源上说，可追溯到19世纪末，也就是晚清的时候。当时的人们向西方寻求真理，对旧的传统观念，包括对中国上古历史的看法，产生了怀疑，开始采取批判的态度。实际上，这种疑古的思想不仅在中国出现，差不多在同样的时间，日本和欧洲也都有人对中国的古史表示怀疑。他们的见解，对中国学者也有或多或少的影响。到了辛亥革命以后，疑古思潮在中外都有进一步的发展，外国的例子，如日本的白鸟库吉有"尧舜禹抹杀论"，是很有名的。由中国当时的思想史来考察，疑古思潮肯定是有积极进步的意义的，因为这一思潮的兴起，有利于冲决封建思想的网罗，和后来"打倒孔家店"也有联系，是起了进步作用的，应给以充分的肯定。不过，我们今天加以回顾，也有必要指出，疑古思潮有其局限性和不足之处，就是说，对于古史，对于古代文化，在某些方面否定过度了，以致造成了古代历史文化的空白。在当时疑古思潮中，曾出现一种极端的说法，叫作"东周以上无史"论。过去说中国有五千年历史文化，一下子缩短了一半，东周以上部分统统成了空白。

不少学者曾提出克服疑古思潮不足的想法，有的认为应以释古代替疑古，提倡"信古—疑古—释古"的"三阶段"说，有的则主张应以考古取代疑古，从而重建古史。后来中国的古史是怎样得到重新认识的呢？我觉得主要依靠两点：一点是新的理论，首先是马克思主义理论的传入。郭沫若先生1929年撰著、1930年出版的《中国古代社会研究》，就是以马克思主义理论研究和重新认识中国古史的嚆矢。郭老在这本书的序言中强调，要补充恩格斯《家庭、私有制和国家的起源》所没有讲到的中国古史[1]。另外一点是现代考古学。从20年代开始，现代考古学在中国建立，这在传世文献以外，为人们开辟了认识古代的新的途径。这两点结合起来，才使中国古史的研究有了今天的面貌。

近人对于古史传说特别做出系统研究，有突出贡献的，应推徐炳昶（旭生）先生。他在《中国古史的传说时代》书中指出："传说与神话是很相邻近却互有分别的两种事情，不能混为一谈"，传说总是掺杂神话，但"很古时代的传说总有它历史方面的质素、核心，并不是向壁虚造的"[2]。这个观点对于祛除疑古思潮的副作用非常有益。我认为中国古代的历史传说，特别是炎黄二帝的传说，不能单纯看成是神话故事。这些传说确乎带有神话色彩，但如果否认其中的历史"质素、核心"，就会抹煞中国人的一个文化上的特点，就是中国人自古以来有着重视历史的传统。有的外国学者说中国是一个历史的民族，这话是有道理的。中国从记载虞夏商周史事的《尚书》一直到今天，历史记录从来没有间断。在这一点上，恐怕世界上很少有别的民族足以相比。中国历代都重视历史，也尊重史官。史官在王朝中有特殊的地位和作用，如《汉书·艺文志》所说："古之王者世有史官，君举必书，所以慎言行，昭法式也。"看《周礼》等古书记载可以知道，太史这个官职虽然级别不高，可是在一定意义上却能和六卿平等[3]。中国这种重视历史的特点，其意

---

① 郭沫若著作编辑出版委员会编：《郭沫若全集·历史编1》，第9页，人民出版社，1982年。

② 徐旭生：《中国古史的传说时代》（增订本），第20—21页，文物出版社，1985年。

③ 李学勤：《论卿事寮、太史寮》，《松辽学刊》1989年第3期。

义是不能低估的。重视历史的传统的形成，不是在几十年、几百年间所能做到的，而是有着深远的根源。古代的历史传说，正是这种传统的一部分。

在历史研究所和考古研究所都做过领导工作的尹达先生，对古代历史传说的意义也给予很高的估价。他在逝世前最后一篇论文，即为《史前研究》杂志撰写的发刊词《衷心的愿望》里，指出应该揭示古史传说的历史背景和内涵，需要结合考古学做很好的研究①。我觉得尹达先生这些话不是轻易讲的，而是他几十年间从事田野考古工作和古史研究积累的重要经验。当然，怎样把考古学的成果与古史传说结合起来，是很不容易的事。我个人认为，千万不可以简单地把某一考古文化同传说中的人物联系在一起，这样每每会造成误会甚至混乱。德国学者艾伯华说过："虽然考古学研究在中国已取得巨大进展，当以社会组织为研究主题的时候，考古学仍不是很好的研究方法。即使在欧洲，考古学研究进行了一百多年，但在大多数情况下，仍然无法把考古学文化与文献记载的文化联系起来，发掘所得遗存的分布，显然与种族的分布不相一致，中国的情形也是这样。考古学家根据物质遗存复原了若干文化，以至试论这些文化的传播和迁移。不过迄今为止，任何把这种文化同文献记载的文化与种族结合的尝试，都仅仅是难于凭信的假说。"②这番话是值得大家思考的。

这里我想趁机会向大家推荐一篇论文。这篇论文是中国社会科学院考古研究所邵望平写的，叫《〈禹贡〉"九州"的考古学研

---

① 参看《尹达史学论著选集》，第450页，人民出版社，1989年。

② 艾伯华：《华南、华东的地区文化》(Wolfram Eberhard, *The Local Cultures of South and East China*)，导言第10页，莱登，1968年。

究》①。论文的题目似乎有点奇怪，很多人认为《禹贡》是非常晚的作品，是战国甚至更迟时期才出现的，那么怎样对《禹贡》九州进行考古学研究？我想大家可能会有兴趣。我觉得这篇论文的贡献在于它用现代中国考古学的一种新的发展趋势，即文化区系的理论，去解释《禹贡》。换句话说，就是把中国史前文化分成若干个文化圈，以这些文化圈与《禹贡》讲的九州逐一对比。从对比的结果，可以看出《禹贡》九州绝不是想象杜撰，而是有着深刻的历史背景的。这篇文章至少在研究方法上，可以给人们不少启发，进一步如果把较早的青铜器文化的文化圈也结合考虑，对《禹贡》的价值或许还可以有更深的认识。

这样说来，我们对于炎黄二帝的传说也应该有新的理解。如不少学者在讨论炎黄文化时所说的，古史传说从伏羲、神农到黄帝，表现了中华文明萌芽、发展和形成的过程。《史记》一书沿用《大戴礼记》所收《五帝德》的观点，以黄帝为《五帝本纪》之首，可以说是中华文明形成的一种标志。本纪所说黄帝，"迁徙往来无常处，以师兵为营卫"，尚有部落时代的遗风，而设官置监，迎日推策，"顺天地之纪，幽明之占，死生之说，存亡之难，时播百谷草木，淳化鸟兽虫蛾（蚁），旁罗日月星辰水波，土石金玉，劳勤心力耳目，节用水火材物"，又表现出早期文明的特点。因此，以炎黄二帝的传说作为中华文明的起源，并不是现代人创造的，乃是自古有之的说法。

《五帝本纪》受《五帝德》内容的限制，对于炎帝所论不多。

---

① 苏秉琦主编：《考古学文化论集（二）》，第11—30页，文物出版社，1989年。

《史记》三家注于此做了补充。《史记正义》佚文云:"炎帝作耒耜
以利百姓,教民种五谷,故号神农。黄帝制舆服宫室等,故号轩
辕氏。少昊象日月之始,能师太昊之道,故号少昊氏。此谓象其
德也。"[1]可见炎帝与中华文明的起源也有密切的联系。炎帝、黄帝
之间的关系,在古书中有几种不同的说法。一种流行的说法是讲
黄帝和炎帝是兄弟两个,都是少典氏之子,如《国语》云:"少典
娶于有蟜氏,生黄帝、炎帝。"实际传说中的某人生某人,每每并
非直接的亲子关系,这是研究中国古史传说的学者所熟知的。《史
记索隐》对此有很好的考证,指出:"少典者,诸侯国号,非人名
也。……炎、黄二帝虽则相承,如《帝王代纪》,中间凡隔八帝,
五百余年,若以少典是其父名,岂黄帝经五百余年而始代炎帝后为
天子乎?何其年之长也?又案《秦本纪》云'颛顼氏之裔孙曰女
脩,吞玄鸟之卵而生大业,大业娶少典氏而生柏翳',明少典是国
号,非人名也。黄帝即少典氏后代之子孙,……故《左传》'高阳
氏有才子八人',亦谓其后代子孙而称为子是也。"这里有两点需
要注意:第一,少典不是个人,而是一个方国部族的称号,炎帝、
黄帝都由少典氏衍生分化出来;第二,炎帝、黄帝相隔年代较长,
而炎帝早于黄帝,据《帝王世纪》讲,其间共历八世。

还应该说明,炎帝与黄帝分别居处在不同的地区。黄帝的区域
比较清楚,大家知道,传说他都于新郑。黄帝亦称有熊氏,新郑号
称为有熊氏之墟,也就是黄帝居处的故址。这个地点刚好在中原的
中央,所以黄帝可以代表中原地区是很清楚的。本纪说他"东至于
海,登丸山及岱宗;西至于空桐,登鸡头;南至于江,登熊、湘;

---

① 张衍田辑校:《史记正义佚文辑校》,第3页,北京大学出版社,1985年。

北逐荤粥，合符釜山，而邑于涿鹿之阿"。其活动的范围即以中原为轴心。炎帝则不然，传说中他虽长于姜水，但是"本起烈山"①，都于陈。陈在淮阳，这乃是豫东南的地方。《山海经》说炎帝之后有祝融，祝融之后有共工，是南方的系统。所以我们看到，黄帝、炎帝代表了两个不同的地区，一个是中原的传统，一个是南方的传统。这种地区的观念对我们研究古史传说颇有意义，过去徐炳昶先生、蒙文通先生等都有类似的见解，在此毋庸赘述。

近些年，在史前一直到文明形成时期的考古学研究上，有一项重要的成果，就是纠正了过去以中原为中心的单元论观点。以中原为中心的单元论的形成有多种多样的原因，其中很重要的一点，是当时的考古工作大多局限在中原地区。后来考古事业发展扩大，也便自然而然地开拓了人们的眼界。现在看来，中华文明的起源不能是单元的，文明起源的各个因素不是在一个地区产生，而是在若干地区分别酝酿和出现的。至于文明在什么地方形成和突破，是另外的问题，至少从起源来说，必须看到若干地区的交互作用。这就是讲，中华文明是我们辽阔幅员之上多民族共同创造的辉煌成果。

长期以来，大家讲黄河是中华文明的摇篮，这句话今天仍然是正确的。特别是作为文明早期的几个朝代，确实都建都在黄河流域。可是谈到文明的起源，考虑到近年的考古成果，应该认为长江流域有着同样重要的作用。长江地区从考古文化来看，是相当进步的，绝对不是一个落后的地区。我想这一点凡是关心中国考古学发展的人都会有同样认识，所以有的学者提出中国也有一个"两河流域"，就是黄河与长江。黄河流域的文化和长江流域的文化，有联

---

① 徐宗元辑：《帝王世纪辑存》，第11页，中华书局，1964年。

系又有区别，互相影响、沟通和融会。这个观点恰好与炎黄二帝居处的两个地区一致，看来并不是偶然的。

在黄帝以后的古史传说中，依旧可以看到黄河、长江两个地区的关系。最近我在一篇小文里曾谈到有关问题[①]。据《国语》，黄帝之子有25人，其得姓者14人，但只有12姓，即姬、酉、祁、己、滕、箴、任、荀、僖、姞、儇、依。《大戴礼记·帝系》详细记载了黄帝二子的后裔谱系，参以《纪年》《山海经》《世本》《史记》等书，可以看到古代一些重要的王朝和方国都出于这二子，试列表如下（有省略）：

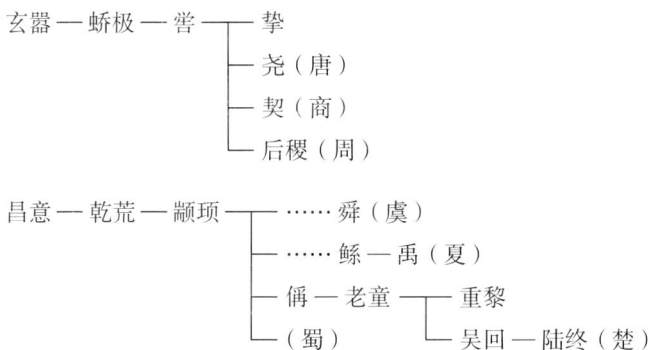

```
玄嚣 — 蟜极 — 喾 ┬── 挚
                ├── 尧（唐）
                ├── 契（商）
                └── 后稷（周）

昌意 — 乾荒 — 颛顼 ┬── ……舜（虞）
                  ├── ……鲧 — 禹（夏）
                  ├── 偁 — 老童 ┬── 重黎
                  └──（蜀）      └── 吴回 — 陆终（楚）
```

《帝系》说："青阳（玄嚣）降居泜水，昌意降居若水。""泜水"，《史记》作"江水"，是由于汉代字写草了，这个"泜"字和"江"字接近。泜水应即今河南沙河，源出鲁山西，流经叶县，入于汝河。昌意所居若水，则是今雅砻江，流经四川西部，入于金沙

---

① 李学勤：《〈帝系〉传说与蜀文化》，《四川文物·三星堆古蜀文化研究专辑》，1992年，即本书第四篇第四节。

江。颛顼也生自若水，事见《吕氏春秋·古乐》。因此，黄帝这二子的居地也分为一北一南。玄嚣一系，如帝喾、唐尧，商、周，都在北方；昌意一系，却多在南方或与南方有关，例如虞舜，"崩于苍梧之野，葬于江南九疑"，夏禹生于石纽，崩于会稽，楚、蜀更是南方的诸侯国。

我在上面提到的小文中说过："《帝系》这种三代统出一源的谱系，在近代备受学者的讥评，以为子虚杜撰。不过既然各种古书都记有基本相合的传说，意义是不容抹杀的。我觉得如果细心推求，其中不乏启示。"这也就是说，炎黄二帝以及其后裔的种种传说都不是虚无缥缈的东西。当然，我们也不认为可以确切地知道炎帝、黄帝是什么样子的人，我们不能那样去做研究。我只是说，中华文明的形成与炎黄二帝传说应当有密切的关系。

炎黄二帝事迹以及黄帝之后的传说谱系，还向人们说明了两个问题。由于篇幅限制，在这里只能简略地勾画一下。

第一，中华文明的起源比很多论著设想的要早，甚至要早一个相当长的历史时期。前文曾经说过，因为有疑古思潮的影响，中国的历史一下子被缩短了差不多一半，似乎东周以上，至少西周晚期的"共和"以上，历史都成了渺茫的空白。后来由于甲骨文的发现、殷墟的发掘，商代晚期的存在是不容否认了，于是把古史的上限划到盘庚迁殷，也就是公元前1300年左右。不少外国的历史年表便是这样做的，在"殷"前面完全是空白，不管是传说的时代，还是考古学的文化，都没有列入。这与其他古国相比，就不公平了。现在看来，中华文明起源时间肯定要在商代以前，究竟能推到什么时候，要看今后考古工作同古史研究的进展。

第二，中华文明在相当早的时候，包括它刚在萌生的过程中，便有了颇为广泛的分布。在考古学上，不少学者都在使用"龙山时代"这个词，这意味着从北方到南方很广大的范围里，多种文化都有其共同点。这种情况，也可譬喻为形成了一个文化的"场"，其范围之大在古代世界是罕与伦比的。我觉得，这个文化的"场"正是后来夏、商、周三代时期统一国家的基础。炎黄二帝以及黄帝有25子、得12姓的传说，与这一具有共同点的文化"场"是有联系的。结合古史传说来考察龙山时代各种文化，将对中国文明的起源和形成过程有进一步的阐发。特别要指出的是，从这里可以看到，民族的团结统一是我国传统文化的重要特点。虽然在漫长的历史上有过多次分裂，但最后终归于统一。这样的民族精神，在史前时期已经露其端倪了。

三、古本《竹书纪年》与夏代史

探讨夏代历史文化的学者，都要引述《竹书纪年》。特别是研究夏代的年代和都邑等，更离不开《纪年》的记载。《纪年》在有关夏代的材料中究竟占怎样的位置？可信的程度如何？这是本节试图说明的问题。文中只涉及古本《纪年》，今本暂置不论。

大家知道，《竹书纪年》是晋武帝时在汲县古墓中发现的竹简的一种。发现的时间有不同说法，据前人考订，应以太康二年即公元281年较为准确[①]。出土的地点为汲县以西，依地志，在1935年发掘的山彪镇大墓一带，由竹简内容和伴出器物可定为一座战国墓葬。当时所得竹简经荀勖、和峤等学者整理，共75卷（篇），《纪

---

① 陈梦家：《六国纪年》，第118页，学习生活出版社，1955年。

年》占12卷，或说13篇。历代学者对《纪年》做了很多研究，认为是魏国史书，其下限为魏襄王二十年即公元前299年[①]。从此推定，《纪年》原简为战国中叶写本。

《纪年》的价值，首先表现在战国史方面，清代以来，很多学者利用古本《纪年》校订《史记》战国部分的内容，成效卓著。现在可以说，已经没有人墨守《史记·六国年表》了。《纪年》的这种作用，是容易理解的，因为《纪年》本来是地下出土的战国原本，以战国人叙述战国事，尤其是与魏有关的事迹，自然比较翔实可据。

对战国以前的史事，《纪年》的价值是否和它的战国部分一样重要呢？这就需要对这部书的性质仔细做一些分析。

春秋时期的历史，传世有《春秋》经传。记事最丰富的《左传》，虽曾受到多年的怀疑，其真实可信近年已得到进一步证明。《纪年》的春秋部分，现存内容不多，但尚可看出这样几点：

第一，于晋国史事所记独详，有其他文献所没有的材料，如晋文侯杀携王、晋武公灭荀等事。有的记载和《春秋》经传不同，如云晋武公八年，"周师、虢师围魏，取芮伯万而东之"。《左传·桓公四年》则云此役围魏的是王师、秦师[②]。

第二，不少条与《春秋》相同，或大同小异，试举一些例子：

《纪年》："鲁隐公及邾庄公盟于姑蔑。"《春秋·隐公元年》："公及邾仪父盟于蔑。"

[①] 朱希祖：《汲冢书考》，中华书局，1960年；杨宽：《战国史》，第6页，上海人民出版社，1980年。

[②] 方诗铭、王修龄：《古本竹书纪年辑证》，第70页，上海古籍出版社，1981年。本节引《纪年》及与文献对校多据此书，不一一注出。

《纪年》："纪子伯、莒子盟于密。"《春秋·隐公二年》文同，唯《左传》本经文"伯"字作"帛"。

《纪年》："鲁桓公、纪侯、莒子盟于区蛇。"《春秋·桓公十二年》："公会杞侯、莒子，盟于曲池。""杞"字《公》《穀》作"纪"，"曲池"《公》作"殴蛇"。

《纪年》："陨石于宋五。"《春秋·僖公十六年》传文同。

《纪年》："齐襄公灭纪郱、鄑、郚。"或引作："齐襄公灭纪迁纪。"《春秋·庄公元年》："齐师迁纪郱、鄑、郚。"

《纪年》："齐人歼于遂。"《春秋·庄公十七年》文同。

《纪年》："郑弃其师。"《春秋·闵公二年》文同。

《纪年》："晋献公会虞师伐虢，灭下阳。"《春秋·僖公二年》："虞师、晋师灭下阳。"

《纪年》："惠公见获。"《春秋·僖公十五年》："获晋侯。"

《纪年》："周襄王会诸侯于河阳。"《春秋·僖公二十八年》："天王狩于河阳。"

《纪年》："楚囊瓦奔郑。"《春秋·定公四年》："楚囊瓦出奔郑。"

亲见《纪年》原本的杜预曾指出，《纪年》"文意大似《春秋》经"，是由于"国史皆承告据实而书时事"①。《纪年》所依据的，可能是《孟子·离娄》所说的晋史《乘》。不过，从《纪年》多用谥法看来，已不是《乘》的原文。

关于《春秋·僖公二十八年》的"天王狩于河阳"，《左传》云："是会也，晋侯召王，以诸侯见，且使王狩。仲尼曰：'以臣

---

① 杜预：《春秋经传集解》，后序。

召君，不可以训。'故书曰'天王狩于河阳'，言非其地也，且明德也。"《史记·晋世家》："孔子读史记，至（晋）文公，曰：'诸侯无召王。''王狩河阳'者，《春秋》讳之也。"可见鲁史《春秋》本有召王的记事，孔子加以修改。《纪年》说"周襄王会诸侯于河阳"，显然也有避讳之意，这可能是受了儒家的影响，未必是晋《乘》的体例。这一点说明，《纪年》是有比较明显的思想倾向的。

《纪年》一书的思想倾向，还有几点迹象可寻。

一点是纪异的倾向。《春秋》也有灾异的记事，但远不如《纪年》之多。例如《通鉴外纪》卷一注引《纪年》："三苗将亡，天雨血，夏有冰，地坼及泉，青龙生于庙，日夜出，昼日不出。"据《路史·后纪》注，与《墨子》说相似。又如，商纣时"天大曀"；周昭王十九年"天大曀，雉兔皆震"，"夜有五色光贯紫微"；周穆王伐楚（一说为越或纡），"大起九师，东至于九江，叱鼋鼍以为梁"；穆王南征，"君子为鹤，小人为飞鸮"；周宣王时"有兔舞镐"，"有马化为狐"；周惠王时"郑人入王府取玉焉，玉化为蜮以射人也"；晋献公时"周阳有兔舞于市"。诸如此类，反映了《纪年》的作者相信灾异感应，注重搜集神话传说的倾向，而书中的传说多带有战国时期的色彩。

人们常以为《纪年》和同出汲冢的《穆天子传》（包括《晋书·束皙传》所记《周穆王美人盛姬死事》）不同，前者是史籍，后者是传说。这是对的，但《穆天子传》同《纪年》还是有一定关系。如《纪年》云：

北唐之君来见，以一骊马，是生绿耳。

绿耳是《穆天子传》穆王八骏之一。《纪年》云：

> 穆王北征，行流沙千里，积羽千里。
>
> 穆王西征，至于青鸟所解。

与《穆天子传》"自西王母之邦，北至于旷原之野，飞鸟之所解羽，千有九百里"等相合。《纪年》还明记：

> 穆王十七年，西征昆仑丘，见西王母。其年来见，宾于昭宫。
>
> 穆王见西王母，西王母止之，曰：有鸟鼛人。

郭璞引之以证《穆天子传》。由此可见，《纪年》和《穆天子传》同出一墓，并不是偶然的事情。

《纪年》的夏代部分，也含有不少这一类传说性质的内容，如：夏后开舞九招，与《楚辞》《山海经》所述相应[①]。《山海经》云"开上三嫔于天"，显为神话传说。

"洛伯用与河伯冯夷斗"，河伯冯夷见《穆天子传》，作"河伯无夷"。二伯一般认为神名。《纪年》王亥故事所言"河伯"，也可能有神话意味（雷学淇等学者则认为是实有的古国名[②]，尚待讨论）。

帝廑即胤甲时"天有妖孽，十日并出"，当然也是神话。

《太平御览》等书引《纪年》：

---

① 方诗铭、王修龄：《古本竹书纪年辑证》，第3页，上海古籍出版社，1981年。

② 方诗铭、王修龄：《古本竹书纪年辑证》，第10页，上海古籍出版社，1981年。

> 后桀伐岷山，岷山（或云岷山庄王）女于桀二人，曰琬曰
> 琰。桀受二女，无子，刻其名于苕华之玉，苕是琬，华是琰，
> 而弃其元妃于洛，曰妹喜氏。妹喜氏以与伊尹交，遂以间夏。

这也是一个传说故事。其中涉及妹喜在夏朝覆亡时的作用，尤值得注意。

妹喜与伊尹交一事，与史籍所载互相违背。应该指出，《纪年》书中其他同文献违背的地方，最突出的都和此事相类似。例如：

（一）舜夺尧帝位的故事："舜囚尧于平阳，取之帝位。""舜囚尧，复偃塞丹朱，使不与父相见也。"可能与此事有关的还有："后稷放帝子丹朱于丹水。"

（二）启夺益王位的故事："益干启位，启杀之。"

（三）伊尹夺太甲王位的故事："伊尹放大甲于桐，乃自立也。伊尹即位，放大甲七年，大甲潜出自桐，杀伊尹，乃立其子伊陟、伊奋，命复其父之田宅而中分之。"

这几个故事性质相像，都是以权术暴力来攫取君位，带有战国时期游说的那种意味。以伊尹一事而言，殷墟卜辞所见对伊尹的祭祀非常隆重，如果他是曾废太甲自立，后来又被太甲诛杀的罪人，怎么能享有那样隆崇的地位呢？事实上，战国时的游士正是用这类传说在列国游说的，如鹿毛寿说燕王哙，促使他让位给其相子之，就以启、益夺位一事为证[①]。翻阅战国诸子的作品，不难看到很多古史记载都受到作者的观点影响，甚或是为了适应一定观点加以改造的。这种类似子书的特点，是《纪年》的又一思想倾向。

---

① 《战国策·燕策一》。

由于《纪年》有这样两种倾向，我们在援引时，对于其中像夏代这样较古的部分，必须注意区别和分析。

虽然如此，《纪年》对于研究夏代史仍然是一部极重要的书。试从世系、事迹、都邑、年代等四方面讨论。

夏朝的世系，《史记·夏本纪》有详细记载。据《史记索隐》可知，战国末年赵国人所作《世本》的世系，大体与《夏本纪》相同，重要的差别只有帝槐作帝芬、帝发和桀均为帝皋之子这两处。《纪年》现存夏代部分条数有限，但王名除个别的（中康、孔甲）以外，都已齐备。帝槐也作后芬，合于《世本》。帝扃为不降之弟，也与《夏本纪》相合。此外，《纪年》还提供了夏王的一些别名，如帝廑即胤甲、帝发又名后敬等。所以《纪年》的发现进一步印证了夏世系，并证明至少战国中叶人们就是这样看夏世系的。

关于夏代的史事，《纪年》所记最重要且不见他书的，是夏与诸夷的关系。《纪年》载：相曾征伐淮夷和风夷、黄夷，其时于夷来宾。少康时，方夷来宾。杼征伐东海，至于王（一作"三"）寿。芬时，畎夷、于夷、方夷、黄夷、白夷、赤夷、玄夷、风夷、阳夷等九夷来御。芒"命九［夷］"，泄则"命畎夷、白夷、赤夷、玄夷、风夷、阳夷"等六夷。至发（桀的上一王）时，仍有诸夷宾于王门的记事。由此看来，对诸夷的统治是夏代的大事。淮泗间的九夷和较南的淮夷是否顺服，直接关系夏朝的盛衰。这在我们认识夏代史时，是值得深思的。

《纪年》记夏代各王的都邑，比其他文献更为详尽。"禹都阳城"之说，即首先见于《纪年》，与《世本》的《居篇》相同，可见这是战国中叶已有的通行见解，是关于禹都所在最早的记录。至于太康、羿、相、杼、胤甲、桀所居，《纪年》都有记载。大家知道，今辑《世本》虽系战国末所作，但同类讲世系的书籍早有渊源，《周礼·小史》即有"奠系世"的记述。这类书籍不仅叙述世系的传承，如《世本》便有《居篇》《作篇》等等。《纪年》所述都邑，可能即由古老的这种书籍而来。

在年代方面，《纪年》的内容更有价值，可分下面四点讨论：

第一，从现存《纪年》各条看，夏代各王应均有在位年数。今天可见的，如禹四十五年，启三（一作"二"）十九年，芬四十四年，不降五（一作"六"）十九年，昊（皋）三年。还有胤甲，可推知至少四十年。按《史记·三代世表》，司马迁云："余读谍记，黄帝以来皆有年数，稽其历谱谍终始五德之传，古文咸不同乖异。"可知当时谍记都有各王年数，不过互相分歧，未为司马迁采用而已。1977年在安徽阜阳双古堆1号墓出土的竹简，内有《年表》一种，"上起西周，下迄于汉。记周秦以来各国君王在位之年"①，即这一类文献的实例。可惜《纪年》夏王年数已不完全了。

《纪年》所载夏王在位年数的可信性，没有可资核校的证据。《纪年》所记商王的在位年，武乙至少有三十五年，太（文）丁至少有十一年，则与《尚书·无逸》不符。《无逸》作于周初，与武乙、文丁相去不远，自较《纪年》更近实际。因此，《纪年》的夏王在位年只是出现较古的一种说法，我们也不可完全拘泥。

第二，《纪年》提供了夏代的总年数："自禹至桀十七世，有王

---

① 文物局古文献研究室、安徽省阜阳地区博物馆阜阳汉简整理组：《阜阳汉简简介》，《文物》1983年第2期。

与无王，用岁四百七十一年。"此为《太平御览》所引。《路史·后纪》注则云"并穷、寒四百七十二年"，这说明所谓"无王"，是指后羿、寒浞统治的时期。与此不同的说法，有《易纬·稽览图》的四百三十一年和《帝王世纪》的四百三十二年[1]，都比《纪年》晚出。当然，《稽览图》等书之说也可能有较早的来源。

第三，《纪年》不但有夏代的总年数，还有商代和西周的总年数。商代："汤灭夏以至于受，二十九王，用岁四百九十六年。"西周："自武王灭殷，以至幽王，凡二百五十七年。"这个商代总年数同于《易纬·稽览图》，西周总年数则是特殊的。

《晋书·束皙传》云《纪年》"夏年多殷"，而后世所见却是殷年多夏，研究《纪年》的各家都未能做出满意解释。曾详读《纪年》原本的杜预、讨论过《纪年》与他书违异的刘知幾，也未提及此点。所谓"夏年多殷"，有可能是在整理《纪年》过程中产生的一种看法，随着释文的写定，后来得到了改正。《纪年》竹简应该是用魏国古文写成的，根据今天我们关于这种字体的知识，很不容易辨识。西晋时的学者在释读时遇到困难，很多地方要反复斟酌修改才能写定，这是不难想象的事。

东汉安帝延光二年（123），尚书令陈忠上奏，批评刘歆历术"欲以合《春秋》，横断年数，损夏益周，考之表纪，差谬数百"[2]，这是汉代历法家一派的主张，与《束皙传》所说《纪年》，"夏年多殷"不一定有什么关系。但从这件事可以知道，汉代对于夏代总年数已有不同的意见。

① 陈梦家：《殷虚卜辞综述》，第213—214页，科学出版社，1956年。
②《续汉书·律历志》，参看刘汝霖：《汉晋学术编年》卷五，第43—44页，上海书店，1992年。

从《纪年》西周、商代、夏代三个总年数，能推算出《纪年》作者心目中夏代的绝对年代。这并不是目前我国在很多场合常用的夏代年代。后者不是单依《纪年》，而是分别选取西周、商代、夏代的年数，然后累积推出的。这个方法从各代看或许更合理些，不足之处是三个年数不出一源，因而丧失了系统性。例如商代一般认为有600年左右，是据《左传》宣公三年"载祀六百"之说，比《纪年》多了约100年。

第四，《隋书·律历志》引《纪年》云："尧元年景子。""景子"系避唐讳，原当作"丙子"，是干支纪年。前人研究《纪年》，对此条多不相信，如朱右曾《竹书纪年存真》力主以干支纪年始于王莽时，认为"丙子"二字为荀勖、和峤等所加①。近年出土文物已经证明，这种看法是错误的，汉初已有系统的干支纪年，因此《纪年》有这一纪年法是完全可能的。

"尧元年丙子"一条指示我们，《纪年》作者通习历法，书中自尧以下年数自成系统，和后世各种年纪一样，有一定的历法学说作为背景。《纪年》在研究夏代的年代问题上有其特殊意义，正在于它是现知最早的一套年代学的系统。

总之，《竹书纪年》作为战国中叶魏人撰作的史书，有其时代色彩和思想倾向，但书中夏代部分有很多珍贵内涵，有些还没有得到应有的注意。今后我们探索夏代历史文化，对《纪年》还应做更多的利用和研究。

---

① 方诗铭、王修龄:《古本竹书纪年辑证》，第63页，上海古籍出版社，1981年。

四、商代史和甲骨学研究展望

殷墟甲骨文最初是在哪一年发现的，学者们颇有争论，但不是1898年就是1899年，离现在已100多年了。甲骨文的发现有多方面的意义。在考古学上，导致1928年开始的殷墟发掘，成为现代考古学在我国建立的标志。在古文字学上，开创了甲骨学这一学科。在历史学上，确证了商代的存在，为重建中国古史奠定了基础。

近年，国内甲骨学和商代史的研究有明显发展，这首先表现为大量论著的发表。安阳师专出版的《殷都学刊》自1987年第1期起连载《殷商文化论著目（1980—1985）》，反映了这方面论著如林的盛况。中国古文字研究会历次年会都有许多甲骨文、商代史的论文，收入中华书局印行的《古文字研究》各辑。这方面的学术讨论会也经常举行。1982年在美国火奴鲁鲁举行了商义明国际讨论会，1984年在我国安阳召开了全国商史学术讨论会，1987年又在安阳举行了中国殷商文化国际讨论会，每次会议皆有论文集出版，并成立了中国殷商文化学会。

这一时期有关研究的动向，有几点值得注意。

第一点是侧重基础性的工作。不少学者将精力投入这一方面，或做资料的整理考释，或撰写综合前人成果的通论，或编著必要的工具书。这些无疑为科学的进一步发展准备了条件。

甲骨文著录整理的重要成绩，是郭沫若主编、胡厚宣任总编辑的《甲骨文合集》。此书图版13册已出齐，释文也已定稿。建国后发掘的殷墟甲骨，主要是小屯南地所获，已编为《小屯南地甲骨》

一书。搜集国外收藏甲骨的，有《英国所藏甲骨集》。姚孝遂、肖丁对小屯南地甲骨做了考释，还对上述各书及日本松丸道雄《东京大学东洋文化研究所藏甲骨文字》、加拿大许进雄《怀特氏等收藏甲骨文集》所著录甲骨做了摹写和释文，以"殷墟甲骨刻辞摹释总集"为题出版。

甲骨文研究的通论近年出了好几本。篇幅较大的有吴浩坤、潘悠的《中国甲骨学史》，此书曾拟题"甲骨学引论"，对甲骨研究的历史和内涵均做综述。还有陈炜湛的《甲骨文简论》，内容也很详明。工具书有孟世凯编写的《甲骨学小词典》和赵诚的《甲骨文简明词典》，也起到概观甲骨学内涵的作用。王宇信写有《建国以来甲骨文研究》一书，最近又著成《甲骨学通论》出版。

虽然概述甲骨研究成果的书较多，利用这些成果去撰写系统的商代史，却长期无人尝试。彭邦炯在1983年完成的《商史探微》，是第一本这样的断代史，值得大家欢迎。

第二点是注意新观点的讨论。由于田野考古工作不断有新发现，材料积累增多，若干流传已久的成说逐渐动摇。学者间提出的新观点，每每引起非常热烈的讨论，促进了学科的进步。应当说，持不同看法的讨论各方，对研究的深入都有所贡献。

例子之一是关于商代都城的探讨。1983年，在河南偃师大槐树村西南发现一座大型商代城址，即现在大家熟悉的偃师尸乡沟商城。这是继安阳殷墟、郑州商城、偃师二里头遗址之后发现的又一处可能为商代王都的遗址。关于几处遗址的年代和性质早有争论，新发现使局面有所改变。尸乡沟商城的位置，和文献所述汤都西亳符合，给讨论带来新的光明。如果确系西亳，那么早于它的二里头遗址所代表的二里头文化就会是夏文化了。

1985年第1期的《郑州大学学报》刊出秦文生的《殷墟非殷都考》，主张商代晚期都城不在安阳。日本学者宫崎市定1970年发表的《中国上古的都市国家及其墓地——商邑究在何处》一文（《东洋史研究》28卷4号），曾提出类似见解。海外有一些学者支持宫崎氏说，但国内提出这样看法的这还是第一次。

另一个例子是商代人殉的进一步发现。1985年出版的《藁城台西商代遗址》报告，列举了一些奇特的人殉现象，如殉葬者与墓主同处一棺，墓主男性，殉葬人有的是较年轻的男女，有的是年龄相仿的中年男子。1986年起发掘的西安老牛坡商代墓，也有同棺而葬的现象。这和一般理解的人殉即奴隶似有不同。有学者结合文献与考古材料，对人殉以及人祭做出新的解释。这个问题对了解商代社会性质颇有影响。

甲骨分期的新讨论也是一个例子。董作宾的五期分法流行了半个世纪，由于按五期分划甲骨材料，许多商代史上的提法均与之有关。过去陈梦家和日本学者贝塚茂树等纠正董氏"文武丁卜辞"之说，已由考古发掘证明是正确的。近年殷墟妇好墓和小屯南地甲骨的发现，又引起"历组卜辞"的讨论，也就是说董氏原定为武乙、文丁时期的甲骨文可能都应改到武丁至祖庚时期。这如果是对的，当然会对以往根据甲骨文做出的种种商代历史文化的推论有较大修正。

第三点是开拓思想文化方面的研究。商代史的研究过去强调社会经济，对文化、思想、宗教、神话等课题的探讨相对较少。早期研究者，从王国维到郭沫若，在这方面已有好多成就，但没有得到充分的继承发展。近年有较多学者致力于此，这方面的发展趋势也表现在1987年召开的中国殷商文化国际讨论会上，有关思想文化的论文受到大家重视。可惜这类文章国外学者写的较多，我国学者写的还比较少。

商代思想与后来中国传统文化的关系，是一个开始得到学术界注意的研究课题。例如常正光在 1987 年会上提出的《殷代的方术与阴阳五行思想的基础》，认为当时方术是天文学发展及制定历法的重要成就，并由之探索了五行说、阴阳说的起源。近年几篇论著都主张商代已有春夏秋冬四时，有人还由之推论那时已存在四方四时构成的宇宙间架观念，可以说和常氏的想法是一致的。这一类研究发展下去，可能取得重要的成果。

以上叙述自然不能概括商代史和甲骨学研究的现状，只是示其一斑而已。同样，对这个学科今后的动向，也只能谈几点个人意见。

从郭沫若的《中国古代社会研究》起始，商代史特别是社会经济的研究，是和一系列理论问题的探讨分不开的。中国古史分期问题，关于亚细亚生产方式的讨论，近年都出现了很热烈的局面。可以预期，有关的不同观点都会反映到商代史研究中来，促进研究的深入。

我们曾说过，学术界以往的传统观念把中国古代文明低估了，对商代也是这样。一系列考古发现表明，二里头文化和早于殷墟的商文化已是具有相当水平的青铜文化，同时商文化的分布要比过去人们想象的辽阔得多。这说明，我们对商代社会文化的发展应该重新做出实事求是的估价。

商文化的分布和传播，不等于商王朝统治的范围，但两者间总是有一定联系的。最近四川广汉三星堆的发掘，证明商文化对那么遥远的地方也有强烈的影响。以前已有科学鉴定证明殷墟的卜用龟甲有产于马来半岛一带的，最近又鉴定出一片有字龟甲产于东南亚地区。殷墟妇好墓的一些玉器，据鉴定很可能是新疆的和田玉制作的。看来商朝同四方，包括外国，有着很大范围的交往。在认识商代社会性质时，不可不考虑这一类论据。

对于甲骨文也需要做更深入的理解。甲骨是商代占卜遗物，而且主要是属于王室的，因此虽然甲骨文的数量超过10万片，内容非常广泛丰富，究竟不能包括当时社会文化的一切方面。不能认为凡甲骨文没有记载的，当时就不存在；也不好用甲骨文作为尺度，去衡量传世有关商代的文献，以为与甲骨文文例不合的即为后人伪托。弄清楚这一点，既有利于进一步利用甲骨材料，也有利于把文献和甲骨文结合在一起研究。我们认为商代史研究应当依据文献、甲骨文和其他考古材料三者，才能全面。

对甲骨文的丰富内容必须做进一步的探索。目前我们关于甲骨文的知识还很不够。许多甲骨文字仍未释出，文句不能读懂，至于所反映的制度，我们不了解的更多。如裘锡圭最近写的《关于殷墟卜辞的命辞是否问句的考察》，便涉及几乎全部甲骨文如何理解的问题。

有关商代的文献也需要进一步研究。不少材料足以证明文献的可据。刘起釪一篇文章指出五篇《商书》的可靠性，他说："有人认为，商人最可靠的文字是甲骨文，它的文句那么简短，结构那么古朴，语法还较原始，因而在它的时代不可能有长篇大作的《商书》各篇出现。其实这是执卜辞一隅之见来看待这一问题。"这个看法是很正确的。对于《商颂》，其实也应作如是观。

在商代史的领域内，也有必要导入新的研究方法。例如运用比较历史学的方法，将商代与其他文明古国相比较，已有一些外国学者试过，我国学者做的还不多。曾有著作提出研究商代有五"门"，即五条途径，就是：传统历史文献、青铜器、甲骨文、考古学和理论模式。运用新方法，也许能找到更多的途径，例如殷礼的研究。孔子曾叹息殷礼的不足征，但是他也说殷、周礼之间不过是有所损益。王国维的《殷周制度论》则力主商周两代之异，认为"中国政治与文化之变革莫剧于殷周之际"，这样的观点妨碍了人们考察两代制度的连贯性。考古新发现，如周原甲骨，已证明商周文化相承的关系，对商周之际金文的研究也证实了这一点。由周礼上推殷礼，利用关于周代礼制的知识去研究商代文献、甲骨文和考古材料所反映的制度，还很少人去做。作为今后研究的途径之一，或许会给商代史研究带来新的局面。

五、夏商周离我们有多远

历史书上说的三代，就是遥远的夏朝、商朝、周朝。周朝的灭亡，距离当前已有2260多年；商朝的灭亡，按照比较通行的年表，距今约3000年；夏朝的灭亡，距今约3600年；而夏朝的建立，离现在竟有四千一二百年了。想想我们一个人，连自己儿童时期的事情有时都记不清楚，曾祖父以上先人的名字也常说不出来，夏、商、周三代离我们真是太远了，就像银河系以外的星云、星系一样。

然而三代又好像离我们并不是那么遥远。对于秦汉以来历代许多学者来说，三代是圣贤的时代，是理想的王国。当时不少人主张书不读三代以下，甚至言必称三代，他们的毕生精力都用在圣经贤传的寻绎上。宋代理学先生说，三代之后天地只是架漏过时，人心亦是牵补度日，代表着这种观点。当然，这种观点在进化论传播以后早已成为过去了。现代人对三代的兴趣乃是出于历史的意识。常常听见有人说："历史？历史有什么用？"是的，历史既不能吃，又不能穿，似乎于国计民生无补，可是工农兵学商每一个人，即使与历史学、考古学全不搭界，还是会有或多或少的历史意识和兴趣。这是由于我们几千年的文明是在历史的长河中形成传流的，请看一些寄居海外的华侨华裔对中国古代文明的感情，便会理解。认识古代文明要求助于历史，研究文明的历史更要溯源到三代。因此，三代虽然遥远，就文明的脉络而言，又和我们相当切近。

三代是中国古代文明由定型到兴盛的时期，在整个人类的文明史上据有重要的地位。对三代这个漫长的历史时期进行探索和研究，可以有许许多多的方法和途径。1980年，在美国哈佛大学人类学系执教的张光直先生出版了《商代文明》（Kwang-chih Chang, *Shang Civilization*, Yale University Press）一书，是耶鲁大学出版社《中国早期文明丛书》的第一本。在书中他曾列举"通向商代的五条门径"，就是：传统的历史文献、青铜器、甲骨文、考古学、理论模式。用国内通用的词语来说，这"五条门径"包括了历史学、文献学、考古学、古文字学和理论的探讨。所以，"五条门径"实际是对商代文明的多学科的综合研究。应该指出，这不仅是研究商代的门径，对于夏商周三代的研究，整个都是适用的。

怎样对三代文明做多学科的综合研究，不妨看张先生本人的论著。他的论文集《中国青铜时代》，1982年先由香港中文大学出版社出版，1983年出了三联书店版（听说还有台湾版，我没有见到），最近又有日译本（小南一郎、间濑收芳译，平凡社1989年版）；后来，又读到三联书店印行的《中国青铜时代（二集）》^①。学术研究和艺术流派一样，是有家法、有路数的，两集《中国青铜时代》代表了张光直先生的研究路数。

那么，这两本书究竟是历史学书，还是考古学书？我们学术界的习惯，是把历史学和考古学截然分开。不要看好多大学的考古专业是设在历史系里面的，实际上不管是教师还是学生，都把历史、考古分得清清楚楚。学历史的专搞文献，学考古的专做田野，井水不犯河水，大可不相往来。我看这对历史学、考古学双方都没有好处。强调考古学与历史的关系，绝不会削弱考古学作为科学的独立性，正如英国考古学家、考古学史专家丹尼尔在《考古学一百五十年》（文物出版社，1987年）中引据泰勒的话："考古学家的目的绝对不是准确的发掘和出版发掘报告，甚至也不是准确的地层比较，以及他（泰勒）误称为'文化'的器物类型的划分，而是撰写历史。他极力主张在考古学中采用他所谓的综合研究，这正是我们在本书（《考古学一百五十年》）中一直提倡的作法，……考古学家的工作是否重要，并不是看他发掘的数量、规模和次数，而是看他对撰写或重新撰写人类早期历史的贡献大小。"

张光直先生的训练和背景是纯粹的考古学家，他50年代自台大考古人类学系及哈佛人类学系研究院毕业，主持过台湾省几处遗址的发掘。在《中国青铜时代》的日文版序中，他自称主要的研究对象和兴趣在于中国东南沿海地区（包括台湾）的史前考古。可是

---

① 张光直：《中国青铜时代》，生活·读书·新知三联书店，1983年；《中国青铜时代（二集）》，生活·读书·新知三联书店，1990年。

在这本书的前言里，他着重讲的却是"专业"和"通业"的问题。他说，《中国青铜时代》的"一个目的是想试试看能不能用一些具体的例子来证明中国古代的研究不是'专业'而是'通业'。所谓'本行'的观念我觉得害人不浅。深入研究任何一种事物、现象，都需要长期深入的训练，这是不错的，但现在所谓'行'，其区分的标准常常只是历史的偶然传统，并没有现实的理由。'中国古史'这个题目常常依照史料的性质而分为专业：有人专搞古文字，有人专搞历史，有人专搞美术，有人专搞考古。搞古文字的人还分甲骨文、金文。这样一来，中国古史搞得四分五裂，当时文化社会各方面之间的有机联系便不容易看出来了"。这席话切中时弊，使我想起在清华念书时，老师金龙荪（岳霖）先生曾特别要求我们读一读章学诚《文史通义》关于"专""通"的议论。按《文史通义·博约》篇云："学必求其心得，业必贵于专精，类必要于扩充，道必抵于全量，……博而不杂，约而不漏，庶几学术醇固，而于守先待后之道，如或将见之矣。"学科的发展越分越细，也越需要博通的综合研究。试看研究古代文化社会的名宿，无不于专精之后继以扩充，后人评论也无法以这一科那一科为限，这才是大家风范。

《中国青铜时代》的"主要目的是对中国青铜时代文化与社会的若干主要特征作整体性的讨论"。两集一共有22篇文章，成果所涉及的方面是非常广泛的。这里只选择张先生对中国青铜时代，也就是夏商周三代，几个带有整体性的见解，试加评介。

三代之间的关系究竟是怎样，这是一个影响颇大的问题。大家知道，孔子就讨论过这个问题，他主张殷因于夏礼，周因于殷礼，其间不过有所损益而已。因此历代传统的看法是，夏商周不过是统治者的更迭，制度和人民仍是一脉相承，和由唐到宋、由明到清没有什么两样。对此独持异议的是清末民初的王国维，他的名文《殷周制度论》倡言"中国政治与文化之变革莫剧于殷周之际"，"殷周间之大变革，自其表言之，不过一姓一家之兴亡与都邑之移转；自其里言之，则旧制度废而新制度兴，旧文化废而新文化兴"。此说既出，风靡一世。到30年代，又有傅斯年《夷夏东西说》发表，把三代分为东西不同的两个系统，"夷与商属于东系，夏与周属于西系"。这种看法，不但对历史学界，而且在迄今的中原地区考古研究上也有着深刻的影响。

收入《中国青铜时代》一集的《从夏商周三代考古论三代关系与中国古代国家的形成》一文说："我对三代的看法是这样的：夏商周在文化上是一系的，亦即都是中国文化，但彼此之间有地域性的差异。另一方面，在政治上夏商周三代代表相对立的政治集团；它们彼此之间的横的关系，才是了解三代关系与三代发展的关键。"张先生的这个看法，既考虑了三代直的关系，又照顾到三代横的关系。他所讲夏商周代表相对立的政治集团，吸收了《夷夏东西说》的一些要点，而夏商周在文化上一系，则与《殷周制度论》以来的成说不同。在题为"中国青铜时代"的另一论文中，他又说："根据现有的文献与考古证据来看，三个朝代都以一个共同的中国文明为特征。这不但在这个文明的早期阶段——夏和商——包括地域较小时是如此，而且在较晚的阶段，如青铜器的广泛分布所示，其领域伸展到包括华南广大地区在内的中国全部时也是如此。"

考古学上的殷商文化和周人文化，我们都是熟悉的。如果能承认二里头文化和有关的文化类型是夏文化，其面貌也已为大家所认识。这三者包含的种种主要因素间的关系，应当说是支持张先生上述论点的。三种文化尽管有若干"地域、时代与族别"的区分，但归根结底是大同小异，都属于中国中原地区（广义的）的文化。1987年初，我在日本东京的"中国古文字与殷周文化"讨论会上，曾以商周两代文字的一贯性为例，讨论到商周文化的连续继承，似可作为这一论点的补充①。

中国自古便是一个多民族的国家。中国境内还有一些古代的民族，其文化面貌同夏商周三代文化有较大的差异。以近几年发掘的四川地区的蜀文化而论，广汉三星堆两座器物坑的出土品已以其特异而精美蜚声世界。根据器物坑有关的碳十四年代测定，坑的年代相当于商代晚期，许多器物也带有明显的中原文化影响，然而本身的地域性是相当强烈的。应该说，当时的蜀文化有本身的发展和特点，它和中原地区文化的关系，和夏商周的关系有所不同，所以我赞成张先生《夏商周三代都制与三代文化异同》文中所说："三代都是有独特性的中国古代文明的组成部分，其间的差异，在文化、民族的区分上的重要性是次要的。""从物质遗迹上看来，三代的文化是相近的：纵然不是同一民族，至少是同一类的民族。"②三代文化基本相近的看法，在一定意义上说，是回复到王国维以前的观点上去了。

中国古代青铜器的性质和意义，也是一个关系较大的问题。张先生对青铜器的见解是非常新颖的。他认为中国青铜时代的一项重要特征，"便是作为巫术法器的中国古代艺术品在造成或促进政权集中上所起的重要作用。因政权的集中在中国历史上一向是与财富的集中紧密结合的，而财富的集中又是文明产生的基础，中国古代

---

① 见《中国古文字与殷周文化》（日文），东方书店，1989年。

② 张光直：《中国青铜时代（二集）》，第38页，生活·读书·新知三联书店，1990年。

的艺术在文明起源的程序上就起了关键性的作用"[1]。他之所以得出这一结论，是由神话和美术史的研究入手的，其方法也很独特。60年代的几篇论文，如《中国青铜时代》一集收辑的《商周神话之分类》《商周神话与美术中所见人与动物关系之演变》，已可见此说之端倪。1981年至1982年，他在哈佛的讲座，对此做了系统发挥，随后出版为《美术、神话与祭祀》（*Art, Myth and Ritual: The Path to Political Authority in Ancient China*, Harvard University Press, 1983；郭净、陈星译，辽宁教育出版社1988年版）一书。至于二集中的文章，几乎篇篇都和这个问题有联系了。

问题不妨从神话讲起。和其他古代文明一样，中国古代也有神话，有些还是十分美妙的，但是较之其他古代文明，中国的神话一则数量少，二则类型也不相同。比如世界各地最普遍的神话是洪水传说，中国亦有，且见于《尚书》的首篇《尧典》。不过其他地方的洪水传说都是讲天降洪水，将人类灭绝，唯有少数留存下来，成为现今人类的先祖，而《尧典》却说洪水怀山襄陵，禹受命动员众人将之治理平息，其思想含义显然有别，不可与其他传说同日而语。这里面反映的不同观念，是很值得玩味的。

对于中国古代神话的研究，已经有几十年的历史，海内外有不少专门论著。张光直先生在研究上的特点，是把考古学与商周神话以及美术结合起来，成为很有特色的学说。他专门研究了商周两代神话及美术里所见的动物，指出："在商周的神话与美术中，动物占有很重要的地位。……在神话里，动物所扮演的角色，从族群的

---

[1] 张光直：《中国青铜时代（二集）》，前言，生活·读书·新知三联书店，1990年。

祖先，一直到上帝的使者；从先祖英雄的伴侣，一直到为英雄所征服的恶魔。动物在神话中的重要地位，甚至比表面看得出来的还要大些。"①动物之所以有这样特殊的地位和作用，则是由于当时普遍存在的巫术。张先生的论文详细讨论了古代的巫和巫术，巫是"知天知地又是能通天通地的专家"，而动物便是他们借以通天地的工具。青铜器，主要是青铜礼器，其使用者是巫，而其用途正是"通民神"，亦即"通天地"，所以在礼器上面充满了饕餮、肥遗、夔、龙、虬一类神话动物。

同样的学说，也可用来解释中国古玉中最重要的一种——琮。在《中国青铜时代（二集）》里有一篇《谈"琮"及其在中国古史上的意义》，专门讨论了外方内圆的琮"是把方和圆相贯串起来，也就是把地和天相贯通起来。专从形状上看，我们可以说琮是天地贯通的象征，也便是贯通天地的一项手段或法器"。琮的上面，也每每具有神异的动物花纹。

这样的研究，使我们想起了陈梦家先生。70多年前，陈先生写了《商代的神话与巫术》②，从神话学的角度研究商代考古与古文字学的成果，有开拓之功。这篇论文，不少人业已忘记了，陈先生也没有把它的内容充分吸收到他的《殷虚卜辞综述》中去。不过，近年好多海外学者对它却是相当推崇称道的。无论如何，神话学的研究对探讨古代文化很是重要，这或许是在前面提到的"五条门径"之外又一条康衢大道罢？要搞"通业"，要对古代文化与社会做整体性的讨论，这条途径是必须走的。

---

① 张光直：《中国青铜时代》，第288页，生活·读书·新知三联书店，1983年。

② 见《燕京学报》第20期，1936年。

《中国青铜时代》前言还有一段值得介绍的话："讲通业讲到底，我们还得把中国的材料与中国的研究成果与世界其他各地的情形作比较，因为中国的情形只是全世界人类千变万化的各种情形之一，不了解世界的变局便不能了解中国的常局。……讲中国学问没有中国训练讲不深入，但讲中国学问没有世界眼光也如坐井观天，永远讲不开敞，也就讲不彻底。"这些年，学术界风行谈"比较"，就是考古学谈得不多，其实据我看，比较考古学的研究反而是特别需要的。我们大学里历史专业的学生都必修世界史，考古专业的学生却没有一门世界考古学或外国考古学的课程，因而在考古学范围内讲世界眼光也就不容易了。例如中国文明的起源问题颇为热门，可是这个问题恐怕离不开比较研究，离不开世界眼光。

大概是由于在美国多年的关系，张先生论著中以中国古代文明与美洲古代文明做比较的地方特别多。比如，他以墨西哥卡尔卡金哥遗址的奥尔美克文化石刻的"亚形"同中国考古发现的"亚形"对比，便是饶有兴味的。他认为中国的殷商文明和美洲的马雅等文明可能是同祖的，其祖型文化可以追溯到一万多年前印第安人还在亚洲的旧石器时代，可称为"马雅、中国文化连续体"[①]，这比形形色色商周以来中国人远渡美洲的说法要有据得多。

关于中国文明起源，书中有不少篇论文。他觉得，中国文明起源的讨论不能限于文明起源的历史阶段和地区、中国文明是一元还

---

① 张光直：《中国青铜时代（二集）》，第91页，生活·读书·新知三联书店，1990年。

是多元这样的问题，还要探索中国文明是"怎样"形成的，"为什么"这样形成，其形成牵涉哪些因素，其形式又如何反映其内容。他承认文明的产生必须经过财富的积累与集中的程序，所以研究中国文明的起源，应该考察中国古代何时有财富的积累，如何造成这种积累，何时有财富的集中，又如何造成这种集中。在论文里，他列举了下列几个有关的现象：

第一，中国古代文明的生产工具、技术，与文明产生以前的生产工具、技术没有本质的改变。

第二，宗族制度是中国古代文明社会里面阶级分化和财富集中的重要基础。

第三，天人合一的宇宙观是从史前继续下来的，是供给中国古代财富积累与集中的重要工具。

这三点都是以"连续性"为特点的，因此张光直主张文明起源的若干西方的一般法则不适用于中国，中国的形态可称为"连续性"的形态，西方的可称为"破裂性"的形态，而中国的形态很可能是全世界向文明转进的主要形态，西方的形态则系例外。《中国青铜时代（二集）》殿后的文章即以"连续与破裂"（Continuity and Rupture）为题。

这样的研究，又使我们想到著名的学者侯外庐先生。他有许多作品论述了古代东方和西方的不同文明路径的问题。下面只抄引他自传中的几句："古代社会这两个不同的路径，如果用恩格斯家族、私产、国家三项作为文明路径的指标，那么，'古典的古代'（按指希腊、罗马）就是从家族到私产再到国家，国家代替了家族；而'亚细亚的古代'则是从家族到国家，国家混合在家族里面，……所以，前者是新陈代谢，新的冲破了旧的，是革命的路线；而后者却是新陈纠葛，旧的拖住了新的，是维新的路线。"①他尽管没有从考古学的角度研究这个问题，然而观点的相似是显然的，这大概便是殊途同归吧？由此可见，不管我们是否赞同，这种观点的重要性是不容漠视的。它牵涉到中国古代文明起源以及发展的一些根本性的特点，虽然所论是夏商周三代，大家还是都应该关心的。

所以，这里又回到本节开端谈的夏商周离我们有多远的问题。夏商周三代是遥远的过去，但它们不仅是博物馆的陈列品。不管三代的制度、思想、宇宙观在我们看来是多么陌生，三代究竟是中国古代文明的渊源，研究中国传统文化不能不溯源至此。认识这一点，三代和我们就不是那样遥远了。

六、天下之中

丝绸之路在海内外都是脍炙人口的研究课题，近年国内的有关论著也越来越多，但仍存在不少疑难，需要探讨。"丝绸之路"一词，本来是1877年德国学者李希霍芬提出的，迄今已使用100多年，然而学术界对这个词的解释理解颇有不同。大体说来，当前大家艳称的丝绸之路，实际上有狭、广两义。狭义的丝绸之路，专指汉唐时期丝绸西运的途径，如一些著作所讲，是自长安经过中亚、西亚，以至地中海西岸，路程约七千公里。广义的丝绸之路，则泛指亚欧大陆古代的东西交通，年代可上溯先秦，路线也兼包海陆。观察学术界近年研究的趋势，多数似已倾向广义。例如在国内，1985年出版的一部《中西文化交流史》，有专门章节探讨秦以前的丝绸

---

① 侯外庐：《韧的追求》，第235页，生活·读书·新知三联书店，1985年。

之路；在国外，1988年日本奈良举办的"丝绸之路大文明展"，设立"绿洲与草原之路""海之路""佛教美术东传之路"等专题，范围尤为广泛。丝绸之路的研究，显然正在日趋深入和扩大。

洛阳与丝绸之路的关系，是一个新颖而重要的研究题目。以前一提到丝绸之路，便联想到长安，这无疑是必要的，因为从狭义的丝绸之路观念去看，自然应强调长安的历史作用。特别是汉武帝派遣张骞开通西域，狭义的丝绸之路的起点正是长安。西汉及后来唐朝的繁荣兴盛，是有世界史意义的大事，长安作为当时中国的首都，金城千里，在东西交通上自然是一大中心。不过，如果从广义的丝绸之路观念加以思考，就可以看到洛阳也具有很高的重要性，我们研究丝绸之路，必须还洛阳以其应有的地位。

中国古都，包括长安、洛阳在内，都不仅是国家政治的核心，同时还是交通和商业的枢纽。这种形势的出现，时代很早，考古学的工作证明，至少商代晚期的殷都已经是这样了。大家知道，殷墟的发掘时间是最长的，遗址中曾发现许多远方传来的物品，比如南方的象，海上的鲸，好些玉器是用新疆的和田玉制造的，有的龟甲经鉴定来自东南亚，有的甲骨上粘有棉布（土卢布），也可能源于外国。这说明那时的中国首都已经和我国边远地区以及域外存在相当规模的交往关系。把当时的王朝想象为狭隘闭塞的看法，恐怕是早已过时了。在商朝覆灭以后兴起的在今洛阳的周都成周，应当比殷都有更重要的作用。

在古代中国人的思想里面，洛阳一带地区乃是天下之中。《史记·货殖列传》说："昔唐人（尧）都河东，殷人都河内，周人都河南。夫三河在天下之中，若鼎足，王者所更居也，建国各数百千岁，……都国诸侯所聚会。"严格地说，三河中的河南，即今洛阳，是天下之中，也叫作土中或地中。如《逸周书·作雒》叙述周成王时周公兴建成周的事迹，便提到"周公敬念于后，曰：'予畏周室不延，俾中天下。'及将致政，乃作大邑成周于土中，……以为天下之大凑"。土中意即大地之中。天下之凑是说这里是八方辐辏之地，是朝会、贡赋、交通和商业的中心。

周人甚至把成周为天下大地之中的观念，融汇到他们的宇宙观中去。《周礼·大司徒》记载有用仪器土圭测量日影以确定天下之中的方法："日至之景（影）尺有五寸，谓之地中，天地之所合也，四时之所交也，风雨之所会也，阴阳之所和也，然则百物阜安，乃建王国焉。"这是说，在夏至那天建立八尺高的垂直标竿"表"，到正午时分，竿影落在"表"下向正北伸出的度尺"圭"上，长一尺五寸，符合这个条件的地点就是天下之中。这样的地点在古代的阳城，今登封告成镇，现存的观星台传即周公测景（影）台故址。清代学者江永已经指出，这是由于古人长时期在洛阳一带建都，于是选定当地日影的特点作为天下之中的标准。

由此可知，洛阳附近一带为天下之中的观念起源很古。阳城据文献本是夏禹的都邑，而周武王设计后来成周的位置，恰恰由于那里是夏人的居地。《逸周书·度邑》和《史记·周本纪》都讲到武王怎样考虑修造新都，怎样把计划告诉周公。近年出土的成王时青铜器何尊，铭文里还记有武王当时设祭告天，说要在天下之中建造新邑，由那里治理众民。这进一步说明了成周的重要性，也告诉我们洛阳一带自古是远近人民往来聚会的所在。

周朝与西土的关系不容忽视。从本源上看，周人原兴起于我国西北，和其北、西、南三方各种民族都有颇密切的关系。众所周知，周武王伐纣的战役，便有若干西北、西南的少数民族参加。可以说，周人是背靠大西北的，而西北的民族又与域外诸方国部族有所交通。当时亚欧大陆如何构成联系的链环，中外学者曾做过不少探索，还有待今后更多的考古研究来证明。

西晋初年在战国墓中发现的竹简书籍《纪年》和《穆天子传》都载有周穆王西行的故事。这些故事带有一定的神话色彩，但近年对西周青铜器铭文的研究已证明其间的若干人物实有其人，并非虚构，所以还是反映了周人与西域交通的真实。值得注意的是，周穆王西行的起点、终点都是成周（《穆天子传》作"宗周"），以由成周到所谓西北大旷原的路线道里计算，远远超出我国的疆界。这最低限度是表明了先秦人们对东西交通的认识。

根据上面所说，我深深觉得，要探讨先秦丝绸之路的滥觞，不能不重视洛阳的地位和意义。至于西汉以后，洛阳的经济更形殷盛；到北魏时的洛阳，"自葱岭以西，至于大秦，百国千城，莫不欢附，商胡贩客，日奔塞下"，其繁华不难想见，更是大家所熟知的了。

七、关于《周易》的几个问题

学术界的所谓《周易》热，已经流行了好几年。1990年春天出版的《中国图书评论》曾为此辟有专栏，提到"沉睡三千余年的《易经》成了当今的热门话题，这为多人始料所不及，然而它毕竟真的'热'了起来，不仅成了一门'易学'，而且诸家蜂起，学会团体林立，及于中外"。有关作品数量繁多，缤纷杂陈，令人目不暇接。《周易》在古代被视为六经之首，三玄之一，研究历史文化时自然不可忽略。但《周易》原系卜筮之书，人们谈起来总有一种神秘的感觉。甚至《周易》经传的起源和时代，学者间也有种种不同看法，更使《周易》成为谜团。近年有一些考古发现，给《周易》的研究提供了新的线索。其中1973年底在湖南长沙马王堆3号汉墓出土的帛书《周易》经传，内容尤为重要。为了准备研究帛书《周易》，我写了一本题为"周易经传溯源"的小书①，从考古学和文献学的角度对《周易》进行考察。这里把书中涉及的范围撮要概括为几个问题，供对《周易》有兴趣的读者参考。

问：《易》是在什么时候起源的？

答：《易·系辞》说："古者包牺氏之王天下也，仰则观象于天，俯则观法于地，……近取诸身，远取诸物，于是始作八卦，以通神明之德，以类万物之情。"这是讲作为《易》的基础的八卦始见于史前的包（伏）牺氏时期。

目前考古发现的有关《易》卦的材料，最早是殷周时的筮数。筮数是一连串的数字，有的是三个数字，有的是六个数字，可以按奇数为阳、偶数为阴的原则，转译为《易》卦，例如"一一六八八一"，便是下震上巽的《益》卦。这种筮数，在宋代发现的西周青铜器上已经有过，但没有得到认识。50年代，开始在西周甲骨文上发现，我们曾指出其类似《易》的九六②。1978年，张政烺先生明确地证明它们与《易》卦有关。1984年，金景芳先生论证它们是进行占筮时所得数字的记录，可称为筮数。

已知筮数实例以殷墟出土的几件为最早。有些见于应用器物，如陶器、石器、铸铜用的陶范等；有些见于甲骨，可能是周人在当地使用的，和殷人的很不一样。这些例子都不早于殷墟中期，即殷

---

① 李学勤：《周易经传溯源》，长春出版社，1992年。

② 李学勤：《谈安阳小屯以外出土的有字甲骨》，《文物参考资料》1956年第11期。

王武乙、文丁的时代。在陕西等地的商末周初遗存中，筮数的例子大为增多。这说明周人可能比殷人更广泛地运用筮法，并用筮数记录下来。这种筮数已经比较复杂成熟，应该有更早的渊源，有待将来的发现。

问：殷周的筮法之间有怎样的关系？

答：从文献来看，殷周两代都有筮法，就是用蓍草计数占卜的习俗。先秦古书《世本》讲"巫咸作筮"，巫咸是汤的玄孙大戊时人。按照《世本》一类的惯例，所谓"作"不一定是创造，可能是指改进发展。无论如何，殷人有自己的筮法是肯定的。

殷周也都有卜法，即用甲骨烧灼占卜的习俗。周人的卜法和殷人的有不少共通点，然而又有明显的差异，比如甲骨的形制、卜辞的文例等等，都不相同。殷墟出土的有筮数的甲骨很少，都属于周人的类型，所以我刚才说那恐怕不是殷人的筮法。

考古材料已经表明，周人对筮法有较大发展。《系辞》说"《易》之兴也，其当殷之末世、周之盛德邪？当文王与纣之事邪？"，便可与此印证。《左传》记述，鲁昭公二年（前540），晋侯派韩宣子聘鲁，到太史处观书，见到《易象》和《鲁春秋》两书，赞叹道："吾乃今知周公之德与周之所以王也。"看见《易象》就联想到周之所以王，正是由于文王和《易》有密切的关系。

问：卜法和筮法又有怎样的关系呢？

答：卜法和筮法本来是两种占卜的方法，但古人常以两者并用，互相参照。不过他们认为，这两种占卜方法并不是平等的，所谓"筮轻龟重""筮短龟长"，卜法由于材料难得，手续繁杂，被认为更为重要。人的身份越尊贵，所卜问的事越重大，便更多使用卜法。《礼记·表记》甚至说"天子无筮"。殷墟很少有殷人筮法的遗迹，也许就是当地是王都的缘故。

古人还常在用卜法之前，先用筮法，如《周礼·筮人》郑注所说："当用卜者先筮之，……于筮之凶，则止不卜。"在占卜大事的时候，更是"先筮而后卜"。有时他们就会把筮法所得到的筮数记在对应的卜法所用甲骨上面。今天我们看到甲骨上面有筮数，正是这个缘故。

近年发现的战国时期竹简，有一些是占卜的记录，也是先筮后卜，文字的格式也和殷末到西周的差不太多。这证明当时还在沿袭着先筮后卜的传统习俗。

问：《周易》的经文是什么时候形成的？

答：这个问题，其实在很早以前已由顾颉刚先生解决了。顾先生在1929年撰有《周易卦爻辞中的故事》一文，援引王国维先生等对古史的研究，详细考述了《周易》经文中王亥丧牛于易、高宗伐鬼方、帝乙归妹、箕子之明夷、康侯用锡马蕃庶等事迹，推定《周易》卦爻辞"著作年代当在西周初叶"，其说精确不磨，为学者所遵信。后来虽有学者以为经文中有更晚的故事，但均未能确证。

经文中这些殷至周初事迹的记载，有些是后人不能追托，甚至难于索解的。例如《旅》卦上九说："鸟焚其巢，旅人先笑后号咷，丧牛于易，凶。"旅人指殷的先祖王亥，《山海经》说王亥两手操鸟，方食其头，甲骨文"王亥"的"亥"字常写成从"鸟"。然而王亥的事迹与鸟到底有怎样的联系，后人早已不能知道。又如《归妹》六五："帝乙归妹，其君之袂不如其娣之袂良。"帝乙时，殷朝势衰，他既不是王亥、上甲那样富有传说色彩的远祖，又不是成汤、太甲、祖乙、武丁、祖甲那样功业彪炳的名王。这个故事没有多大意义，是容易被淡忘的，见于《周易》经文，是其年代较早的一个标志。

问： 孔子以前有没有《周易》的学术研究？

答：《周易》本是一种卜筮书，长期流传，只是作为占卜的依据。但在春秋时期，逐渐有些人对卦象进行分析，做出义理的讨论，在《左传》《国语》两书中还保存有若干例子。比如《左传·庄公二十二年》，周史以《周易》见陈侯，筮遇《观》之《否》，解释说："是谓'观国之光，利用宾于王'，此其代陈有国乎？不在此，其在异国；非此其身，在其子孙。光，远而自他有耀者也。《坤》，土也；《巽》，风也；《乾》，天也。风为天于土上，山也。有山之材而照之以天光，于是乎居土上，故曰'观国之光，利用宾于王'。"这种分析，和后来《易传》是颇相类似的。再如《左传·襄公九年》所记穆姜论"元亨利贞"的话，更为《文言》所直接袭用。

刚才提到鲁国太史那里有《易象》一书。过去有人说《易象》就是《周易》卦爻辞，这显然不对，因为晋国也有《周易》流传，如果《易象》就是《周易》经文，韩宣子便不会赞叹了。《易象》应该是论述卦象的书，韩宣子见到它的时候，孔子只有12岁。

问： 孔子和《周易》的关系是怎样的？

答： 这个问题，对于笃信古书记载的人们来说，本来是不成问题的。《论语·述而》篇云："子曰：'加我数年，五十以学《易》，可以无大过矣。'"《史记·孔子世家》也说："孔子晚而喜《易》，序《彖》《系》《象》《说卦》《文言》；读《易》，韦编三绝，曰：'假我数年，若是，我于《易》则彬彬矣。'"可知孔子晚年对《周易》十分爱好，而且自己撰成了《易传》（至少其中一部分）。

《述而》的"五十以学《易》，可以无大过矣"一句，汉代的《鲁论》有异文，"易"字作"亦"，这样，似乎孔子和《易》没有什么关系了。实际上，"易""亦"音近而讹，从古音来看，只能是两汉之际以后的事。《史记》既然作"易"，作"亦"的异文是没有多少价值的。

马王堆帛书《周易》的传文部分有一篇题为"要"，记载孔子同子贡的问答，也说到"夫子老而好《易》"。特别值得注意的是，孔子说："后世之士疑丘者，或以《易》乎？"这句话口吻和《孟子》所载孔子所说"知我者，其惟《春秋》乎？罪我者，其惟《春秋》乎？"是很类似的。孔子说知我、罪我，其惟《春秋》，是因为他对《春秋》做了笔削，所以他与《易》的关系也一定不限于是个读者，而是一定意义上的作者。他所作的，只能是解释经文的《易传》。

问：关于《易传》的形成年代还有什么别的证据吗？

答：有些学者认为《易传》年代很晚，这是没有仔细查考各种典籍的缘故。很多先秦到汉初的古书，都曾引用《易传》，有的明引，有的暗引，足供查考。例如《礼记》中子思所作的《坊记》《中庸》《表记》《缁衣》等篇，体裁文气很像《文言》《系辞》，引《易》的地方也很多。有的语句，可以看出是引《文言》的。又如《礼记》中公孙尼子所作的《乐记》，更直接袭用了《系辞》。子思和公孙尼子都在"七十子之弟子"一辈，他们引用《易传》，可见《易传》不会晚于七十子的时期。

子思、公孙尼子都不传《易》，也不以《易》学著称。再晚一些的荀子，则有善为《易》之名。荀子常以孔子、子弓并称，子弓乃是传《易》的楚人馯臂子弓，荀子的学术源出于他，因而《荀子》书中多次引用《周易》经传。这也可以看出，《易传》的形成是较早的。

这样说，当然不是认为先秦的《易传》和今天我们看到的完全相同。古书的定型总是有一个较长过程的，但《易传》的主体结构形成应和《论语》处于差不多的年代，其与孔子的关系是很密切的。

问：请介绍一下马王堆帛书《周易》的内容和意义。

答：帛书《周易》有经有传。经文的释文已在《文物》1984年第3期发表，其卦爻辞和传世本基本相同，只有许多通假字，但六十四卦的次序全然不同。帛书六十四卦分为八组，每组以上卦相同为准。上卦的次第是乾、艮、坎、震、坤、兑、离、巽，下卦的次第是先取与上卦相同的，然后以乾、坤、艮、兑、坎、离、震、巽为序。这是根据帛书《易传》中的"天地定位，山泽通气，火水相射，雷风相薄"（传世本这段话在《说卦》，略有差异），也就是一种阴阳说的哲理排列的。这样的卦序，显然要晚于传世本的卦序。

帛书的传文包括《二三子问》两篇和《系辞》《易之义》《要》《缪和》《昭力》各一篇。目前《系辞》在《马王堆汉墓文物》（湖南出版社1992年版）书中刊布了。帛书的《系辞》，包含传世本《系辞上》第一至七章、第九至十二章，传世本《系辞下》的第一至三章，第四、七章的一部分和第九章。帛书的《易之义》，包含传世本《系辞下》的一小部分，《说卦》的开头部分，另有传世本《易传》没有的佚文约2100字，内容极为重要。帛书《易传》的其他各篇，也很有裨于《易》学的研究。

帛书《周易》自然在校勘上有很高价值，不过帛书有不少错讹，有的离奇而容易导致误解，在研究时必须小心对待。更重要的是帛书《易传》那些前所未见的佚文，确是《周易》研究的瑰宝，一旦公布，必将引起讨论的热潮。

问：《周易》之外的《连山》《归藏》到底是否存在？

答：据《周礼》载，太卜之官掌管"三易"："一曰《连山》，二曰《归藏》，三曰《周易》，其经卦皆八，其别皆六十有四。"据此知道《连山》《归藏》也有八卦、六十四卦，与《周易》相似。看《尚书》《左传》《国语》等书，当时确实有"三易"的运用。《礼记·礼运》篇及其郑注认为《归藏》（即《坤乾》）是殷代的阴阳之书，因而也有文献推论《连山》是夏代之书。

《连山》《归藏》不见于《汉书·艺文志》，可是汉人桓谭说两书都存在，还记述《连山》有8万字，《归藏》有4300字。晋代的干宝，宋代的罗泌、罗苹、李过等人，曾记录下《归藏》的部分卦名，奇奇怪怪，几乎无人相信。想不到的是，帛书《周易》经文的卦名却有一些与《归藏》卦名相合或类似。例如《咸》卦，帛书作《钦》，《归藏》也作《钦》；《谦》卦，帛书作《兼》，《归藏》也是一样。这样看来，汉以来传流的《归藏》确乎有据，并非全出杜撰。

至于考古材料所见筮数，有没有属于《连山》《归藏》的，现在还没有足够的证据，有待进一步探讨。

八、西方中国古代研究的新趋向

国外的"中国学"（即"汉学"）已有悠久历史，著作如林，但"中国学"史的研究还是一个很少人问津的领域。这方面最早的专著，应推苏联1925年出版的巴托德《欧洲特别是俄罗斯的东方研究史》（有德、日译本）。日本学者石田干之助1932年著有《欧人的中国研究》，1942年又出版了《欧美的中国研究》，影响较大。另外，日本青木富太郎有《东洋学的成立及其发展》，1940年印行。我国唯一的一本专书，莫东寅《汉学发达史》（文化出版社，1949年），就是在石田干之助著作的基础上编译而成的。建国至今，没有出现任何通盘研究和介绍"中国学"史的著作，这对于当前我国的开放形势来说，尤其是不相称的。

研究"中国学"史，要了解"中国学"的起源及其各种流派的形成过程，更重要的是，要掌握最近时期国外"中国学"界的成果和动向。由于"中国学"范围广阔，门类繁复，对其各方面的研究，更需要分别介绍和讨论。这里想就西方（包括日本）学术界对中国古代（以汉代为下限）历史文化的研究，根据个人闻见做一概述，举例限于近10余年，希望能由此窥见国外"中国学"动态之一斑。

40年代，在美国费正清等人倡始之下，兴起了所谓"新中国学"。"新中国学"的一个特点，是把研究的重点置于近现代。这种学风以美国为中心，一时风靡日本以及欧洲。到了近一时期，研究近现代中国的人才数量已经够多，同时中国在国际上的影响日益增长，人们迫切要求认识中国的古老文化，从而对中国古代的研究又由衰而兴，各大学里学习中国古代史的学生也多起来了，逐渐培养出这方面的一代新学者。这是西方中国古代史研究取得进展的一个显著标志。

为了进一步推进中国古代的研究，加强了信息的收集和传播，是西方这方面工作取得发展的又一标志。于此特别突出的是美国古代中国研究会出版的年报《古代中国》。这份年报内容包括论文、译文、研究简报、学术消息等，主要报道美、英等国，也反映中国、日本、东欧等方面的情况，自1975年创刊，迄今已出15卷，我过去曾有介绍①。自1988年起，古代中国研究会又出版《古代中国通讯》，以更迅速地提供信息。《通讯》由班大为主编（最近改由马绛、班大为合编），充分利用电脑编印，内容有学科动态，学术会议述评、报告会、讨论会、展览和书刊的预告，正在进行的研究课题，与中国学术交流的情况，等等。第1卷第1期的主要内容，包括夏含夷对1987年"中国殷商文化国际讨论会"的评论，1988年在中国、美国、加拿大、澳大利亚等地举行的各种会议和展览的通告，亚利桑那大学奥尔森与中国科学院新疆分院合作在新疆进行旧石器时代考古调查的报道，澳大利亚国立大学巴纳正在进行的工作，中国书讯，台北故宫博物院近期展出及研究课题，等等。

西方学者这些年对中国古代史的研究，可以总结出以下一些特点：

（一）重视文明起源的探索：中国古代文明是世界上有数的几个独立形成的古代文明之一。研究中国文明的起源，对整个人类文明史研究有其特殊的意义。70年代，文明起源问题成为学术界的一项热门，流传颇广的塞维斯著《国家与文明的起源》（纽约，1975年）和柯恩、塞维斯合编《国家的起源》（费城，1978年）等书，就是当时出现的。

1978年，英国牛津大学沃夫森学院讲座即以"文明的起源"为题。这个讲座始于1970年，要求讲演的学者对新的学术发现或

---

① 李学勤：《关于古代中国研究的信息》，《文史知识》1986年第1期。

研究方法进行概述。1978年的讲座是由剑桥的克拉克教授开始，讲述人类从渔猎、采集到农作的过程，然后有四位专家分别讨论近东、欧洲、中国和中美洲城市的出现。其中关于中国的一讲，是伦敦大学亚非学院沃森教授的《古代中国的城市》。最后，还有两讲论宗教的发展和文字的产生与传播。讲演录于1979年经亚士摩兰博物馆的穆瑞编辑出版（《文明的起源》，牛津）①。

恰好在同年6月，在美国加州伯克利召开了题为"中国文明的起源"的学术讨论会，论文集由加州大学伯克利分校吉德炜教授编辑，于1983年印行（《中国文明的起源》，加州大学出版社）。论文分为（1）环境与农业，（2）文化与人，（3）语言与文字，（4）族与国家四个部分，由吉德炜撰序，哈佛大学张光直教授作结。值得注意的是，会议的参加者除考古、历史、人类学、语言学、美术史等方面的专家外，还有遗传学、地理学、冶金学、园艺学等学科的学者，这使会议的讨论方面更为广泛。比较重要的论题有：水稻与黍稷农作的起源，文字的起源，族的性质，国家形成的过程以及生态地理分区的文化意义，新石器时代中原与东海岸的交互影响，夏商周三代的关系，等等。

（二）强调文化史的角度：西方"中国学"学者一贯重视中国古代思想文化的研究，近年尤侧重于古代的宗教与神话。在这方面，他们的研究方法与观点，每每与其本人所宗属的哲学或社会学流派有密切关系。可以说，西方盛行的各种哲学、社会学学说都会对"中国学"起或多或少的影响作用。

---

① 穆瑞编：《文明的起源》(P. R. S. Moorey ed., *The Origins of Civilization*, Clarendon Press, Oxford, 1979)。

　　以英国伦敦大学亚非学院的艾兰博士为例。她是30年代曾在北京大学任教的德国教授艾伯华的学生。艾伯华离华后，1937年至1948年在土耳其安卡拉大学教书，1948年到美国加州大学伯克利分校，任社会学系教授，直到1976年退休。1979年，艾兰和寇恩主编了一本题为"中国的传奇、传说与宗教"的论文集（旧金山，1979年），借以纪念艾伯华70岁诞辰，作者都是艾氏的弟子。艾兰在集子中的文章是《现代中国民间宗教的商代基础》。1981年，艾兰出版了专著《世袭与禅让：古代中国的朝代传说》（旧金山，1981年）。在这部书里，她对中国古代朝代传承的文献记载，从神话学结构的角度做了分析。艾伯华的社会学、历史学以及勒维－斯特劳斯的结构主义的影响，可以看得很清楚。1992年，四川人民出版社出版了她的《龟之谜》一书的中译本。

　　张光直教授结合考古学，对古代神话传说也做了很多研究。他的成果，由于《中国青铜时代》一、二集在北京出版（三联书店，1983、1990年），已为国内学者习知，前面我已介绍过。这里要讲的是他近年的另一本著作《美术、神话与祭祀》。这本书发展了《中国青铜时代》所收论文的观点，特别讨论了萨满教在古代政权形成和积累中的作用。书中《萨满教与政治》《作为通向权威道路的美术》《作为通向权威道路的文字》等章，有不少新见解。

　　对于中国古代礼制的研究，近年颇为流行。有些著作对很专门的课题做了探究，例如德国缪勒的《周汉时期社的研究》（慕尼黑，1978年），就是研究宗教与传说中与社祭有关的种种材料。这个题目，自沙畹以后，可说没有人从事过探索。缪勒的著作表明，西方学者不仅注意了礼书记载的研究，而且更强调研究当时的民间礼俗。美国学者夏德安的工作，便是专门探讨民间的礼俗和文化的关系。他所著《五十二病方：译文与导论》（安亚伯，1982年），对长沙马王堆汉墓出土的这一帛书做了精心译注，阐述了帛书所反映的民间宗教和巫术。他所撰论文，如在《哈佛亚洲研究》上发表的关于云梦秦简《日书》"诘"的一篇（第45卷第2期），关于王延寿《梦赋》的另一篇（第47卷第1期），也都是研究类似的主题。

（三）比较研究的方法：德国、日本的一些学者，很早就提出过"世界史相"的概念，主张对整个人类历史文化的发展进行比较和综观。近年也有学者强调在古代研究中运用比较的方法，例如日本三上次男教授，在建立青山大学历史系时，即提出要以世界的眼界去研究东洋史。青山大学与学习院大学的学者，成为中国古代史研究会的核心。这个研究会自1954年起出版论文集，第一册题为"中国古代史诸问题"，后来以"中国古代史研究"为题，我们见到的最末一册是其第五（雄山阁，1982年）。

1986年6月在美国弗吉尼亚州爱尔丽召开的"古代中国与社会科学一般法则"学术讨论会，是强调比较研究的一个佳例。这次讨论会特设一组题为"模式、法则和比较"的论文，实际上运用比较方法的还有在该组之外的不少篇。美洲研究院的哈斯的论文是《中国与新世界文明之异同》，亚利桑那大学的约菲的论文是《中国和美索不达米亚》，两文均以商代与其他古代文明做了详细的比较。因为两位学者对美洲或两河流域的考古有丰富的知识和经验，他们的论述和一般援引第二手材料的作品有很大不同。

哈佛大学历史系教授叶山，在该讨论会上提出了《古代中国奴隶制的比较历史研究》一文，对奴隶制的定义做了详细的讨论，然后联系到中国古代，特别是秦律的隶臣妾问题。这篇论文的中译本已在《中国史研究》1986年第4期刊出。

（四）古代文献的新评价：西方"中国学"是从介绍和研究中国经籍开始的，至于日本原在儒学文化范围之内，更有许多学者世代研究中国经籍。近些年，有的学者在整理考订方面有新的成果，有的学者则对文献从不同角度做出新的解释。

关于整理考订，想举一本出版较早的书为例，即日本小林信明博士的《古文尚书的研究》（大修馆，1959年）。小林氏此书以唐写本与日本旧抄本隶古定《尚书》为主要材料，对《古文尚书》的渊源传流做详密的考察。书中包含了大量的隶古定文字材料，并做了详细整理，如能从古文字学角度加以研究，对《尚书》学必可有重要贡献。

类似的著作，可举出金谷治编《唐抄本郑氏注论语集成》（平凡社，1978年）。书分三部分，第一部为唐卜天寿抄本《论语郑氏注》，第二部为敦煌本四种及吐鲁番本《论语郑氏注》，第三部则为通论性质的《郑玄与〈论语〉》。在末一部分，金谷氏对《论语》郑注，特别是"孔氏本"的问题，有很精到的见解。

这些年，《周易》在国外深受注意，有关的书籍都很流行。例如，苏联舒茨基的《易经研究》，已被译成英文出版（普林斯顿大学出版社，1979年）。最风行的书大概是加州大学伯克利分校的高能物理学家卡普拉写的《物理学之道》。这本书企图把现代理论物理学与东方神秘主义宇宙观联系起来，自1975年出版以来即成为畅销书，并印成廉价纸皮本，连续再版。

1988年夏，日本著名的《岩波新书》为纪念创刊50年，出版了一批新作，其中高田淳的《易话》甚为读者欢迎。高田氏系学习院大学文学部教授，专研中国思想史。《易话》除根据王船山学说诠释《周易》外，还以东西文化论为背景，论述了《周易》对西方的影响。他讲了李约瑟的中国文明论，莱布尼茨二进位法与《易》的关系，玻尔、卡普拉现代物理学与《易》的关系，还有荣格心理学与《易》的关系。关于最后一点，书中记述了荣格怎样通过卫礼贤学习到《周易》的思想，是国内学者很少知道的。

诸子的研究，成果也很多，例如英国伦敦大学亚非学院葛瑞汉教授的《论道者》（伊利诺，1989年），同校汤普森的《慎子逸文》（牛津大学出版社，1979年），加拿大蒙特利尔大学白光华的《淮南子：汉初思想的哲学综合》（香港大学出版社，1985年），以色列约夫·阿里尔的《孔丛子：研究与第一至十、十二至十四篇译文》（普林斯顿大学出版社，1989年），等等，殊难缕举。

（五）结合考古学、古文字学的成果：中国考古学和古文字学近年得到迅速发展，成果日新月异。西方学者非常注意及时报道我们的考古发现，有时甚至刚刚见报，就被转载过去。例如上文介绍过的《古代中国通讯》创刊号，出版于1988年1月，便译载了1987年12月13日《人民日报》关于河南舞阳贾湖发现8000年前龟甲刻划符号的电讯。

一些学者对中国考古学新发现的研究，速度也很快。1975年底，云梦秦简发现，1976年3月起见诸报道，日本《读卖新闻》在3月15日就刊出了题为"中国出土秦始皇帝战史、建筑法等珍贵竹简"的新闻，随后各报连续发表消息，内容日益准确。4月1日，《每日新闻（夕刊）》登载了第一篇译述性文章：香坂顺一的《秦代竹简出土的意义》。1977年，大庭脩、古贺登、堀毅、饭岛和俊等学者都撰成论文。同一年，英国剑桥大学鲁惟一博士关于秦简的论文，也在《通报》上发表了。这和中国学者论文的刊出，几乎是同时的。

1985年，日本驹泽大学饭岛武次助教授出版了《夏殷文化的考古学研究》一书（山川出版社）。这是一部研究二里头文化的专著，共有二里头文化的分布与夏殷遗址、遗址与文化层、宫殿基址、小型建筑遗址、墓葬、陶器、青铜器、玉器、夏殷文化考古学的诸问题等九章，厚达约500页。对于我国考古界迄今还在讨论的这样一个课题来说，饭岛氏研究的迅速而富有收获，使人有深刻印象。

有关汉字起源的发现和研究，很受西方学术界重视。首先介绍这方面成果的，可能是现在剑桥大学图书馆的艾超世。美国的鲍则岳有《古代中国文字》一文（《世界考古学》第17卷第3期，1986年），对此做了综合论述。法国学者汪德迈对汉字的性质及其起源有独到见解，用日文写了《论汉字的发生》（《庆应义塾大学言语文化研究所纪要》第16号，1984年）。甲骨、金文的研究，近年更趋兴盛，并进一步影响到中国古代历史的研究。日本著名学者贝塚茂树教授的多卷本著作集业已出版。东京大学东洋文化研究所松丸道雄教授著有《西周青铜器及其国家》一书（东京大学出版会，1980年），神户大学伊藤道治教授也有《中国古代国家的支配构造：西周封建制度与金文》一书（中央公论社，1987年）。专门研究甲骨、金文，并用以探讨中国古代历史文化的学者，在日本、欧美等地还有不少位，大多曾来访我国，参加中国古文字研究会等学术会议。当然仍有国内学者很少了解的，例如德国的翁有理教授，专研金文，著作甚丰，见于《通报》和若干论文集、专刊。

西方学者研究中国考古学，十分注意应用现代的科技手段。如碳十四测定和青铜器的各种鉴定分析，所取得的成绩是大家知道的，这方面的专家也常与我国学者协作和交流。当前西方博物馆或科研单位出版的中国古代文物书籍，科学鉴定每每是不可缺少的组成部分。比如1987年出版的美国普林斯顿大学贝格利教授所编《沙可乐藏商代青铜礼器》，即附有金属成分分析和铅同位素比率两项材料。铅同位素比率法可用以推断含铅的古代文物如青铜器、琉璃的产地，60年代中叶始在美国应用，70年代后半在日本采用。这种鉴定已有较重要的结果，例如日本马渊久夫、平尾良光的《铅同位素比率法的汉式镜研究》(《博物馆》第370、382期，1982年至1983年)，推定了日本出土中国古镜及仿制镜的原产地，并对三角缘神兽镜问题提供了新线索 (参看同上刊西田守夫的文章)。

科学鉴定也扩大到其他文物，如陶器等方面。美国斯密桑年研究所的温第维尔最近发表的论文《制陶技术变异的涵义：中国、近东新石器时代贮器的制作》(《考古材料》1988年第2卷第2期)，提出一些新问题，很有开拓的意义。

以上所述不能全面，举例也不一定有代表性，但可以看出，西方对中国古代的研究正朝向更扎实、更细密的方向发展。不管在观点和方法上有怎样的不同，那些材料丰富、论证周详、敢于提出新见解的著作，总是得到同行的崇敬，这种学风是值得我们取鉴的。

第二篇　神秘的古玉

一、良渚文化玉器与饕餮纹的演变

中国古代纹饰的研究，很早就有学者着手，但其成果还不很多。近些年新的考古材料层出不穷，未能及时吸收到这方面研究中去，更成为考古学、美术史等学科进步的障碍。饕餮纹的性质和意义问题，一直困惑着学术界，是一个突出的事例。

众所周知，"饕餮"作为器物纹饰，首先见于战国末年的《吕氏春秋》所云"周鼎著饕餮，有首无身"①，北宋时古器物图录据此将若干表现动物首部或突出该部分的纹饰称为饕餮。如吕大临《考古图》癸鼎下云："中有兽面，盖饕餮之象。"②后来流行的"饕餮纹"一词，也有学者主张改名兽面纹，均可溯源于此。关于青铜器上饕餮纹的研究，最近有陈公柔、张长寿所撰《殷周青铜容器上兽面纹的断代研究》③，文中回顾了容庚、高本汉、李济、张光直、马

---

① 《吕氏春秋·先识览》。

② 吕大临：《考古图》卷一，癸鼎。

③ 陈公柔、张长寿：《殷周青铜容器上兽面纹的断代研究》，《考古学报》1990年第2期。

承源、林巳奈夫等中外学者的研究过程①。

很早便有人注意到古玉上也有类似青铜器饕餮纹的纹饰②。1917年，金石学家王崇烈为所藏玉璜题识，认为是三代以前的饕餮纹③，该器属于良渚文化。近年不少学者论及良渚文化玉器的饕餮纹④，但也有对这种文化与中原文化的纹饰有否联系表示怀疑的⑤。最近江苏、上海、浙江许多地点陆续发现大量良渚文化玉器，主要珍品已辑入《良渚文化玉器》一书⑥。这为探讨饕餮纹的源流提供了前所未有的条件。

浙江反山、瑶山发掘的一大收获，是发现了良渚玉器饕餮纹的最完整、复杂的型式。见于反山M12:98琮和M12:100玉钺的，是这种型式的典型⑦，图1所示是琮上纹饰的摹本。对于这个纹饰显示的图像，可以从三个层次去理解：

第一，将整个图像看作整体，也就是一个有两个面孔的人形。上方是戴有羽冠的首部，其下为左右分张的双手，躯体有目有口，下方是踞坐的两足。在商代器物上，也出现过有首、腹两个面孔的

---

① 参看白川静：《金文通释》卷五，第五章，三，白鹤美术馆，1975年。

② 李学勤：《乾隆帝与古玉》，《紫禁城》1989年第3期。

③ 福开森：《中国艺术综览》（英文），1939年；参看李学勤：《乾隆帝与古玉》，《紫禁城》1989年第3期。

④ 浙江省博物馆：《三十年来浙江文物考古工作》，《文物考古工作三十年1949—1979》，第218页，文物出版社，1979年。

⑤ 周苏平、张懋镕：《中国古代青铜器纹饰渊源试探》，《文博》1986年第6期。

⑥ 浙江省文物考古研究所、上海市文物管理委员会、南京博物院：《良渚文化玉器》，文物出版社、两木出版社，1990年。

⑦ 浙江省文物考古研究所反山考古队：《浙江余杭反山良渚墓地发掘简报》，《文物》1988年第1期。

图像，如殷墟侯家庄西北冈1001大墓出土的骨制筒形器、日本泉屋博古馆收藏的青铜鼍鼓，我曾有小文讨论过[1]。

图1

第二，将图像看作上下两部分的重合。上方是人形的上半部，有戴羽冠的头和双手，下方为兽面，有卵圆形的目和突出獠牙的口，并有盘屈的前爪。上下的界限相当清楚。这样看时，下部的兽很可能是当时龙的形象。辽宁西部发现的红山文化龙形玦[2]，如果龙的脸部平面展开（图2），与上述兽面非常近似，这一点马承源先生已注意到了[3]。玦上表现的龙没有角，目系卵圆形，口中有獠牙，和较晚的龙有所不同。需要指出的是，根据后来传说，饕餮本是龙的一种，"好饮食，故立于鼎盖"[4]，这似可作为

图2

① 李学勤：《商代青铜鼍鼓的考察》，《湖南文物》第3辑，1988年。

② 孙守道、郭大顺：《论辽河流域的原始文明与龙的起源》，《文物》1984年第6期。

③ 马承源主编：《中国青铜器》，第317页，上海古籍出版社，1988年。

④ 袁珂：《中国神话传说词典》，第122页"龙生九子"，上海辞书出版社，1985年。

参考。

1988年，在河南濮阳西水坡发现有仰韶文化的人骑龙形蚌图[①]。但良渚玉器的这一图像人形并不像骑在龙上，似不可引西水坡蚌图的例子来解释。

第三，将图像看作以兽面为主，上面的人形是兽面的附属部分。人形的脸部作倒梯形，羽冠的轮廓也十分特殊，正好是良渚文化流行的一种玉冠状饰的形状。据发掘简报，反山除一座墓外，"其余各墓均有一件。……现据在墓内位置和器形与神人（按指图像中的人形）所戴羽冠形状相似，命名为冠状饰。出土位置均在头骨一侧。体扁平，上大下小，如倒梯形。上端作冠顶状，下端锯割出一扁短榫头，榫上钻有2至5个等距离小孔，既可嵌插，又可销插固定，原应镶接在某种木质实体的顶端。在冠状饰的下方往往发现成片的朱砂和用于镶嵌的小玉粒"。

浙江的牟永抗先生在论文中推断这种"冠状饰就是神偶像上的帽子"[②]，而且和余姚河姆渡出土的所谓蝶形器联系起来。因此，不妨认为图像中兽面上方的人形实际是表现这种冠状饰，是神性的一种表征。

以上说的三个层次的理解，在我看来彼此并不矛盾，这种图像所要表现的，正是人形与兽形（龙）的结合统一，如牟永抗所说是"人兽合一"。不管把图像看成神人的全身，或人、兽两个面孔，或戴有人面形冠饰的兽面，可能都是原设计者的目的。图像中的

---

① 濮阳西水坡遗址考古队：《1988年河南濮阳西水坡遗址发掘简报》，图版壹：1，《考古》1989年第12期。

② 牟永抗：《良渚玉器上神崇拜的探索》，《庆祝苏秉琦考古五十五年论文集》，第192页，文物出版社，1989年。

兽，即龙，本来是神话性的动物，是古人神秘信仰的体现，同时又是当时正在逐渐形成、增长的统治权力的象征。要在图像中表现这一点，于是构成了如此奇幻的纹饰。

很多学者都指出了良渚文化玉器的饕餮纹有或繁或简的不同型式。以近年考古发掘的出土品而论，牟永抗已经用类型学方法将这种纹饰的演变划分为四个阶段[①]。如果加上传流在海内外的若干这种文化的玉器，材料还可以丰富不少。后者曾有论著做过搜集，如多伦温德、林巳奈夫、邓淑苹等[②]，读者不妨参看。

饕餮纹简化的方式，不外两点，即省略化和图案化。上面讲到的繁复的型式，图像是比较肖形的。省略化就是在不同程度上省掉繁复图像的一些组成部分，图案化则是把图像的若干部分变成简单的几何形。

先看省略化的例子。反山M22：20省去了人形的双手；反山M22：8又省去兽形的两爪。这两个例子都保留着人的面孔。再进一步，只保留人形的轮廓，并予缩小，如反山M12：85。最后，上方只剩下兽面额上的突起或拱隆，如反山M22：11和反山M23：67。最后一例，可以说同时也图案化了。

图案化是在省略化的基础上进行的。图3：①（反山M17：2）下方的兽面和反山M23：67很接近，只是又省去了鼻子，其不同

---

① 牟永抗：《良渚玉器上神崇拜的探索》，《庆祝苏秉琦考古五十五年论文集》，第187—190页，文物出版社，1989年。

② 多伦温德：《古代中国玉器的怪异形象》（英文），《东方艺术》第10卷，1975年；林巳奈夫：《论良渚文化玉器的若干问题》（日文），《东京国立博物馆美术志》360号，1981年；邓淑苹：《古代玉器上奇异纹饰的研究》，《故宫学术季刊》第4卷第1期，1986年。

处是上方保留了人面。人面和兽面的两目形状不同，是特别值得注意的（其他文化玉器中也有两种面孔共存的情形，眼形同样是不同的，在此不能详论）。人面上方的横线，牟永抗文认为是由羽冠变来。人面还能进一步图案化，如图3：②，完全成为横线、圆点的组合，无怪乎过去有人把它误认作八卦符号了。这种最简化的例子，在大型良渚文化玉琮上最为多见。

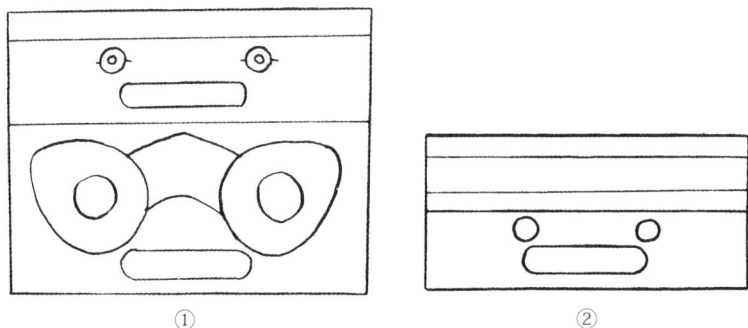

图 3

应该说明，虽然我们可以将良渚玉器饕餮纹的种种型式，像上面这样由繁到简地排列起来，可是事实上这不反映纹饰演化的时间顺序。例如反山M12：98玉琮，上面就有最繁复的这种纹饰跟非常图案化的这种纹饰同时出现。由此可见，型式的差别不过是表现方式的差异而已。

在图案化的例子里，还可以只出现人面或者兽面，以至把人面、兽面横列起来。比如不列颠博物院的一件玉臂圈就是这样[1]，人面和兽面的方向还是颠倒的，这是这种纹饰的例外的变种。

_____

[1] 罗森：《古代中国：艺术与考古》（英文），图25、26，不列颠博物院，1980年。

从以上的分析，不难看到良渚文化的饕餮纹有种种特点。在中国的其他时代的器物，以及中国以外的古代文化器物上，也有很多用人或动物的面孔形状作为装饰的，它们都不具有这些特点，因为它们和良渚文化没有联系，纹饰的性质、意义也不相同。下面着重以商代（包括二里岗期和殷墟期）的青铜器饕餮纹，与良渚饕餮纹做一对比。

我觉得，足以对比的有以下几点：

（一）陈公柔、张长寿在他们的论文里提出的饕餮纹的定义是："其特征是一个正面的兽头，有对称的双角、双眉、双耳以及鼻、口、颌等，有的还在两侧有长条状的躯干、肢、爪和尾等。"[1]兽面是青铜器饕餮纹的主体，在良渚玉器上也是这样，虽有些上方有人面，却可以省略掉。良渚的这种纹饰还没有出现躯干和尾，但有的有肢、爪。

（二）前文曾说到，良渚的纹饰都没有角。商代青铜器上的很多是有角的，但值得注意的是，二里岗期的这种纹饰多数并没有角。其兽头上，有的有立羽，有的有 T 形的耳。关于 T 形是耳而不是角，最近有论文做了很好的分析，所用主要为商代雕骨的材料[2]。

（三）良渚纹饰的兽面，眼睛是卵圆形的。二里岗期青铜器花纹兽面的两目，眼珠的形状近于卵圆形的仍占较大比例，只有一部分表现出尖的眼角。到殷墟期，便流行像甲骨文"臣"字那样内眼角钩曲的目形，有了较明显的变化。

（四）良渚兽面大多有宽阔的口，而不明显表现下颚，在图 1 中即可看到这一现象。还有的兽面，口部是朝下的，例如瑶山

---

[1] 陈公柔、张长寿：《殷周青铜容器上兽面纹的断代研究》，《考古学报》1990 年第 2 期。

[2] 王迎：《商代雕骨研究》，中央美术学院美术史系硕士论文。

M10：20，嘴和牙齿刻在器的下缘上。商代青铜器的兽面绝大多数是口部向下的，是非常突出的特点。

（五）如前文所述，良渚纹饰兽面上方可视为羽冠，并可简化为兽额上的突起部分。有趣的是，商代的兽面一般也都有这样的一个部分，有的还可以看出是有羽的冠形，如图4：①②所示；有的则也简化为额头上的一处隆起。仔细观察青铜器花纹这个位置，不难发现这不是动物肉体应有的形象，而是外加在那里的一个成分。这种冠形还在青铜器的带状纹饰中独立存在（如图5），更证明它不是动物肉体的一部分。

（六）商代青铜器的饕餮纹，有时在面的两侧有衬托的花纹，大多是首部回顾或朝下的侧视的龙，图4：②即其一例。良渚玉器的纹饰也有加衬托的，如反山M16：4，兽面两侧都是侧视的羽冠人面。另外，也有衬加侧视的简化兽面的，如反山M23：67。这种侧视简化兽面被一些学者误认为鸟形，其实它的眼睛总是和作为主体的兽面一致。

（七）侧视人面在瑶山M7：26等玉器上也曾出现。这种人面的表现手法异常简单，只是把正视的人面对剖为左右两半。商代的纹饰也有同样的手法，不管有身、尾与否，总是可以划分为左右两半。例如图4，兽面的下颚描绘为对称的两个，就是在正视的同时又表现侧视的结果。马承源先生说："兽面纹既表现为物体正面的形象，同时也是表现物体的两个侧面，我们称这两种结合的方法为整体展开法。"①

---

① 马承源：《商周青铜器纹饰综述》，第3页，《商周青铜器文饰》，文物出版社，1984年。

①

②

图 4

　　因为同时表现侧视，所以商代的饕餮纹只要有爪，爪一定是向内的，如图4：①就是这样。左右的侧视必须把爪绘为朝头的方向，从正视看便是向内，显得特异而不自然。良渚玉器的纹饰也是这样，例如图1，人的手、兽的爪都向内，这表明这种纹饰也采用着类似的表现手法。

　　（八）商代的纹饰多填以云雷纹或用云雷纹衬地，这也可以追溯到良渚文化玉器。如图1，纹饰普遍填有云雷

图 5

纹；以云雷纹衬地的例子，有瑶山M12：1玉琮。

以上八点证明，良渚玉器和商代青铜器的饕餮纹，固然不是彼此直接承袭的，但有很多共同的特点，不能用偶合来解释。它们之间，显然有着较密切的联系。

良渚文化和商代之间，存在着一段时间距离。在年代上居于良渚文化与商代之间的，有山东龙山文化和二里头文化的饕餮纹。

大家知道，山东龙山文化乃是大汶口文化的延续。就碳十四年代来看，良渚文化相当于大汶口文化的中、晚期和山东龙山文化，良渚、山东龙山两种文化的下限相差不远[1]，后者只是略晚一些。山东龙山文化的玉器、陶器上面，有时有种种花纹，与良渚文化的花纹一样复杂。

严格说来，山东龙山文化的饕餮纹只有一个确凿的例子，便是1963年山东日照两城镇发现的玉锛（可能应称为圭）[2]。这件玉器从形制、工艺及共出器物判断，其文化性质是不容置疑的。器的下端两面有线刻的饕餮纹，如图6，两面花纹形状不同，但有下列特点：

（一）没有躯干和尾，只表现为正视的面部形象。

（二）没有角。

（三）眼睛是卵圆形的，中涵圆的眼珠，同良渚文化较为接近。

（四）花纹的一大区别是一面有宽阔的口，而不见下颚（图6：①）；另一面则口部向下，看不见唇齿（图6：②）。

（五）顶上有饰羽的冠形。

---

① 任式楠：《长江黄河中下游新石器文化的交流》，《庆祝苏秉琦考古五十五年论文集》，文物出版社，1989年。

② 杨伯达主编：《中国美术全集·工艺美术编9·玉器》，一八，文物出版社，1989年。

（六）面的两侧有衬托的纹饰，可能是首部朝下的动物形（图6：②）。由于简化，不能细做分析。

图6

（七）有对称的两个下颚，因此也有表现侧视的性质（图6：②）。

和上述玉锛花纹相近的还有若干非发掘品的玉器，在此只举台北故宫博物院收藏的一件狭长玉斧（也可能是圭）的纹饰为例。其冠饰非常华丽繁复（图7）。

二里头文化的饕餮纹，见于其特有的一种嵌绿松石青铜牌饰。在偃师二里头遗址的墓葬中，已出土数件此种铜饰[1]。此外，现在知道的非发掘品共有七件：美国沙可乐博物馆有三件，辛格氏有二件，火奴鲁鲁艺术研究院有一件，最近在英国伦敦又出现一件[2]。几件铜饰中，根据所见材料，只有1981年出土的一件属于二里头二期偏晚，它的花纹虽由于满嵌绿松石而简

图7

---

[1] 中国社会科学院考古研究所二里头工作队：《1981年河南偃师二里头墓葬发掘简报》，图版肆：1，《考古》1984年第1期；中国社会科学院考古研究所二里头工作队：《1984年秋河南偃师二里头遗址发现的几座墓葬》，图版柒：1，《考古》1986年第4期。

[2] 参看李学勤：《论二里头文化的饕餮纹铜饰》，《中国文物报》1991年10月20日，即本书第三篇第二节。

化，仍可看出很像山东龙山文化玉锛（如图6：①），特别是由顶部披垂到面侧的部分。眼睛的形状，也是很相像的。

其他的铜饰，都和1984年出土的一件类同，后者属于二里头四期。这些铜饰的花纹都更简化，尖喙而口朝下。值得注意的是，它们的眼睛变成梭形，显然是商代流行的"臣"字形目的前驱。

由以上情况不难看出，山东龙山文化和二里头文化的饕餮纹确实可以看成良渚文化与商代这种花纹的中介。因为这两种文化的有关材料还不是很多，我们的讨论只能停止在这里。无论如何，良渚文化、山东龙山文化、二里头文化，以至商代文化，其间的关系不尽是直线的，还有待更多的发现和研究。

良渚文化玉器上的饕餮纹，看来已甚复杂，恐怕还不是这种纹饰的原始形态。它所特有的价值是，比商周青铜器更清楚地向人们展示了纹饰的神秘性质。现在大家可以看到，这种纹饰确实应当有信仰、神话的意义，虽然我们还不完全知道应该怎样去解释。

商代继了史前时期的饕餮纹，这不仅是沿用了一种艺术传统，而且是传承了信仰和神话，这在中国古代文化史的研究上无疑是很重要的问题。长江下游的文化怎样影响中原的王朝，今后需要进一步探索和了解。

饕餮纹在周初仍然流行，到西周中期以后便归于衰落了。这是中国青铜器艺术史上的一大转折，必然有着深刻的文化史背景。春秋、战国时期兴起的种种新花纹，尽管和商至周初的纹饰仍有联系，其性质、意义却可能是不同的。有关问题，等到有机会将另文讨论。

二、论良渚文化玉器符号

史前时期的某些器物上面，出现有刻划或者绘写的符号，常被学者认为与文字起源有关，因而受到重视。对于我国发现的这类符号及其讨论经过，我几年前曾做综合叙述，并与古埃及类似符号的研究进行对比①。后来，由于大汶口文化陶器符号有不少新发现，又专门试加探讨②。大汶口文化陶器符号是讨论中国文字起源问题的学者最注意的，过去所见只有四五种，现在增加了四种③。与此同时，与大汶口文化陶器符号有相当密切关系的良渚文化玉器符号，也有新材料出现，数量增加一倍，还没有人专门研究。这里想在以往讨论的基础上，在这方面做一试探，希望能对我国文字起源的探索有所裨益。

古玉上面可能有上古文字的推测，不是近年才提出的。清宫旧藏一良渚文化玉璜，现在文物总店④，曾有拓本著录于福开森的《中国艺术综览》⑤。璜的正面雕饕餮纹，饕餮面部左右下方有对称的几何线条，颇为特殊。上节提到的福山王崇烈在1917年跋云：

---

① 李学勤：《考古发现与中国文字起源》，《中国文化研究集刊》第2辑，复旦大学出版社，1985年；《中国和古埃及文字的起源》，《文史知识》1984年第5期。

② 李学勤：《论新出大汶口文化陶器符号》，《文物》1987年第12期。

③ 最近发表的1987年莒县杭头出土陶尊，符号"斤"，这增加了大汶口文化陶器符号的发现地点，但未增多符号种数，见山东省文物考古研究所、莒县博物馆：《山东莒县杭头遗址》，《考古》1988年第12期。

④ 石志廉、史希光：《对良渚文化兽面纹璜形玉的一些看法》，《中国历史博物馆馆刊》总第10期，1987年。

⑤ 福开森：《中国艺术综览》（英文），图118，商务印书馆，1940年。

"余并疑此文物画象之中尚寓有文字名词之意，观两旁之巨花纹，有今时欧文字母之体，其拉丁古文之概乎？"其实，这些线条乃是饕餮前爪图案抽象化的结果，并不是文字。不过，提出这类古玉上可能有文字的，仍应以王崇烈为第一人。

今天我们知道，确实在一些古玉上面有可能和文字起源有关的刻划符号。例如萨孟尼和林巳奈夫等学者，就发表过这种符号的材料[1]。他们引据的玉器共四件，我以前讨论过的主要也是这些。经过这几年了解，有刻划符号的良渚文化玉器达到十件，分述如下：

璧共有四件，均藏于美国华盛顿的弗利尔美术馆。璧皆较大而厚重，但仅一件著录有详细尺寸。

（一）萨孟尼描写说"呈绿、棕相杂的颜色，有蓝灰色斑点和纹理"。璧径23.5厘米，厚1.1厘米，孔径4.7厘米。

这件璧的一面上刻有一处符号。过去我认为是两个符号的复合，释之为"岛""炅"二字，因为符号有鸟立山上之形，故试释"岛"。"山"作五峰形，中峰顶平，"鸟"在其上，"炅"则叠于"山"的下部，内填曲线与涡纹，以与"山"区别。

璧的周缘上饰云纹，又刻有两处符号，试释为"封""燕"。总计这件璧上有三处共五个符号。

（二）萨孟尼描写为"呈绿、蓝相杂的颜色，有红、褐两色纹理"。璧的一面和璧（一）相仿的位置有一处符号，似为五个符号的复合。最上是"鸟"，鸟爪下为一串饰形；最下是"山"，也作平顶的五峰状，但轮廓作双线勾勒。"山"上叠有两个符号，靠上

---

① 萨孟尼：《中国魏以前玉器》（英文），图片Ⅵ，纽约，1963年；林巳奈夫：《论良渚文化玉器的若干问题》（日文），《东京国立博物馆美术志》360号，1981年。

的一个呈冠形，中间有高突的冠饰，两侧有伸出的羽状物；靠下的一个很像简化兽面，在两目间有短鼻，疑可试释为"畾"字。

"鸟"和"山"之间的串饰形，上端为一平顶的牌状物，下垂一串圆珠。这个符号是可以独立的（见下），所以不能理解为"山"上竖立的柱子。按商代有丰、半等字，同此相似，王国维释为"珏"，以为像以系贯玉之形[1]，疑与此有关。

（三）萨孟尼描写作"呈深绿、浅绿相杂的颜色，有褐、棕两色斑点及白色纹理"。璧一面刻有一处符号，为四个符号的复合。三个仍是"鸟"、"珏"和"山"，和璧（二）相似，只是轮廓都是单线。另一符号叠于"山"上，似为"目"字，但瞳仁不是圆的。

以上三璧在萨孟尼书和林巳奈夫氏文中有照片、摹本。

（四）璧与上三件相类，符号刻在一面近缘处，即（三）的所谓"目"字。"目"除璧缘以外三面环以方框，很像（三）"山"形的下半[2]。

琮共有四件，均系饰简化饕餮纹的长筒形琮。

（五）即所谓"吉斯拉的玉琮"[3]（详见下节），纹饰分7节，所刻符号下部为平顶五峰的"山"，用双线勾勒，上叠一冠形符号，均与璧（二）相同；但上部已有磨泐，中间似为串饰形的"珏"，其上没有鸟形，两侧有角状伸出物，或许是另一符号（本书第115页，图9：②）。

（六）首都博物馆藏品，"呈深浅不同的绿色，并杂有棕褐色

---

① 王国维：《说珏朋》，《观堂集林》卷三。

② 江伊莉：《龙、兽面、斧与刀》（英文），图22，*Orientations* 1988年4月号。

③ 邓淑苹：《故宫博物院所藏新石器时代玉器研究之二——琮与琮类玉器》，插图二三，《故宫学术季刊》第6卷第2期，1988年。

和白色"，高38.2厘米，分15节①。琮上端一侧刻有一处符号，类于璧（二），只是串饰形、冠形都较简单，"山"也是单线的。相邻一侧还有一处符号，填有细线和涡纹，有磨泐。

（七）中国历史博物馆收藏，"深碧色"，高49.2厘米②。其上端一侧刻有"炅"字。"底部内壁一侧"另有一斜三角形，试释为"石"。

（八）台北故宫博物院藏品，原为清宫重华宫中的陈设，"深碧绿色泛深浅赭斑，光润美丽"，高47.2厘米③。其上端纹饰之间，相对两侧各刻有一处符号，一为串饰形的"珏"，一为菱形（图8）。

臂圈（或称镯）共两件，形制不同。

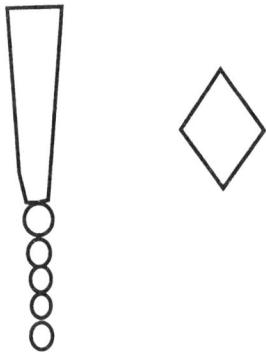

图8

（九）美国弗利尔美术馆收藏，呈微黄的白色，径6.2厘米，照片见林巳奈夫文。圈壁薄而较高，壁外一侧偏上处刻有"炅"字，另一侧则刻冠形符号。冠形与璧、琮上的大同小异，也有向两侧伸出的羽状物，唯较短，中间冠饰则有较长的翼。

（十）加拿大皇家安大略博物馆收藏，呈黄白色，径8.8厘米④。圈缘

---

① 薛婕：《鸟纹玉琮》，《北京日报》1984年11月10日。

② 石志廉：《最大最古的🐦纹碧玉琮》，《中国文物报》1987年10月1日。

③ 邓淑苹：《故宫博物院所藏新石器时代玉器研究之二——琮与琮类玉器》，插图二一、图版六、彩图五，《故宫学术季刊》第6卷第2期，1988年。

④ 邓淑苹：《古代玉器上奇异纹饰的研究》，图一二，《故宫学术季刊》第4卷第1期，1986年。

低而较厚，上浮雕饕餮纹八组，刻有一处符号，作有肩一穿石斧形，轮廓用双线勾勒。

上述十件玉器均非科学发掘所得，其文化性质，学者多推断为良渚文化，但过去的论证大都是间接的。近年良渚文化遗存发掘日多，发现了很多质地形制相似的玉器。特别是1988年公布的浙江余杭反山、瑶山的发掘简报①，提供了更多依据。现在已有足够的考古学理由，证明这十件古玉均属良渚文化。

文化性质最明显的是琮。这种大型长筒形琮，仅见于良渚文化，属于有学者所划分良渚文化琮最晚的BⅢ式②。琮的工艺特点，也和出土品相类。目前所知，最长大的这种琮，是英国不列颠博物院所藏的一件，长49.5厘米③，而上引琮（七）（八）的尺寸与之接近。

几件璧上的符号，直接和琮相联系。在上海青浦福泉山、余杭反山等地，都出有形制差不多的厚重的璧，材料也颇近似。

臂圈（十）呈环形，有多处饕餮纹，旧称"蚩尤环"。余杭瑶山M1出有此种玉器，简报称之为"龙首镯"，径8.2厘米，有纹饰四处。此外，反山M22的圆牌形饰、瑶山M11的璜，花纹也很接近。

瑶山M1的上述"龙首镯"，壁较高，已近于臂圈（九）。后者冠形符号中间的冠饰作三叉形，轮廓和反山M16的Ⅱ式玉冠饰完

---

① 浙江省文物考古研究所反山考古队：《浙江余杭反山良渚墓地发掘简报》，《文物》1988年第1期；浙江省文物考古研究所：《余杭瑶山良渚文化祭坛遗址发掘简报》，《文物》1988年第1期。

② 王巍：《良渚文化玉琮刍议》，《考古》1986年第11期。

③ 滕宁斯：《不列颠博物院所藏古玉》（英文），1951年；参看邓淑苹：《故宫博物院所藏新石器时代玉器研究之二——琮与琮类玉器》，插图二三，《故宫学术季刊》第6卷第2期，1988年。

全相同，而且符号上还绘出了冠饰上饕餮的双目，其属于良渚文化是无疑的。

综观十件良渚文化玉器的刻划符号，有下列值得注意的特点：

（一）刻划位置独特，如琮多在上端，璧多在一面近缘处，绝不和器物上花纹相混。

（二）一件器物上可有几处符号。

（三）有时为了突出，用双线勾勒或内填细线，也有时加上框线。填细线的方法也见于良渚文化花纹。

（四）有由几个符号连缀或重叠构成的复合符号，有时用双线勾勒或填细线的方法将其间某个符号区别出来。

（五）刻有符号的，多系形大而珍奇的器物。玉器上的符号，如上分析，计有14种：

（1）"炅"。

（2）"鸟"。

（3）"山"。

（4）"封"。

（5）"燕"。

（6）冠形符号。

（7）"冊"。

（8）"珏"。

（9）"目"。

（10）琮（五）上的一种符号。

（11）琮（六）上的一种符号。

（12）"石"。

（13）菱形符号。

（14）石斧形符号。

这在数量上已经超过了大汶口陶器符号。其中"鸟""珏""山""炅""目"和冠状符号都不止一见，说明这类符号有着通用性。

我们在研究大汶口文化陶器符号时，曾指出良渚文化玉器符号有些和大汶口陶器符号是一样的，如"炅"、"封"和五峰的"山"等。这里，又有三个可以对比的例子。

一个是冠形符号。良渚玉器上的这个符号形状虽有变化，但其像中有突起的冠饰、两旁有羽的冠，是一贯的。新发表的大汶口陶器符号中，恰好有类似的符号，我曾详加讨论，并引南京北阴阳营出土陶尊的符号作为对比[①]。符号中的冠饰能同玉冠饰实物相对照，证实它确像有羽饰的冠，可能就是文献所载"皇"的象形。

另一个是菱形符号。我在同文中提到大汶口陶器符号有此字，也见于商代的甲骨文、金文。

还有一个是石斧形符号。大汶口陶器符号有像石斧的，学者多释为"戌"字，不同处是"戌"字有秘，而古玉这个符号无秘。石斧形符号可理解为"戌"的省简，不过在后来的金文里有单像斧头的字[②]，所以这一符号能否与"戌"联系还有待研究。

大汶口陶器符号与良渚玉器符号的共通，如上所列举，绝非偶然的现象。其符号的复杂，也不是偶合所能解释的。最合理的说明，是承认两者的符号都是原始文字，这是我们以前已经讨论过的。

良渚文化玉器符号已经颇丰富了。这种刻划符号每每细如毫发，不着意观察容易忽略。海内外收藏有良渚玉器的公私藏家很

---

① 李学勤：《论新出大汶口文化陶器符号》，《文物》1987年第12期。

② 容庚：《金文编》，附录上250，中华书局，1985年。

多，大家都把藏品重新检视一下，也许还会有更多材料发现。我们更期待，在田野工作中能出现带有符号的标本。

特别要说明的是，我们将良渚文化玉器和大汶口文化陶器上的刻划符号释为文字，仅仅是一种试验。这些符号究竟是否文字，能不能和商周文字联系起来，都是有待证实的问题，更不用说我们所释未必准确了。不过，科学是允许假设的，相信不久会有条件检证我们的看法。

补记：有刻划符号的良渚文化玉器，最近陆续又有发现。台湾学者邓淑苹女士新撰《中国新石器时代玉器上的神秘符号》一文[1]，有详尽的统计和讨论。所引资料齐全，便于读者查索参考，在此不能一一转述。

新发现材料中，最关紧要的是浙江余杭安溪出土的玉璧[2]，径26.2厘米，上有两处符号。一处是在"山"中加冠形符号，另一处是"牙璋"形的符号。这是有明确出土地点的宝贵证据。

台北故宫博物院1989年新入藏的一件玉璧，径13.44厘米，符号很像北京首都博物馆玉琮上的，只是由于璧缘经过切磨改制，符号也残缺了。因此，知道本节所记弗利尔美术馆的璧（四）其实也是经过改制的，详见拙文《海外访古续记》[3]。

---

① 邓淑苹：《中国新石器时代玉器上的神秘符号》，《故宫学术季刊》第10卷第3期，1993年。

② 牟永抗、云希正主编：《中国玉器全集1·原始社会》，二二九、二三〇、二三一，河北美术出版社，1992年。

③ 李学勤：《海外访古续记（八）》，《文物天地》1993年第6期。

三、吉斯拉玉琮的神秘

中国文字的起源，一直是学术界热心探索的问题。近年来，由于这个问题和文明起源研究有关，更得到海内外学者的关注，出现了热烈的讨论。讨论是从一些考古发现开始的。在20世纪60年代末、70年代初，首先受到注意的是仰韶文化半坡类型的陶器上面的刻划符号，继之扩展到其他文化陶器的符号。其中多数学者认为可能是原始文字的，是大汶口文化晚期陶器上的符号，被称为大汶口文化陶文。如上节所论，这种符号已发现有八九种[1]，有不少学者做过研究。后来又找到一些良渚文化玉器也有刻划符号，而且有的符号和大汶口文化陶器符号同形或相似。大家知道，良渚文化分布在江苏南部到浙江北部，与分布在山东到江苏北部的大汶口文化接壤，大汶口文化晚期又同良渚文化大略同时，所以两种文化有相同的符号是不足为奇的。良渚文化的玉器符号起初只发现少数几种，随后续有所得，到现在已有十五六种[2]，竟比大汶口文化陶器符号种数更多了。良渚文化陶器上也出现了不少符号，和玉器符号一样，是探讨文字起源问题的重要线索。

上面刻有符号的良渚文化玉器，已知有十余件。其中发表最早的，也是非常重要的一件，是上节已经提到的吉斯拉旧藏的玉琮，可惜长时期以来很少有人提到。

吉斯拉（G. Gieseler）是一位法国收藏家。他所藏的这件良渚

---

[1] 李学勤：《论新出大汶口文化陶器符号》，《文物》1987年第12期。

[2] 李学勤：《论良渚文化玉器符号》，《湖南博物馆文集》，岳麓书社，1991年，即本书第二篇第二节。

文化玉琮，系长形，高 19.5 厘米，分 7 节，节上均饰简化的饕餮纹（图 9：①）。吉斯拉氏在 1915 年就专门写了一篇题为"周礼之琮"的论文[①]，介绍和论述了这件玉琮。文中附有琮上一个主要符号的摹本。1929 年，瑞典学者喜龙仁（Osvald Sirén）在其名著《中国古代美术史》中[②]，发表了这件琮的照片，也有上述主要符号的局部照片。

琮上的这个主要符号（图 9：②），刻在琮一面上端的中央，夹在第一节饕餮纹之间。我曾讨论过，这个"符号下部为平顶五峰的'山'，用双线勾勒，上叠一冠形符号"，很像美国弗利尔美术馆所藏的一件璧和北京首都博物馆所藏的一件琮上面的符号，"但上部已有磨泐，中间似为串饰形的'玨'，其上没有鸟形，两侧有角状伸出物，或许是另一符号"[③]。这个符号和别的良渚文化玉器符号以及大汶口文化陶器符号是属于一类的，很可能与后来的商周文字有渊源，这里不多说了。

特别应该讲到的，是这件珍贵的玉琮上还有别的一系列符号。

吉斯拉在他 1915 年那篇论文里，已经说过在琮的上下射口（即琮的方柱形部分两端的圆柱形部分外壁）上面，还各有五个刻划符号。这种现象，是其他任何良渚文化玉器所没有的，不过，吉斯拉当时未能将这方面材料公布出来。这件玉琮，后来入藏于法国基美博物馆。最近，台北故宫博物院研究员邓淑苹女士由该馆获得材

① G. Gieseler, "La Tablette Tsong du Tcheou-li", *Revue Archéologique*, Cinquième Série, Tome Ⅱ , Paris, 1915.

② Osvald Sirén, *Histoire des Arts Anciens de la Chine*, Paris et Bruxelles, 1929.

③ 李学勤：《论良渚文化玉器符号》，《湖南博物馆文集》，第 2 页，岳麓书社，1991 年，即本书第二篇第二节。

料，公布了十个刻划符号的摹本[1]，使研究有了依据。

图9：④所示即这十个符号，上面一排属于上射口，下面一排属于下射口，各自形成一圈。两排都从右向左，第一个符号位于前述主要符号之左。第二、三、四个符号各占一面，但在自己面上的位置有所不同。第五个符号又回到有主要符号的面上，在主要符号之右。

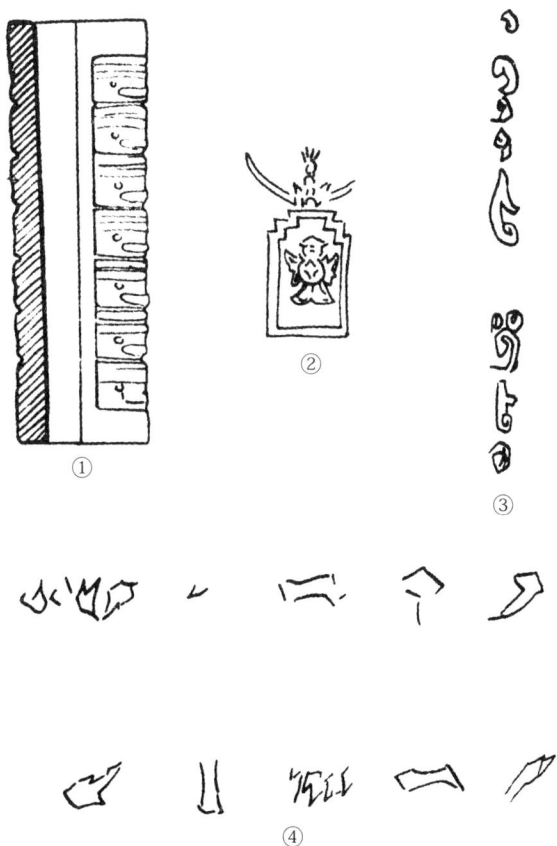

图9

---

① 邓淑苹：《中国新石器时代玉器上的神秘符号》，《故宫学术季刊》第10卷第3期，1993年。

这些刻划符号显然是有规律的。上排第三个符号和下排第二个符号，上排第五个符号和下排第三个符号，可能是同一的。它们不会没有意义。

十个符号的共同特点，是用线勾勒轮廓，多数有似蝌蚪、云片之形。看到它们，我们立即想到30年代浙江杭县良渚出土的一件黑陶"厄"上面的刻划符号。

黑陶"厄"系椭圆形，见于1937年吴越史地研究会出版的何天行《杭县良渚镇之石器与黑陶》一书[1]。这件黑陶器，经过战乱，据称现已不知下落。从图片看，其口沿上有刻划的锯齿纹装饰，而在花纹断处有两处成串的符号，如图9：③所示。当时学者便认为这些符号虽不可识，仍系文字。

以吉斯拉玉琮上的符号同黑陶"厄"的符号对比，有好多共同之处。"厄"上的符号也有似蝌蚪、云片，只是线条更为圆转。这可能是由于玉器质硬，刻划时不能那样自如。两者属于同一类符号，是完全可能的。良渚黑陶"厄"的符号曾引起许多学者质疑，如今有了玉琮上的类似符号，彼此就可印证了。

玉琮上的这些符号，和琮上的花纹显然不同。如邓淑苹女士所说，花纹系"用各种不同的，如阴线刻、浮雕、镂空雕等技法完成，装饰于玉器的主要部位，令人们很容易看到它。由这些花纹可以推测，当时制玉的工具，应相当进步，甚至可能已有旋转的砣具，配合高硬度的磨砂来雕琢。所表现的，是匀衡、稳定、明确的纹饰美"，而符号则"是以很细很浅，断断续续的阴线刻成。虽然

---

[1] 参看张光裕：《从新出土材料重新探索中国文字的起源及其相关的问题》，《香港中文大学中国文化研究所学报》第12卷，1981年。

也安排在玉器的主要部分，但由于它的轻浅难识，若非刻意去找，常不易被发现。它们既不能用墨拓的方法，拓下花纹结构，照相时还要用特殊的光线处理才能表现。所传达的，是与第一种花纹完全不同的隐涩的神秘感"。

吉斯拉玉琮上的十个成串的符号，正是用这种轻浅的手法刻成的。它们很不象形，所以不会是图画或所谓文字画，最大的可能性乃是一种文字，而且是和我们在其他良渚文化玉器、陶器上看到的多数符号不相同的另一种文字。这种符号不像其他多数符号，可以试与商周文字联系起来，而是系统不同的文字。

我们经常看到的商周文字，包括甲骨文、金文，是汉字的早期形态，其起源可能非常古远。大汶口文化陶器符号和良渚文化玉器、陶器上的多数符号，和商周文字有若干共通之处，所以能够用我们从商周文字所得的知识试加释读。这种释读，到目前为止仅仅是一种试验，是否成功还有待证明。至于这种成串的蝌蚪、云片形的符号，就不能用商周文字的知识去释读，可以说是神秘的难题。

中国文明的起源是很早的，我们对这一文明开端时期的了解迄今还很少。层出不穷的有关发现，每每使人们惊诧不已，甚至感到难于接受。近年的考古发现已经明白地告诉我们，中国文明各种因素的来源是复杂的、多元的，所谓"中原中心论"不符合事实。在文字的方面也是这样，中国境内存在的原始文字，绝非都是汉字，或与汉字直接有关。在良渚文化的范围内，又存在本节谈到的这种可能是文字的符号，进一步证明了这一点。相信如果这种符号的材料继续发现，其神秘意义终会有得到解释的一天。

四、论含山凌家滩玉龟、玉版

1987年6月，在安徽含山凌家滩的一座史前墓葬中，发现了一组玉龟、玉版。这组玉器的性质和图纹极富于启发性，因而很快引起了学术界的注意。我自己是在该年下半年看到一些照片的，后来又有幸读到有关文稿，对玉器的奇特有深刻的印象。发掘简报1989年4月发表[1]，随后几位学者从考古学、历史学、科技史等方面撰文研究[2]，对玉龟和玉版的解释各有不同，但都认为这一发现十分重要。

含山凌家滩位于巢湖以东，长江之北，当地系一处新石器时代晚期的大型遗址。这处遗址的发现是在1985年春，偶然挖出玉石器、陶器共51件，判定为一座古墓。该批玉石器里有些是异乎寻常的，例如一件灰色石锛，磨制精美，上面刻有"月"形符号，毫无使用痕迹，无疑是一种礼器。这件石锛曾在1990年运到北京，和后来出土的玉龟、玉版等一起，在故宫文华殿"中国文物精华"展览中陈列。

凌家滩的发掘，是安徽的考古学者在1987年开始的。当地的遗址总面积达到10万平方米，分为居址、墓地两部分。墓地在居址北面约500米的一处高岗平台上，有可能经过夯筑的砂石层。所

---

① 安徽省文物考古研究所：《安徽含山凌家滩新石器时代墓地发掘简报》，《文物》1989年第4期。

② 陈久金、张敬国：《含山出土玉片图形试考》，《文物》1989年第4期；俞伟超：《含山凌家滩玉器和考古学中研究精神领域的问题》，《文物研究》第5辑，1989年；饶宗颐：《未有文字以前表示"方位"与"数理关系"的玉版》，《文物研究》第6辑，1990年；张敬国：《从安徽凌家滩墓地出土玉器谈中国的玉器时代》，《东南文化》1991年第2期。

用砂石系由远地搬运而来，人工堆积营筑，成为专用墓地。墓葬有的在砂石层下，有的则打破砂石层。墓地面积有2000多平方米，经两次发掘，揭露了325平方米，得墓15座。这些墓"排列有序，方向一致，分别安置在东西向四排南北平行线上，显示出一定的布局规范"①。随葬品的共同特点是以玉石器为主，有的墓仅玉器就占到随葬品总数的70%以上。

1987年的第一次发掘，发现了四座墓，分属上、下两文化层。出玉龟、玉版的4号墓是在下层。这座墓是一座口大底小的长方形土坑墓，未见葬具，墓主只剩残骨。随葬品有138件，计玉器100件、石器30件、陶器8件②。玉器多集中于墓底中部，估计原来是放置在墓主的胸上，而玉龟和玉版恰好位其中央。大致相当这一位置的上方墓口处，端端正正地摆放着一件大型石斧，只比玉龟、玉版稍偏南一点。

4号墓的陶片有两个热释光测定年代，分别为距今4500±500年与4600±400年，所以这座墓是公元前第三千纪的。

凌家滩遗址的文化性质还有待于进一步探究，已有学者把它同安徽南部的潜山薛家岗遗址所代表的薛家岗文化联系起来，并指出其与良渚文化、北阴阳营文化、大汶口文化、石峡文化，以及湘北、湘中地区和鄂西、三峡地区文化的关系③。这说明这处遗址是当时东南和南方诸文化的一个组成部分。其以大量玉器随葬的情

① 张敬国：《从安徽凌家滩墓地出土玉器谈中国的玉器时代》，《东南文化》1991年第2期。

② 张敬国：《从安徽凌家滩墓地出土玉器谈中国的玉器时代》，"凌家滩墓地随葬品统计表"，《东南文化》1991年第2期。

③ 吴汝祚：《凌家滩墓地发掘的意义》，《文物研究》第6辑，1990年。

形，尤与良渚文化相近似。

现在我们可以专门谈一下凌家滩4号墓的玉龟、玉版。据发掘简报和出土时照片①，玉龟分为背甲、腹甲两部分，玉版则夹置于两甲之间。玉龟为灰白色，磨礲光洁，形象酷肖，长9.4厘米，宽7.5厘米，高4.6厘米。背甲两侧和腹甲甲桥均有二小孔，背甲的孔间还刻出凹槽，可穿绳使两甲连接固定。另外背甲前部脊旁有四小孔，腹甲前部有一小孔，其用途显然也是穿绳，大约是为了串联原置于甲内的某种东西。

玉版为方形，长11厘米，宽8.2厘米，厚0.2—0.4厘米，表面精整，呈牙黄色。其三侧磨出榫缘，两短侧各有五小孔，长侧则有九小孔，但有两孔邻接，可能本意是要钻八个小孔。没有榫缘的长侧，两端侧各有二小孔。玉版正面有刻琢的复杂图纹。在其中心有小圆圈，内绘八角星形。外面又有大圆圈，以直线准确地分割为八等份，每份中有一饰叶脉纹的矢形。大圆圈外有四饰叶脉纹的矢形，指向玉版四角（图10）。

所谓玉版的榫缘，是在玉的边侧琢磨成宽约0.4厘米，比版的厚度薄约0.2厘米的窄条，

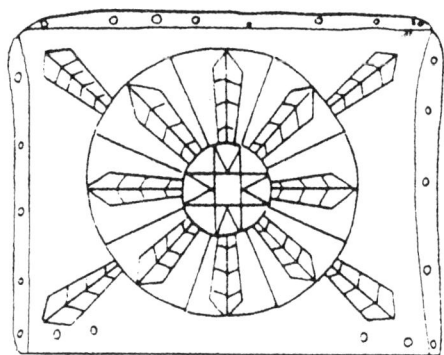

图10

---

① 陈久金、张敬国：《含山出土玉片图形试考》，图一，《文物》1989年第4期；安徽省文物考古研究所：《安徽含山凌家滩新石器时代墓地发掘简报》，图版壹，《文物》1989年第4期。

上施钻孔。这种技法，常见于良渚文化玉器中的一种所谓冠状饰。例如浙江余杭反山15、16号墓所出镂空冠状饰，17号墓所出饕餮纹冠状饰，其下侧都有类似的榫缘，也对钻着三至五个小孔。反山的发掘者认为，这种榫缘上有等距离小孔，"既可嵌插，又可销插固定，原应镶接在某种木质实体的顶端"①。由此类推，凌家滩玉版本来也应该是嵌插在三面框状的木质物品之内。至于没有榫缘的一侧，上面的小孔可能是用来穿系绳穗、串珠等类的。

玉龟、玉版的重要性，不难从它们在墓中陈放的位置看出来。玉版的上面的图纹如此繁复精细，必然有特殊的意义，不能以普遍的装饰花纹来说明。玉版同玉龟的结合，又很难讲是偶然的。这实在是一项罕见的发现，无怪乎海内外学者纷起讨论了。

《史记·龟策列传》云："自古圣王将建国受命，兴动事业，何尝不宝卜筮以助善？唐虞以上不可记已，自三代之兴，各据祯祥。涂山之兆从而夏启世，飞燕之卜顺故殷兴，百谷之筮吉故周王。王者决定诸疑，参以卜筮，断以蓍龟，不易之道也。"其所说的"卜"专指烧灼龟甲的卜法，可知中国对龟有灵异的信仰起源久远。凌家滩玉龟的发现，乃是这方面一个新的证据。

俞伟超先生《含山凌家滩玉器和考古学中研究精神领域的问题》一文，对玉龟的使用方式做了很好的推断。文中说："上下两半玉龟甲的小孔，正好相对。其中，背甲、腹甲两侧的各二个小孔中间又各琢出一道凹槽，一望即知是为了便于稳定在这两个小孔之间串系的绳或线而琢出的。在这两个小孔之间串系绳线之类，

---

① 浙江省文物考古研究所反山考古队：《浙江余杭反山良渚墓地发掘简报》，《文物》1988年第1期。

当然是为了把上下两半玉龟甲固定起来。但这种固定一定是暂时性的，即固定一段时间之后，又要解开绳线，使两半玉龟甲可以分开。所以要把两半玉龟甲合合分分，应该是为了可以多次在玉龟甲的空腹内放入和取出某种物品的需要。即当某种物品放入后，人们便会用绳或线把两半玉龟拴紧，进行使整个玉龟甲发生动荡的动作（例如摇晃），然后解开绳或线，分开玉龟甲，倒出并观察原先放入的物品变成什么状态。"①他认为这是一种最早期的龟卜方法。

和这种玉龟形制有关的龟甲实物，在中国史前文化中已多次发现，近年有学者做过详细的综合论述②。据统计，以龟甲随葬的现象，集中见于大汶口文化分布区的南部，即山东中南部至江苏淮北一带，其他南方或接近南方的地区也有出现。他们所列举的，有山东泰安大汶口、江苏邳县刘林及大墩子、山东兖州王因、山东茌平尚庄、河南淅川下王岗、四川巫山大溪、江苏武进寺墩等八个地点，前五个属大汶口文化，其年代大多早于含山凌家滩遗址。龟甲大多数系背甲、腹甲共出，甲上多有穿孔，还有涂朱的。龟甲里面多有若干小石子、骨针或骨锥。特别要指出的是，有的龟甲形制和凌家滩玉龟非常相像，如邳县大墩子44号墓墓主左腹上的龟甲，"内骨锥六枚，背腹甲各四个穿孔，分布成方形，腹甲一端被磨去一段，上、下有X形绳索痕"。凌家滩玉龟的腹甲下端平齐，所表现的正是截去尾甲部分的腹甲。

上述龟甲例子的年代，有些已早到大汶口文化早期，即公元

---

① 俞伟超：《含山凌家滩玉器和考古学中研究精神领域的问题》，《文物研究》第5辑，1989年。

② 高广仁、邵望平：《中国史前时代的龟灵与犬牲》，《中国考古学研究——夏鼐先生考古五十年纪念论文集》，文物出版社，1986年。

前第四千纪之初。1984年至1987年，河南的考古学者在舞阳贾湖发掘了一批相当于裴李岗文化的墓葬[①]，随葬品中也有内装小石子的龟甲。例如属当地文化遗存第二期的344号墓，墓主顶上方便有此种龟甲八副。该期的碳十四测定年代经校正为距今7762±128年及7737±122年，这比大汶口文化早期又早了1000多年。贾湖墓葬所出还有加工过的龟腹甲、背甲，有的还刻有很像商周甲骨文的符号。由此可见，龟甲在7000多年以前已被赋以神秘的意义。对龟的灵异性信仰的始源，或即起于这一带地域。

舞阳贾湖遗址位于沙河之滨。沙河汇入颍河，传说中画八卦的伏羲所都的陈在今淮阳[②]，就位于颍河以北，离舞阳不远。这一点也许有可供思考之处。

凌家滩玉版上面的图纹，任何人一看之下，都会联想到八卦。这是因为图纹明显地表现出八方，而自很古的时候以来，八卦被认为同八方有关。十翼之一的《说卦》有"帝出乎震"章，明确列出八卦的方位，另外又有"天地定位"章，也能据之排成八卦的又一种方位，这便是宋儒以来所说的后天、先天两种卦位，是读《周易》的人都熟知的。

玉版是方形的，上画圆形，用矢形标出八方，是天圆地方这种古老的宇宙观念的体现。《大戴礼记》的《曾子天圆》篇云：

> 单居离问于曾子曰："天圆而地方者，诚有之乎？"曾子曰："离！而闻之云乎？"单居离曰："弟子不察，此以敢问

---

① 河南省文物研究所：《河南舞阳贾湖新石器时代遗址第二至六次发掘简报》，《文物》1989年第1期。

② 徐宗元辑：《帝王世纪辑存》，第一，中华书局，1964年。

也。"曾子曰："天之所生上首，地之所生下首。上首之谓圆，下首之谓方。如诚天圆而地方，则是四角之不掩也。且来，吾语汝。参尝闻之夫子曰：'天道曰圆，地道曰方。……'……"

孔子、曾子是用他们的学说去解释天圆地方的观念，实际在古人心目里，天圆地方实是普遍的看法。因此，常用相叠的圆形、方形作为这种宇宙观念的图解。

类似的用圆形、方形和线条来表现宇宙结构的图纹，是著名的所谓规矩纹，不妨引以与玉版上的图纹对比。

规矩纹最常见于汉代的铜镜，由于图纹包含T、L、V形各四个，西方学者也称之为TLV纹。规矩纹镜可分为若干种，最典型的是所谓四神规矩镜（图11）。镜背中央是圆的钮，钮下是方的钮座，上有十二支。钮座四面有伸出的T形。外为大圆圈，圆周上有四个L形，与T形相对；又有四个V形，与钮座四角相对。圆圈内衬地上有青龙、朱鸟、白虎、玄武，即四神图形。这种镜的铭文也多提四神，如：

尚方作竟真大毋伤，巧工刻之成文章。左龙右虎辟不羊，朱鸟玄武顺阴阳。长保二亲贵富昌，如侯王兮。①

如所周知，四神是天空的星座，各含二十八宿的七宿（详见第三篇第一节）。

规矩纹还见于汉代的石日晷。这种日晷迄今已发现三件：第

---

① 福开森：《历代著录吉金目》，第1295页，中国书店，1991年。

一件系端方旧藏，传为1897年山西托克托（今内蒙古呼和浩特南）出土（图12）；第二件乃怀履光（W. White）旧藏，1932年河南洛阳金村出土；第三件为周进（季木）旧藏，仅存残部，著录于《居贞草堂汉晋石影》。三者的图纹基本相同，只在规矩纹的大圆圈中下部画出六十九个刻度，各向中心小圆圈联线，借以根据表竿的日影标示时间。这很清楚地表明大圆圈象征日在其间运行的天空。在其V形间，有交叉的直线相连。

 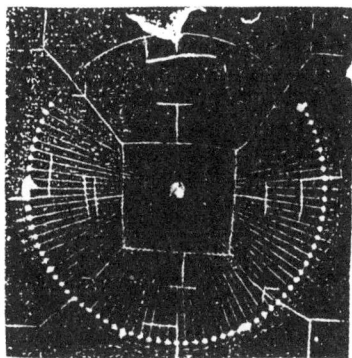

图11 图12

此外，规矩纹又见于六博戏所用的博局。考古工作中发现的博局实物，大都为秦汉时代的。1974年，从河北平山三汲的中山国墓中，出土了用石板雕成的大型博局，是公元前320年左右的战国时期遗物。和围棋的棋盘有宇宙论的象征性一样，博局的规矩纹也是"象征天地构造的图形"①。

《文选》卷二十九左太冲《杂诗》注引《尸子》佚文云："八

① 小南一郎：《六博的宇宙论》（日文），《月刊百科》1987年第7、8期。

极为局。"这句话的本意是讲博局上有八极①。《尸子》的作者尸佼的年代比平山三汲的博局略早一些，所以八极是和规矩纹有关的。"八极"一词又见于若干先秦至汉初古籍，如《荀子·解蔽》："明参日月，大满八极。"《鹖冠子·天则》："举以八极。"注："八极，八方之极，四中四角是也。"《淮南子·地形》："天地之间，九州八极。"注："八极，八方之极也。"八极即四中四角，和规矩纹TLV的分布正好是相一致的。

规矩纹又可与《淮南子·天文》的学说对比。《天文》云："子午、卯酉为二绳，丑寅、辰巳、未申、戌亥为四钩。东北为报德之维也，西南为背阳之维，东南为常羊之维，西北为号通之维。"如果把规矩纹的T看成连通的干形，即表示二绳，而V恰好是把丑寅等勾连起来，即表示四钩。再如将V形用交叉直线连通，像石日晷上的样子，即表示四维。所以，这种图纹之作TLV形，绝不是偶然的。

图13

顺便说一下，规矩纹直到唐代铜镜尚有遗存，仍是方钮座，有四神，但只剩下V形了。另外，在道教书籍中也传留下一些痕迹，例如《正统道藏》所收《无上玄元三天玉堂大法》卷二十四《三光本法》有这样的图形（图13），所记咒语云："天圆地方，六甲九皇，青龙居左，白虎右旁。"②仍与汉镜铭文近似，可见那时还知道这一类图形是表现天圆地方的。

① 李学勤：《比较考古学随笔》，四，中华书局（香港）有限公司，1991年。

② 柏伟能：《洛书》（英文，Lars Berglund, *The Secret of Luo Shu*, Tryckbiten AB, Södra Sandby, Sweden），第306页，1990年。

　　饶宗颐先生已指出凌家滩玉版的图纹系表示方位与数理关系[①]。我们可以认为玉版的图纹和所谓规矩纹是一脉相承的，所体现的是中国远古以来的宇宙观念。玉版蕴含的思想固然没有规矩纹那样丰富先进，不过其基本结构业已灿然具备，这确实是令人惊奇的。

　　下面再来看玉版图纹中心的那个八角星形。这个图形是很特殊的，它有八只角，却不是正指八方。容易看出，它是由两个梭形物的图像直角重叠而成，实际上它所标志的，只是东西南北四方。这种八角星形，也曾有学者做过很好的搜集和研究，就是《中国文化》第2期刊登的王抒《八角星纹与史前织机》一文。该文所列典型的这种图形见于十件陶器，分属于大溪文化、马家浜文化、崧泽文化、大汶口文化和良渚文化[②]，都是东南和南方的史前文化。

　　八角星形有怎样的含义，考古学界有过不同见解。近期的一项新发现，对此提供出新的线索，就是江苏吴县澄湖出土的一件良渚文化黑陶贯耳罐[③]。罐腹上有四个刻划符号，由左向右下方排列，第一个便是这种八角星形。我们知道，良渚文化的陶器[④]、玉器[⑤]上面出现过不少刻划符号，很大一部分又可同大汶口文化的刻划符号

　　① 饶宗颐：《未有文字以前表示"方位"与"数理关系"的玉版》，《文物研究》第6辑，1990年。

　　② 王抒：《八角星纹与史前织机》，图一：1—7、9，《中国文化》第2期，1990年。

　　③ 张明华、王惠菊：《太湖地区新石器时代的陶文》，图二：11、12，《考古》1990年第10期。

　　④ 张光裕：《从新出土材料重新探索中国文字的起源及其相关的问题》，《香港中文大学中国文化研究所学报》第12卷，1981年。

　　⑤ 李学勤：《论良渚文化玉器符号》，《湖南博物馆文集》，岳麓书社，1991年，即本书第二篇第二节。

相对比。这些符号是否原始文字，目前仍有争论，但像澄湖陶罐这类有多个成行的符号，恐怕很难说是同文字无关的，况且陶罐符号多与商代文字写法一致（良渚文化符号还有比这件陶罐更多的）。我在一篇小文中[①]，把这件陶罐的符号试释为"巫戉五禺"，读作"巫钺五禺"，即五对巫所使用的钺（良渚文化有不少玉钺）。

商周文化的"巫"作田形，像二"工"以直角重叠，《说文》"工"字云："象人有规矩也。与'巫'同意。""巨（矩）"字云："规矩也。从'工'，象手持之。"西周金文"矩"字确作人手持"工"之形。可以看出，"工"是一种工具的象形，应该就是原始的矩（和后来的曲尺的矩不同）。《周髀算经》说："数之法出于圆方，圆出于方，方出于矩。……平矩以正绳，偃矩以望高，覆矩以测深，卧矩以知远，环矩以为圆，合矩以为方。方属地，圆属天，天圆地方。"这段话说明了矩在古人数理观念中的位置。

古代巫、史相通，《周易》巽卦九二有"史巫"一词。长沙马王堆帛书《易传》中的《要》篇载孔子云"吾与史巫同途而殊归"，所指的则是筮人[②]。实际当时卜、祝、巫、史常相通称，《国语·晋语》称筮人为筮史，《左传·襄公九年》又称之为史。"筮"字本身便是从"巫"的。在《周礼》书中，大卜司卜筮，大祝司巫祝，大史之下有司天文的冯相氏、保章氏，这些都排列在一起。这种情形并非偶然，证明他们有着同源的关系。

和"巫"字结构最相近的，有"癸"字，其形作✖，只和"巫"字方向略有不同。"癸"可读为"揆"，有度量之义，也能作

---

① 李学勤：《良渚文化的多字陶文》，《苏州大学学报》吴学研究专辑，1992年。

② 李学勤：《从帛书〈易传〉看孔子与〈易〉》，《中原文物》1989年第2期。

为"巫"字构形的旁证。

假如我们上面的推测不错,凌家滩玉版中心出现"巫"字实含有很深刻的意义。那时的巫是通谙天文数术,又能通神的人。《国语·楚语》所记观射父论巫的话,是大家熟悉的①。章太炎早就提到"生民之初,必方士为政"②,揭示了文明萌芽时期这种人物的重要地位。凌家滩的玉龟、玉版的性质,刚好和他们的特点相符合。

关于凌家滩玉龟、玉版,沿着上述思路寻思下去,不难得出更多的推论。不过,对于远古文化做这样的思考,总是有些危险的。我们对史前神秘的理解,现在还处于相当浅薄的阶段,特别是凌家滩遗址,由于发掘有限,实在谈不到深入的认识。本节所谈,只能是一种猜测,供大家吟味商榷,我看就说到这里为止罢。

五、论香港大湾新出牙璋及有关问题

1990年11月至12月,由中山大学人类学博物馆、人类学系考古教研室和香港中文大学中国文化研究所中国考古艺术研究中心组成的考古队,在对香港第三大岛南丫岛西岸的大湾遗址进行发掘过程中,有着重要的发现③。发掘的正式报告尚未发表,现仅根据已见材料,对该地出土的珍贵玉器牙璋提出一些看法。

南丫岛的考古工作发轫甚早,二三十年代香港大学的英国学

---

① 参看张光直:《商代的巫与巫术》,《中国青铜时代(二集)》,生活·读书·新知三联书店,1990年。

② 章炳麟:《訄书》(初刻本),《章太炎全集(三)》,第33页,上海人民出版社,1984年。

③ 李果、李秀国:《南丫岛发掘散记》,《文物天地》1991年第4期。

者芬戴礼（D. J. Finn）和中国学者陈公哲都曾在此调查试掘。1933
年，芬氏在大湾遗址附近发掘，发现了彩陶器①。1989年以来，中
山大学、香港中文大学和香港考古学会的学者都在大湾多次调查。
1990年发掘的特点，则是在这处沙丘遗址中清理出墓葬群②。其中
尤其值得注意的是6号墓，出土玉器达19件，发掘者认为是"玉敛
葬"。一件制作细致的牙璋，引起了玉器研究界的普遍重视。这种
所谓"牙璋"的玉器，近年因有四川广汉三星堆的发现，已有不少
学者在论著或学术会议上讨论，这次竟出自遥远的香港岛屿，更增
加了大家研究的兴味。

　　被称为"牙璋"的这种器物，从形制看，如夏鼐先生所说，是
一种端刃器③。夏先生把其特征归纳为："形似扁平长条形的刀，但
锋刃不在长边而在较宽广的尾端，是斜刃或平刃而常稍内凹成弧
形。柄部方形，常有一小孔。柄与器身之间有一段两侧边有突出的
阑或齿形扉棱；扉棱之间常有平行直线刻纹。"根据《周礼》称之
为"牙璋"，始于晚清吴大澂的《古玉图考》。这种玉器流散海内
外的数量颇多，日本林巳奈夫教授曾加搜集分类④，足供研究参考。
前些时，我在一本小著中对牙璋略有论述⑤，但限于篇幅，语焉未
详，举例也有未能齐备之处。下面再根据现知有出土记录的材料，

---

① 芬戴礼：《香港南丫岛的考古发现》（D. J. Finn, *Archaeological Finds on Lamma Island near Hong Kong*），香港大学，1958年。

② 李果、李秀国：《南丫岛发掘散记》，《文物天地》1991年第4期。

③ 夏鼐：《商代玉器的分类、定名和用途》，《考古》1983年第5期。

④ 林巳奈夫：《中国古代的石庖丁形玉器与骨铲形玉器》（日文），《东方学报》（京都）第54册，1982年。

⑤ 李学勤：《比较考古学随笔》，第72—78页，中华书局（香港）有限公司，1991年。

试做分析。

这种牙璋最北的出土地点，是在陕北的神木石峁。1976年在该地调查，采集到一批玉器，其中一个从形制看是牙璋，简报称之为"铲"，系墨玉质，前端宽展，有斜的内凹弧刃，形成歧尖；身与内相联处两侧有小齿和突起的阑，阑缘也有小齿；方内，有一圆穿。这件牙璋长达35厘米，刃宽约8厘米[①]。

石峁的调查认为遗址相当客省庄二期文化，即陕西龙山文化，但"据调查，玉器多出于石板棺墓内，和出陶器的土坑墓形制不同，因此，它不是新石器时代遗物，而属殷文化"，这自然包括牙璋在内。后来，考古工作者对该遗址多次复查，1981年还做了试掘，包括石棺葬4座。简报指出，石棺葬中的随葬陶器类似中原地区龙山文化，但是作为葬具的袋足瓮"和内蒙古大口遗址第二期文化所出同类器完全一样。而大口第二期文化被认为'相对年代要早于偃师二里头早商文化，晚于客省庄二期文化'。同时在太原光社遗址中也曾发现过与袋足瓮非常相近的同类器，而太原光社遗址的时代被认为'也可能相当于龙山文化晚期，或者接近于商代'"[②]。简报认为石棺葬应与大口二期文化同时，并且特别讲到玉器应属这一年代。这就修正了过去调查的看法。

和上述牙璋一起公布的，还有一件，也是墨玉质，长30厘米，前端为平直的斜刃，无阑，方内一圆穿。这件玉器前端的形态与一般牙璋有异，暂附叙于此。

---

① 戴应新：《陕西神木县石峁龙山文化遗址调查》，图二：2，《考古》1977年第3期。

② 西安半坡博物馆：《陕西神木石峁遗址调查试掘简报》，《史前研究》1983年第2期。

神木一带过去便有出土牙璋的传闻。我在前面提到的小著中述及古特曼（E. Gutmann）氏藏器，共有牙璋五件及无阑的一件，据记录是1930年陕西Li Yünfu发现的。我已说明，这个地点系榆林府（Yülin Fu）之误[①]，神木当时正属于榆林府。

根据所见照片，古特曼氏的六件玉器颜色均属墨玉，其前端形态与神木石峁的牙璋类似，为斜的内凹弧刃；内部的切割较为粗糙，甚至不整齐，内上均有一圆穿。各件的差别，在其阑和齿的形状，下面分别叙述：

（一）长约9英寸（22.86厘米），前端较宽展，与石峁一件最为接近。有突出的阑，但阑上无齿，只在阑前两侧各有两组小齿，每组三齿。内端很不整齐。

（二）长约12英寸（30.48厘米），窄长，前端较宽而已残损。阑上无齿，其前两侧只有稀疏的小齿，一侧二齿，另一不明显，似也是二齿。

（三）长10英寸（25.4厘米），内部上角有残损。阑较宽，上有齿，以二大齿夹二小齿；阑前两侧各有一排齿，有三大齿，每二大齿夹二小齿。阑和齿的制作相当精细。

（四）长约11英寸（27.94厘米），内端不整齐。阑成向内部斜出的突起，阑前两侧无齿，但有两条各由三根细线构成的直线纹，刻在阑间及稍前的基部。

（五）与上件同长，阑的形态也相仿，阑前两侧无齿，阑间刻有由三根细线构成直线组织的菱形网纹，其前基部还有同样的两条直线纹。刻划细致精好。

---

① 英文地名据《中华邮政舆图》（*Postal Atlas of China*），1933年。

（六）长约8英寸（20.32厘米），较宽短，前端上尖略损，无阑，只有由三根细线构成的菱形网纹和一条直线纹。

由这六件牙璋可知，陕北神木一带地区发现的这种玉器形态并不单纯，可能还有年代的区分，有待将来进一步探讨。

山东也出土牙璋，可举出下列两例：

（一）海阳司马台采集[①]。这个地点南距黄海仅5公里。简报称之为"玉钺"，"墨玉制成，制作精细，光亮"。长27.2厘米，前端为内凹斜弧形刃，方内，上有一圆穿。有向内部斜出的阑，阑上有微缺，可视为简单的小齿。

司马台遗址据报包括龙山文化和岳石文化层，并有龙山墓葬。牙璋的文化性质尚难判定。这个发现告诉我们，墨玉牙璋并非都出自陕北，同时这件玉器和神木一带所出的酷似，也是十分值得注意的。

（二）临沂大范庄出土[②]。详情不明，从线图看，形制较宽短而前后相若，方内，有一圆穿，下侧有小的阑突起，与海阳司马台的颇有不同。据称"约当龙山文化时期"。

合观以上陕北、山东所出，似以临沂大范庄一件最为简朴，神木一带和海阳司马台的则有较发达的阑、齿和纹饰等，这或许表示了年代的差异。

河南偃师二里头遗址已出土几件牙璋，最引人注目的是1975

---

① 王洪明：《山东省海阳县史前遗址调查》，图六：3，《考古》1985年第12期。
② 王永波：《牙璋新解》，图一：6，《考古与文物》1988年第1期。

年夏发现的一件①。可能同出的青铜爵，属我一篇小文所说二里头
文化爵的III式，同式爵有出自二里头四期的证据②。这件牙璋长48.1
厘米，宽7.8厘米，形窄长匀称，原应为青灰色，现呈灰白而有棕、
绿、粉等色斑③，非常美观。此器的工艺精细，方内规整，有一小
圆穿；器的基部有两处阑，都有齿，后面的阑向内部突出。阑间和
两处阑之际都有由三凸线构成的直线纹。

1980年在二里头遗址发掘的VM3墓，出土牙璋两件④。这座墓
属二里头三期。在平面图上看到，两器以相反方向顺置于墓的中
部。牙璋均为青灰色，磨光无花纹。一件长达54厘米，宽14.8厘
米，有两处阑，后一处有齿，微向内部突出，前一处形不明显。两
处阑之间有两组小齿，各二齿。有意思的是，在这件牙璋的一面靠
上缘处，嵌有一圆形绿松石片。另一件长48.1厘米，形较上件显得
窄瘦，也有两处阑，上都有齿，后一处向内部突出，前一处则向前
端突出。两处阑有一组小齿，共二齿。

以二里头上述三器而论，显然比神木一带和海阳司马台的有
所发展。其形制纹饰似即继承神木一带的而来，但质地有所不同。
1975年夏发现的一件，在制作工艺上堪称这种器物的顶峰。

---

① 偃师县文化馆：《二里头遗址出土的铜器和玉器》，图二：1，《考古》1978
年第4期。此器彩色照片见方闻编《伟大的中国青铜时代》(Wen Fong ed., *The Great
Bronze Age of China*)，彩版，美国大都会博物馆，1980年。

② 李学勤：《从传出商丘地区的二里头文化铜爵谈起》，《商丘师专学报》(社会
科学版)1987年第2期。

③ 方闻编：《伟大的中国青铜时代》(Wen Fong ed., *The Great Bronze Age of
China*)，第75页，美国大都会博物馆，1980年。

④ 中国社会科学院考古研究所二里头队：《1980年秋河南偃师二里头遗址发掘
简报》，图版壹：4，《考古》1983年第3期。

可视为二里头时期进一步发展的牙璋，有1958年郑州杨庄出土的一件①。据报道，"这件玉璋为淡青色，后部微残缺，前部为斜刃铲形，后边雕刻有飞板牙状兽形纹饰（按指阑、齿），并涂有朱砂，但只有后部保存一点痕迹，其他地方的红朱已经脱落，后部安柄处有一圆孔是做穿用的。通长66、宽13、厚0.4厘米"。此器特别长大，形窄瘦而前端宽展，两侧呈内凹的曲线、内端斜，类于神木一带的一些标本，而不同于二里头各器，可是阑有两处，其间有小齿，则明显与二里头的一脉相承。其时代置于商代前期的二里岗期，是合宜的。

在殷墟发现的这种玉器，唯一可以提到的是妇好墓中的一件残器，报告称之为"Ⅲ式玉圭"②。据云为墨绿色，"下端残，上端内凹呈弧形，有刃"，并说"形近'琰圭'"。夏鼐先生和林巳奈夫教授都认为是这里所说牙璋的残部③。此器前端不斜，是一个明显特色，但其后部已残失，在此不能详细讨论。不过，殷墟期（或稍晚）的金文中确有像这种玉器的字④。

如果要找相当于殷墟期的较多实物，就要谈到四川广汉三星堆遗址的发现了。

三星堆遗址最早为人注意是在1931年（一说1929年），当时

① 赵新来：《郑州二里岗发现的商代玉璋》，《文物》1966年第1期。

② 中国社会科学院考古研究所：《殷墟妇好墓》，图版八四：4，文物出版社，1980年。

③ 夏鼐：《商代玉器的分类、定名和用途》，《考古》1983年第5期；林巳奈夫：《对殷墟妇好墓出土若干玉器的注释》（日文），《东方学报》（京都）第58册，1986年。

④ 罗振玉编：《三代吉金文存》16，24，4。

有名燕道诚的农民，在一条沟底挖出玉石器一坑，有大小石璧及圭、璋、琮、斧等三四百件。所发现牙璋有多少，现已不能确知。现在可定为当时出土品的牙璋，有郑德坤、冯汉骥等先生公布的照片①。承四川大学博物馆学者惠助，我曾观察过该馆收藏的实物。以照片所示而论，有窄瘦和宽短两型，都有两处阑，后一处向内部斜出（比较像神木一带的），上有齿，前一处较简单，两阑之际有两组小齿，各二齿。这种形制，接近于二里头和杨庄的牙璋，而其宽短型则更有自己的特色。内端略斜，近于杨庄的一件。

上述窄长的一件，据云系紫灰褐色软玉，长达56.1厘米，较之中原出土品并无逊色。

1986年在三星堆发掘的两座器物坑②，一号坑相当殷墟早期，二号坑相当殷墟晚期，都出有牙璋，且有多种型式。一号坑的，简报分为A—D四型，其A、B两型两侧有刃，并向一侧弯曲，虽有歧尖，仍近于玉戈。一件B型器上，刻有一件典型牙璋，似说明它可以代替牙璋的功能，尚待研究。D型前端没有歧尖。只有C型，确是牙璋之属。简报所举标本，长24.8厘米，前端呈V字形歧尖，两尖平而不斜；身短而内长，有两处阑，后一处有齿，向内部突出，前一处略简单。两处阑间有两组齿，饰有由凸起细线组成的

---

① 郑德坤：《中国考古学论文集》（Cheng Te-k'un, *Studies in Chinese Archaeology*），图版14：d、e，香港中文大学出版社，1982年；冯汉骥：《冯汉骥考古学论文集》，图版一：4—6，文物出版社，1985年。

② 四川省文物管理委员会、四川省文物考古研究所、四川省广汉县文化局：《广汉三星堆遗址一号祭祀坑发掘简报》，《文物》1987年第10期；四川省文物管理委员会，四川省文物考古研究所，广汉市文化局、文管所：《广汉三星堆遗址二号祭祀坑发掘简报》，《文物》1989年第5期。

直线纹。这种装饰，很容易看出和二里头1975年发现的牙璋有着联系。

二号坑的，简报分类为A—C三型，都有V字形歧尖，形窄长，有两处阑而均已退化，有的阑变为卷云形。两处阑间的小齿不分组而成排。这些都是年代较晚的表现。在一件平直斜刃的端刃器（简报称"石边璋"）上，刻有图像，其中可见山丘（或冢墓？）形，两旁有歧尖的牙璋形，竖立放置，中间有钩形物。这可能表现这种玉器在礼仪中的作用。

按照以上的叙述，燕道诚1931年发现的牙璋和三星堆一号坑的看来比较接近，也许比一号坑的还早一些。

在东南，应该提到福建漳浦眉力出土的一件，报道称之为石戈①。此器前端已残，形制不明，然而从整个器形看，估计为牙璋是不错的②。这件玉器属窄瘦型，前端略宽展，有两处阑，后一处有齿，两处阑间有一组小齿，共二齿，内端斜，凡此都接近郑州杨庄所出，和广汉1931年发现的窄瘦一件也相类似。漳浦眉力这件牙璋，据云属于昙石山上层类型，而昙石山中层牡蛎标本的碳十四年代（经树轮校正）为公元前1324±155年，还可能偏晚③。因此，这一牙璋的年代未必很晚。彭适凡先生估计昙石山上层相当商代前期④，是大家应予重视的见解。

---

① 曾凡：《关于福建史前文化遗存的探讨》，图版壹：8，《考古学报》1980年第3期。

② 饭岛武次：《夏殷文化的考古学研究》（日文），山川出版社，1985年。

③ 中国社会科学院考古研究所：《新中国的考古发现和研究》，第160页，文物出版社，1984年。

④ 彭适凡：《中国南方古代印纹陶》，第208页，文物出版社，1987年。

据上所述，各地牙璋大略可分为三个类型。第一类型包括山东临沂大范庄、海阳司马台和陕北神木一带的，无阑或一处阑，齿和纹饰较简。其中大范庄的最早，神木一带有较发展的例子。第二类型包括偃师二里头、郑州杨庄、广汉1931年所出及漳浦眉力，两处阑，齿和纹饰繁缛。第三类型包括广汉三星堆两器物坑，前端刃形已变，仍为两处阑。一号坑的齿和纹饰仍沿第二类型之旧，二号坑的则多变化。殷墟妇好墓的残器，刃形也已改变，似可附属于此。以上三大类型似乎有年代的顺序，第一类型为龙山晚期以至较后的时代，第二类型约当夏至商代前期，第三类型为商代后期。这当然只是一种不很准确的估计，还没有深入考虑地域的差异，但足供参考。按照这样类型的划分，我们可以回头考察香港南丫岛大湾的发现。

大湾6号墓的牙璋[1]，长21.7厘米，宽4.6厘米，呈灰白色，前端为斜内凹弧刃，略宽展，方内，无穿孔。有两处阑，后一处上有齿，且微向内部突出，前一处简单。两处阑有一组小齿，共二齿。以上阑、齿的形态在牙璋歧尖较长一侧比较明显，另一侧则较退化。内端方正。这件牙璋曾折为两段，后在断处两边各钻二孔，以便用绳系联。从出土的照片看[2]，在埋入时应该是系联好的。

大湾这件牙璋的形制，无论是前端的刃，还是阑齿，都近似偃师二里头、郑州杨庄等地所出，因此应划归上述的第二类型。唯一

---

① 深圳博物馆、香港中文大学中国考古艺术研究中心、中山大学人类学系合编：《环珠江口史前文物图录》，图版44，香港中文大学出版社，1991年；李果、李秀国：《南丫岛发掘散记》，第8页图，《文物天地》1991年第4期。

② 深圳博物馆、香港中文大学中国考古艺术研究中心、中山大学人类学系合编：《环珠江口史前文物图录》，彩版2，香港中文大学出版社，1991年。

的特点，是阑、齿的结构略为简化一些。它和第三类型的区别，是
相当显著的。因此，假如不考虑地域性的因素，大湾牙璋的年代也
应该在第二类型的范围之内。阑、齿的简化或许表示年代较晚，所
以把它估计在第二类型，下限即不晚于殷墟初年。

　　这个年代估计和大湾发掘者的看法相距很远。香港的邓聪、
区家发两先生把大湾6号墓划归遗址第一文化层，"是以夔纹陶为
主要特征的层位，完全不见米字纹陶。遗物尚算丰富，陶器除拍
印夔纹的瓮、罐外，还出土汉代的青釉盒盖、青釉陶犬（有人称
羊）。石器多见梯形锛、长方形锛，有一件用砂岩制的巨型有段
石锛，磨制非常精致，可能是象征权力的礼器；玉石质的饰物如
环、玦等丰富"①。文中还提到该文化层所出夔纹陶片的热释光年
代为距今1900年。李果、李秀国两位将包括6号墓在内的11座墓
定为"战国秦汉时期的墓葬"②，这在年代跨度上似乎比邓、区两
位的意见要大一些。这里，首要的问题是大湾6号墓的层位关系。
其次，还应考虑夔纹陶器的时代问题。这些都有待发掘报告的正
式发表。

　　中国古代长期珍视玉器，前代的玉器传流到后世是可能的，在
田野工作中也发现过这样的例证。大湾牙璋当时曾经修复，好像有
利于作为前代遗物的看法。另外，或许有人会想到这件牙璋是后
世的一种仿制品。不过，必须注意到大湾6号墓确实是一座"玉敛
葬"，不宜把牙璋的出现孤立看待。在岭南虽难找到类似6号墓的
墓葬，在东南其他地区却有不少墓葬可资比较。我们在估计6号墓

---

　　① 邓聪、区家发：《环珠江口史前考古刍议》，《环珠江口史前文物图录》，香
港中文大学出版社，1991年。

　　② 李果、李秀国：《南丫岛发掘散记》，《文物天地》1991年第4期。

的年代时，也不能忽视"玉敛葬"的时代性。这座墓能否定得很晚，恐仍可商榷。

牙璋这种端刃器大多不能实际安柲，器上从无装柲的痕迹，从出土情况（如二里头 VM3）看也是不安柲的。它是一种形制特殊的礼器，其出现不能是偶合，只能是传播的结果。牙璋的分布非常广泛，已经知道见于自陕北到胶东的多种文化，时代绵延甚久。香港南丫岛大湾这次发现，又提供了一个更南的地点。目前我们还难于描述牙璋的传播途径，相信这将是考古学的一项重要研究课题。

本节只对大湾牙璋提出一些看法和问题。中国古代玉器的探讨当前方兴未艾，还存在许多待解决的疑难，希望这件器物的讨论能促进玉器研究的进展。

补记：1993年夏，我有一篇《试论牙璋及其文化背景》，提交给1994年2月香港中文大学中国文化研究所中国考古艺术研究中心举办的"南中国及邻近地区古文化研究国际会议"，已收入会议论文集①。该论文集有很多重要论作，广泛收集了玉牙璋的材料，不少可补充本篇所论，特别是越南北部出土的几件牙璋，引人注目。我已在《文物天地》所载拙文《海外访古续记（十）》中做了讨论，这里不再赘述。

① 邓聪编：《南中国及邻近地区古文化研究》，香港中文大学出版社，1994年。

六、太保玉戈与江汉的开发

楚文化兴起的背景，是江汉地区的开发。《诗·商颂·殷武》称"挞彼殷武，奋伐荆楚"，是武丁之时中原势力已深入江汉。商末，楚又与周发生密切关系。《史记·周本纪》载，周文王时"太颠、闳夭、散宜生、鬻子、辛甲大夫之徒皆往归之"，《集解》引刘向《别录》云："鬻子名熊，封于楚。"《楚世家》又载："鬻熊子事文王，蚤卒"，其曾孙"熊绎当周成王之时，举文、武勤劳之后嗣，而封熊绎于楚蛮，封以子男之田"。这些记载说明，从文王到成王之世，周人的统治已及于江汉地区，而楚即其封国。近代有些学者颇怀疑此事，认为商周王朝当时未必能南及江汉，封楚尤为后人伪托。

关于这一问题，现在已经有了一些考古学上的证据。前几年，在周原甲骨文中发现了"楚子"的记事[1]，后来又在包山竹简里释出"鬻熊"之名[2]，可和《史记》相印证。某些文物的研究，也揭示出新的有关线索，我认为，迄今为止与周初经营江汉有关系的文物，最重要的应推有名的太保玉戈。这件玉戈，我曾两次就原物仔细观察，也做过一点论述[3]，但语焉不详。这里想进行较详细的讨论，供关心江汉地区古代历史文化的各位参考。

玉戈的发现情形，以庞怀靖先生所述最为翔实，他说："岐山

[1] 陈全方：《周原与周文化》，第128页，上海人民出版社，1988年。

[2] 李学勤：《论包山简中一楚先祖名》，《文物》1988年第8期。

[3] 李学勤：《青铜器与周原遗址》，《西北大学学报》（哲学社会科学版）1981年第2期；《海外访古记（二）》，《文博》1986年第6期。

武宗仁同志家藏裱装过的古物拓本一幅，题名'召公玉刀图'。其实是一件有铭文的'大保玉戈'全形拓本。此玉戈系清光绪二十八年，武宗仁曾祖武敬亭先生向逃避八国联军侵略而暂住西安的慈禧太后请得国库专款，在岐城西南八里之刘家原创修召公祠时，于掘土中偶然得之。"①光绪二十八年即公元1902年。清末曾任咸阳令的杨调元对此也有记述："右周召公玉刀，为岐山武敬亭茂才建召公祠时掘土所得，凡有二，俱长今营造尺二有奇，博三寸。一无铭，一铭二十九字，横刻柄之上。"②据柯昌济先生《金文分域编》卷十二称，玉戈出自墓葬，"他器甚多，皆不能名，又有金冠一枚"。

这件有铭文的玉戈出土后，归端方所有，收入其《陶斋古玉图》，有摹本。端方死后，1919年流出国外，现藏于美国华盛顿的弗利尔美术馆。另一件无铭的戈，则不知下落。陈梦家先生在50年代的《西周铜器断代》文中有所讨论③，并发表了玉戈的局部照片。近年，庞怀靖、石志廉④两位先生也有论文发表，后者附有拓本（缩小）。

玉戈的形制很大，陈文说"戈长67.4，最宽10厘米"，石文依拓本度量，实长66.3厘米，最宽9.8厘米。表面光润，呈灰白色，布有黑色斑点。直援，上刃微作弧形，锋尖偏下，下刃则平直，有一处小的缺损。援本刻有交叉的细线纹，援中起脊，且做出上下刃缘，无阑，长方形内，于近援处有一小圆穿，内端略斜，成下倾

① 庞怀靖：《跋太保玉戈》，《考古与文物》1986年第1期。

② 杨调元：《周玉刀释文》，《国学杂志》1915年第3期。

③ 陈梦家：《西周铜器断代（二）》，《考古学报》第10册，1955年；《西周铜器断代（五）》，《考古学报》1956年第3期。

④ 石志廉：《周初大保玉戈》，《中国文物报》1989年6月16日。

状。铭文刻于援本一面，紧靠细线纹，字小如粟米，共27字，作两行，首行23字，次行4字。释文尽量用今字写出如下：

六月丙寅，王在丰，令太保省南国，帅汉，遂殷南，令厉侯辟，用鬯走百人。

香港中文大学杨建芳先生曾对商代玉戈的形制演变做过研究[①]，他指出，玉戈的中脊在商代中期开始出现，至晚期而盛行。商代晚期玉戈的"脊由二下凹之浅波槽相连接而形成。脊上端尖锐，下端两侧呈浅凹槽状"。此种浅波槽"乃以具凸面之砺石往返磨擦援表面之结果，欲使波槽前后深度一致，实非易事"。陈文提到，太保玉戈铭文"第十三字正在戈身中部，为一长划所刻去，因知铭文先刻，后刻纹饰"。在局部照片上可以看到，实际上是在细线纹和铭文都已刻成后，又在脊两侧做了加工，使波槽增深，中脊更显突起，从而打破了"国"字和部分细线纹。这种加工方法类似商代晚期玉戈，其年代也必然接近。

美国哈佛大学福格艺术博物馆藏有另一有铭玉戈[②]，除援短、锋呈三角形外，颇与太保玉戈相类。其援本处交叉的细线纹侧，也有一行铭文，时代为商末[③]。这同样说明，太保玉戈的年代应属于

---

① 杨建芳：《商代玉戈之分期》，《香港中文大学中国文化研究所学报》第13卷，1982年。

② 罗越：《中国古玉》（英文），29，福格艺术博物馆，1975年。

③ 李学勤：《论美澳收藏的几件商周文物》，《文物》1979年第12期；裘锡圭：《甲骨卜辞中所见的"田""牧""卫"等职官的研究》，《文史》第19辑，中华书局，1983年。

周初。

玉戈的文字非常细小，类似商末周初的一些甲骨文。这种甲骨文以文字有如后世微雕而著称，至今已在三个地点发现：（一）殷墟：有1950年四盘磨出土的一版卜骨[1]和近年发现的一版卜甲[2]。（二）周原：岐山、扶风均出，而以岐山凤雏所出为多[3]。（三）北京房山镇江营。凤雏卜甲中文字特小的，有些已证明属周文王时[4]，所以殷墟所出也可能属于商末。镇江营卜骨则出自西周早期地层。凡此都证明，这种细小文字是一定时期特有的风格，太保玉戈亦不例外。

玉戈的年代，可由铭文中有"太保"而推定。太保为周代三公之一，但无论在文献还是在金文中，西周的太保只有召公一人[5]。《尚书序》说"召公为保，周公为师，相成王为左右"，可知召公之称"太保"是辅相成王。考虑到玉戈不少地方承袭商末的特点，其年代很可能是成王时，特别是成王的前期。

戈铭"太保"必为召公，是其出土地点说明了的。文王迁都之后，将周原故地分封周、召二公。召公所封采地后称召亭，《清一统志》云："召亭，在岐山县西南。杜预《左传》注：'召，采地，扶风雍县东南有召亭。'《水经注》：'雍水东径邵亭南，故邵公之采邑也。'……《括地志》：'召亭在岐山县西南十里。'《明统志》：

---

[1] 曹定云：《殷墟四盘磨"易卦"卜骨研究》，《考古》1989年第7期。

[2] 肖楠：《安阳殷墟发现"易卦"卜甲》，《考古》1989年第1期。

[3] 曹定云：《殷墟四盘磨"易卦"卜骨研究》，《考古》1989年第7期。

[4] 李学勤：《论周文王时期的四片卜甲》，《西北大学学报》(哲学社会科学版)增刊《周秦汉唐考古与文化国际学术会议论文集》，1988年。

[5] 张亚初、刘雨：《西周金文官制研究》，第1页，中华书局，1986年。

'召公亭在县西南八里，今名召公村。'"出玉戈的刘家原正在岐山县西南八里，故庞怀靖先生以为即召亭所在。这样看来，发现玉戈的墓葬很可能与召公有关，旧传为召公墓不是毫无根据的。

　　铭文开端纪月日为"六月丙寅"。这种形式在商代甲骨文中已经有了，在自组卜辞中比较多见，如美国辛格氏所藏卜甲有"十二月乙丑贞曰：戊寅其雨。旬四日雨"[1]。其例不烦多举。"王在丰"，丰即在今陕西长安沣西的丰京。"令太保省南国"，是命召公省察周朝的南土。《左传·昭公九年》载周景王云："及武王克商，……巴、濮、楚、邓，吾南土也。"可知当时所谓"南国"的大致范围。成王在丰，命召公往省南国，与《尚书序》"成王在丰，欲宅洛邑，使召公先相宅"句例相同。《尚书序》之"相"即铭文的"省"，均为省察之意。"帅汉"，"汉"指汉水，"帅"训为"循"。从丰京前往南土，自当沿汉水南下。

　　"遂殷南"，"殷"意为殷见，即诸侯会集向王朝见。这种典礼是在王主持下进行的，商周金文不乏其例[2]。殷见常分四方，如保尊、卣"殷东国五侯"，即由东土的五等诸侯朝见。此铭"殷南"，是殷见南国的诸侯。请注意"殷"的主语是"王"，不是太保。举行殷见典礼的地点，估计是在周都，并不在南国。由此可知，成王命召公巡省南国，沿汉而下，是为了召集当地诸侯来朝之事。由当时历史情况来看，这件事可能发生在周公东征平定三监以后，是巩固王朝南方统治的一项措施。

　　"令厉侯辟"，"厉侯"又见北宋时孝感所出中觯（昭王时器）。

────────────

　　① 胡厚宣编集：《苏德美日所见甲骨集》卷三，1，四川辞书出版社，1988年。

　　② 李学勤：《郊其三卣与有关问题》，《殷都学刊》增刊《全国商史学术讨论会论文集》，1985年。

我曾论证，厉即今湖北随州以北的厉国①。据《逸周书·世俘》，武王伐纣归途，命百韦伐厉得胜，那是商朝的厉国。至此成王"令厉侯辟"，"辟"训为"君"，是封属于周朝的厉侯。厉国直到春秋时，才为楚国吞灭，其始封实见于此。

"用萑走百人"，"用"训为"以"②。"萑"③读为"驺"，为御者，"走"则是仆人。"以驺走百人"，指赏赐厉侯仆御一百名，命之就封。

召公与南国有着特殊的关系。《吕氏春秋·音初》云："禹行功，见涂山之女。禹未之遇而巡省南土，涂山氏之女乃令其妾待禹于涂山之阳。女乃作歌，歌曰：'候人兮猗。'实始作为南音。周公及召公取风焉，以为《周南》《召南》。"《诗经》中的《召南》，就是由于召公取风于南音而出现的。

《毛诗序》："《关雎》《麟趾》之化，王者之风，故系之周公。'南'，言化自北而南也。《鹊巢》《驺虞》之德，诸侯之风也，先王之所以教，故系之召公。"《笺》云："自，从也。从北而南，谓其化从岐周被江汉之域也。"《正义》："文王之国在于岐周，东北近于纣都，西北迫于戎狄，故其风化南行也。"《诗序》又云："《甘棠》，美召伯也。召伯之教明于南国。"《笺》云："召伯，姬姓，名奭，食采于召，作上公，为二伯，后封于燕。此美其为伯之功，故言'伯'云。"按周公、召公为二伯，指分陕而治一事，据《公羊传·隐公五年》及《史记·燕世家》，正是成王时的事情。如果

---

① 江鸿：《盘龙城与商朝的南土》，《文物》1976年第2期。

② 裴学海：《古书虚字集释》卷二，第90页，中华书局，1954年。

③ 参看刘钊：《甲骨文字考释（十篇）》，1989年殷墟甲骨文发现90周年纪念活动论文。

上引文献可据，周人的影响从文王时已南及江汉，以至武王、成王时，召公在其间起了较大的作用，这和太保玉戈铭文完全符合。

因此，周初的江汉开发是当时历史一大关键。载籍所述鬻熊事文王、熊绎封楚蛮等事，正以此为背景。研究楚文化的兴起，似不可忽略这一点。

第三篇　新近考古发现

一、西水坡"龙虎墓"与四象的起源

河南濮阳西水坡的一座仰韶文化墓葬，可以说是近期最受人注目的考古发现之一。除了报纸上报道以外，有关发掘简报竟在三种考古刊物同时发表[①]。这样的情形，近若干年来还没有见到过。

这座不寻常的墓葬，是西水坡45号墓。西水坡遗址位于今濮阳城内西南角，1987年夏被发现，随即开始发掘。秋天，45号墓已经揭露，当时"中国殷商文化国际讨论会"于安阳举行，有些学者闻讯前往参观，均传为奇靓。

45号墓是一座土坑竖穴墓，南北长4.1米，东西宽3.1米，为仰韶文化灰坑所打破，因而时代是清楚的。墓主是一个壮年男子，遗骨在墓室中间，头向南，仰身直肢。据报道，随葬有三个人殉，分别在墓室东、西、北三面的小龛内，也都仰身直肢。西、北两个

---

① 濮阳市文物管理委员会、濮阳市博物馆、濮阳市文物工作队:《濮阳西水坡遗址试掘简报》,《中原文物》1988年第1期;《濮阳西水坡遗址发掘简报》,《华夏考古》1988年第1期;《河南濮阳西水坡遗址发掘简报》,《文物》1988年第3期。三文略有异同。

人殉，双手都背压在骨盆下，一个是12岁左右的女孩，头部有砍斫痕，另一个则是16岁左右的男性。东面的那个人殉，因骨架保存欠佳，未能鉴定。

特别奇怪的是，在墓主骨骼两旁，有用蚌壳排列成的图形。东方是龙，西方是虎，形态都颇生动，其头均向北，足均向外。在墓主脚下略偏左，即北方，另有蚌壳排列成的一处三角形，旁边还有两根人胫骨。

在墓室以外的同一层位上，另有两处蚌壳排列的图形。一处距45号墓约20米，作龙、虎纠结状，其头方向相反，上方另有两动物形。龙口前方，有一珠形，上方两动物间则置一石斧。另一处距上述一处又约20余米，作一龙一虎，两头的方向也相反，龙背骑有一人。这两处图形和45号墓排成一南北直线。

这座仰韶文化墓葬现象新奇独特，前所未见，确足令人惊诧。人殉的存在，而且和商代某些墓葬一样，埋在墓室边隅，已有文章加以讨论[1]，但其层位问题有不同意见，相信这方面的研究还会继续深入下去。目前更需要探讨的是：45号墓内外，尤其是墓室里面的蚌壳图形，究竟有怎样的意义；墓葬的现象总是当时思想意识的反映，对此我们能得到什么知识？

回忆1987年秋冬，凡接触到西水坡45号墓材料的人，不管是亲自参观还是看见照片，都自然而然地联想到后世长期流传的青龙、白虎。可是后来，从报上新闻到发掘简报，都没有涉及这一点。揣想其原因，似乎不外这样几点：一个是墓室外面又有不同的

---

① 丁清贤等：《从濮阳蚌壳龙虎墓的发现谈仰韶文化的社会性质》，《中原文物》1988年第1期。

龙、虎及其他动物图形，而且整个遗址发掘尚未结束；另一个是不少人认为青龙、白虎的观念起源甚晚，甚至说"是秦、汉之后的产物"①，以之比附史前时期，恐怕太冒险了。应该说，作为考古发掘简报，回避这个问题，显然是正确的谨慎态度。

可是，45号墓蚌壳图形和青龙、白虎之相似，实在是太明显了。墓室中图形和墓主的相关位置，墓主头向南，可能与古人绘图都以上为南的习俗有共通处；龙形在东，虎形在西，便和青龙、白虎的方位完全相合。至于墓主足下的三角形，方向是正北，我们不妨猜想是代表帝星。这种图形的构成，不会是偶然的。大家知道，丧葬是古人社会生活中的大事，对于这类特殊墓葬的墓主更是如此。再考虑到，虎虽恒见于自然界，龙却是一种神话动物，只是在传说里才有的。因此，在墓室中排列龙、虎图形，即使仅此一例，也必须反映古人一定的思想观念。

问题是，青龙、白虎能上溯到这样古远的时代吗？

青龙、白虎是四象中的二象。所谓四象，或称四维、四兽、四神等等，就是青（或苍）龙、朱鸟（或雀）、白虎、玄武，本属我国古代天文学的范畴。秦、汉人已有四象之说，这在《淮南子·天文》和《史记·天官书》中已有系统记述，人们共知，是没有怀疑的。四象实质是星宿的分划，每象相当于二十八宿里面的七宿：

青龙：角、亢、氐、房、心、尾、箕

朱鸟：井、鬼、柳、星、张、翼、轸

---

① 中国天文学史整理研究小组：《中国天文学史》，第44页，科学出版社，1981年。

白虎：奎、娄、胃、昴、毕、觜、参

玄武：斗、牛、女、虚、危、室、壁

这是按习惯使用的东、南、西、北次第叙说的，而依二十八宿本身的逆时针排列，次第当相反，自角到轸，即青龙、玄武、白虎、朱鸟。

四象的名称，实际已见于几种战国书籍。例如《礼记·曲礼上》："行，前朱鸟而后玄武，左青龙而右白虎，招摇在上。"《曲礼》乃儒门七十子后学所作[①]。《吴子·治兵》篇载吴起答武侯问三军进止时说："必左青龙，右白虎，前朱雀，后玄武，招摇在上，从事于下。"[②] 近年发现的长沙马王堆帛书《刑德丙》（暂名）和江陵张家山竹简《盖庐》，都有类此文句[③]。简帛虽属汉初，内容年代应该是先秦的。

《曲礼》《治兵》等篇所论都是古代用兵时的旗帜。因为那时人们已熟悉四象的方位，故取之以为旗上标志，也是兵阴阳家思想的一种表现。《考工记》也有这类记载："龙旂九斿，以象大火也。鸟旟七斿，以象鹑火也。熊旗六斿，以象伐也。龟蛇四斿，以象营室也。"《考工记》一般被认为是战国作品，可能出于齐人。文中龟蛇即玄武，至于以熊代虎，也许是带地方色彩的说法。四种旗帜所象的星，大火在心宿，鹑火即柳宿，伐在参宿，营室即室宿。从

① 吴世昌在《〈礼记·檀弓〉篇对后世文学的影响》说《曲礼》得名于汉宣帝时曲台，恐不可信，见《罗音室学术论著》第1卷，第204页注［一］，中国文艺联合出版公司，1984年。

② 参看李学勤：《〈吴起传〉序》，《晋阳学刊》1988年第3期。

③ 张家山汉墓竹简整理小组：《江陵张家山汉简概述》，《文物》1985年第1期。

星宿分配看，和《淮南子》《史记》吻合，只是选取有代表性的星而已。

战国时期的天文家已有四象的具体论述。《开元占经》所引石氏（申）、甘氏（德）、巫咸三家，均有中外官，其外官即指四宫，也就是四象。《宋中兴志》引石氏说："东宫青帝，其精苍龙，为七宿。其象有角，有亢，有氐，有房，有心，有尾，有箕。氐，胸；房，腹；箕，所粪也。""南宫赤帝，其精朱鸟，为七宿。井，首；鬼，目；柳，喙；星，颈；张，嗉；翼，翮；轸，尾。""北方黑帝，其精玄武，为七宿。"[1]这说明四象各包七宿的体系，那时业已具备了。

天文三家中，石申是魏国人，甘德是楚国人[2]，看来中原和南方都有四象之说流传。南方有这一学说，还有《楚辞》为证。《楚辞·远游》"召玄武而奔属"，玄武奔属于后[3]，也与《曲礼》《治兵》等所言呼应。考虑到吴起晚年在楚，《远游》有此句或许和吴起之学有一些联系。

战国时期有四象之说，已为近年的考古发现，即1978年湖北随县（今随州）擂鼓墩1号墓出土的一件漆箱盖所证实[4]。箱盖有漆绘图形，中央是一个大"斗"字，周围环书二十八宿之名，两侧一龙一虎，四隅有勾连状纹饰。墓葬的时代是明确的，即战国初年，

① 王先谦：《汉书补注》二十六，《天文志》引。
② 李学勤：《长沙楚帛书通论》，《楚文化研究论集》第1集，荆楚书社，1987年。
③ 参看董楚平：《楚辞译注》，第203页，上海古籍出版社，1986年。
④ 王健民、梁柱、王胜利：《曾侯乙墓出土的二十八宿青龙白虎图象》，《文物》1979年第7期。

公元前433年左右。

关于漆箱盖上的图像，有两点需要指出：第一，盖上二十八宿不是逆时针排列的，而是相反。其所以如此，并非错误，而是有深意的。原来这件箱盖虽是长方形，中间隆起，实象天穹之形。设想人坐于箱内，仰望天穹，在盖表上书写的二十八宿就成为逆时针的一周，与自然的顺序相合了。第二，青龙、白虎的位置，同二十八宿是互相配应的，因而在图像上，龙头向南，虎头向北。这和后世多以龙、虎均头向南不同。顺便说一下，在汉镜上，青龙、白虎的头向也多不同向南方。

前引石申之说，给我们一个非常重要的启示，即二十八宿之名每每与四象有直接联系。如属于青龙的七宿，至少角、亢（肮）、心、尾四者肯定是龙体的部位名称。属朱鸟的七宿中的柳、翼也是如此。柳宿必属朱鸟，是因为它又称为咮。《尔雅·释天》："咮谓之柳。柳，鹑火也。"咮据《说文解字》义为鸟口，所以郭璞注《释天》云："咮，朱鸟之口。"其所以又称鹑火，是由于古人把赤凤叫作鹑[1]，因此相当朱鸟的"南方三次曰鹑首、鹑火、鹑尾"[2]，从命名本身就可看出和朱鸟有不可分的关系。

《左传·僖公五年》，晋卜偃（即郭偃）语云："童谣云：'丙之晨，龙尾伏辰，均服振振，取虢之旂。鹑之贲贲，天策焞焞，火中成军，虢公其奔。'其九月、十月之交乎？丙子旦，日在尾，月在策，鹑火中，必是时也。"这段话里，龙尾即尾宿，鹑火即柳宿，可见各宿为四象部分的观念不仅当时存在，而且见诸童谣，人所共

---

① 《埤雅》八引《师旷禽经》："赤凤谓之鹑。"

② 郝懿行：《尔雅义疏》中之四。

知。郭偃时任掌卜大夫，卜筮与天文同为数术，他精通天文之学是自然的。

《左传·襄公九年》，晋士弱语云："古之火正，或食于心，或食于味，以出内火，是故味为鹑火，心为大火。"也提到味与心的名称，足证春秋时期确有四象的观念。

《国语·周语下》，周伶州鸠云："昔武王伐殷，岁在鹑火，月在天驷，日在析木之津，辰在斗柄，星在天鼋。"是鹑火之名，周初业已存在。《尔雅·释天》："天驷，房也。"郭璞注："龙为天马，故房四星谓之天驷。"郭说当有所本，故房宿之所以亦称天驷，也是由于它在青龙范围之中。

上述材料，论证了二十八宿的一部分系得名于其在四象中的位置。因此可以推论，二十八宿的形成是晚于四象的。高鲁的《星象统笺》曾主张三垣→四维（即四象）→二十八宿的发生顺序。其中三垣起源甚晚，学者已予指出[1]，而四象早于二十八宿当符合事实。这其实是不难理解的，上古人们仰观星空，将群星划分为若干组团，并赋以人、物或神话的形象，乃中外通理，而我国出于四时分明的自然条件，在很早的时候就产生四象观念，乃是情理中事。

《尚书·尧典》篇中主要内涵可与甲骨刻辞四方风名印证，有古远的渊源。其所述四中星，据近年学者推算，颇能与唐虞时期符合，有天文学史方面著作推测"其上下限当在距今3600年到4100年之间"[2]（这是说它开始形成的年代）。大家知道，四中星与四象有着对应关系，所以陈遵妫先生说《尧典》"春分南方鸟中，夏至

---

① 陈遵妫：《中国天文学史》第2册，第三章，上海人民出版社，1982年。

② 赵庄愚：《从星位岁差论证几部古典著作的星象年代及成书年代》，《科技史文集》第10辑，上海科学技术出版社，1983年。

东方火中，秋分北方虚中，冬至西方昂中，这说明以四象定四时方位，测四时星的由来是非常悠久的"[1]。

现在发现了西水坡45号墓，看来史前时期末叶已有四象或至少有龙、虎，不无可能。

四象在古代一直带有神话色彩，并非仅为诸星的分划。四象其实也便是四灵（龙、凤、虎、龟），其与丧葬有关的一点，是同升天思想的关系。中国古代的传统思想是魂升于天，魄藏于地。这个观点可溯源到很早时期。周穆王时祭公说"谋父疾维不瘳，朕身尚在兹，朕魂在于天昭王之所"，典型地代表了这一观点[2]。甲骨文中有反映，兹不详述。

汉代铜镜铭云："上大（泰）山，见仙人，食玉英，饮醴泉，驾交龙，乘浮云，白虎引兮直上天。"[3]这是神仙家言，升天驾龙，而由白虎导引。较早时期，人死后魂之升天，也要驾龙或受其导引，如长沙陈家大山墓中帛画，死者之上有一龙一凤，子弹库帛画，死者则驾龙而行，两幅帛画均属战国时期。至于黄帝鼎湖龙驭上宾的传说，更是人们所熟悉的了。

因此，我们不妨大胆猜想，西水坡45号墓室内的龙、虎图形是象征死者魂升天上，而墓室外人骑龙图形则表示其升天的过程。

古代各个民族都有自己的神话传说，作为其文化传统的重要内容之一。这些神话传说一般都能传流久远，对后世有长期影响，渗透于生活、思想、艺术等各个方面，我们中国自不例外。怎样进一

---

① 陈遵妫：《中国天文学史》第2册，第282页，上海人民出版社，1982年。

② 参看李学勤：《祭公谋父及其德论》，《齐鲁学刊》1988年第3期。

③ 鲁惟一：《升天之道》（英文），第201页，1979年。书中对有关问题有详细论述。

步探索上古的传说及其蕴含的思想观念，又不涉于驰想，是很困难的课题。这里所说，也许能算做一次小小试探罢。

二、论二里头文化的饕餮纹铜饰

不少学者认为是夏文化的二里头文化，是一种青铜时代的文化。迄今为止，已经发现了不少二里头文化的青铜器，其中工艺最精美的是镶嵌绿松石的饕餮纹铜饰，可以说代表着当时青铜器的发展水平。

这种铜饰受到考古学界的特别注意，是在它经科学发掘发现时开始的。1981年，中国社会科学院考古研究所二里头工作队在二里头遗址范围内圪垱头村西北清理了一批墓葬，其中4号墓属二里头二期偏晚，出土了一件这种铜饰。据简报称，铜饰"呈长圆形，长14.2、宽9.8厘米。中间呈弧状束腰，近似鞋底形，两侧各有二穿孔钮。凸面由许多不同形状的绿松石片粘嵌排列成兽面纹（按即饕餮纹）。凹面附着有麻布纹"。铜饰的原来位置，是在墓主的胸前略偏左的地方。这件铜饰的照片，见《考古》1984年第1期图版肆：1和《中国美术全集·青铜器（上）》三，由于满嵌绿松石，通体青碧，十分美观。

到1984年，该工作队在二里头村南发掘，从属于二里头四期的11号墓里，又出土一件这种铜饰。它在墓中的位置，也是墓主的胸前，形制和1981年那件大体相同，长16.5厘米、宽11厘米。照片见《考古》1986年第4期图版柒：1。

1987年，在遗址Ⅵ区属二里头四期的57号墓中，也出土一件这种铜饰。其形制与上面两件相似，唯侧缘较直，长15.9厘米、宽

8.9厘米。特点是牌面镂空，而绿松石片镶嵌细密坚固。饕餮纹有带分枝的角，圆目尖喙，两侧有内向的爪。照片见《考古》1992年第4期图版壹。

二里头文化的青铜器，不少是素面的，有的虽然有纹饰，也比较简单质朴。像饕餮纹铜饰这样，有复杂精细的花纹，而且还嵌以绿松石，实为罕见。无怪乎《文物考古工作十年 1979—1989》对铜饰要着笔特书了（第179页）。

实际上，这种具有很高艺术价值的铜饰，早在几十年前就出现过，并流散到海外。据我的见闻，可以举出以下几例。

美国哈佛大学的沙可乐博物馆共藏有这样的铜饰三件，其中两件著录于1942年印行的瑞典喜龙仁《中国美术史》第1卷。这些铜饰原系温斯洛普氏所藏，后归福格艺术博物馆，在沙可乐博物馆建成时改陈于该馆。这些铜饰我曾观察过，两件的形制、花纹都近于二里头1984年出土的那件，尺寸则近于1981年所出，如见于温斯洛普《一个收藏家的回顾》的一件，长9.84厘米。另一件则更大，特点是铜饰的上缘多了一个圭首状的突起。

美国罗越1965年出版的《保罗·辛格医生所藏古代中国文物》书内著录一件，长14厘米，也与1984年的出土品近似。辛格氏所藏还有另一件，尺寸较大，束腰不明显，花纹也不一样。

美国蒲睿博1979年出版的《火奴鲁鲁艺术研究院所藏中国古代青铜器、陶瓷器和玉器》也著录一件，形制、纹饰还是类似1984年二里头所出，长16.5厘米、宽8.6厘米。

1991年6、7月，在英国伦敦的古董行出现一件，长15.5厘米，其形制和花纹也属于1984年出土品一类。

综上所述，包括发掘品和非发掘品，已知这种二里头文化嵌绿松石饕餮纹铜饰一共有十件之多。铜饰的共同点是，形制大体呈圆角长方形，上缘略宽于下缘，左右各有两小系钮，面凸，满嵌绿松石，构成饕餮面。从系钮的位置看，它是固定在某种物品上的饰件。如果看1981年出土的一件，其背面有麻布痕迹，可能推想为服装上使用的，可是火奴鲁鲁的那件正面也有丝织品遗痕，似乎原来是以丝绸包裹着。无论如何，这种饰件是属于一种非常重要的物品。

十件铜饰中，九件我曾观察过原物或彩色照片。结合铜饰上的饕餮纹形状，可以做这样的分析：

有三件是和1984年二里头村南出土品非常近似的。二里头出土的这件的饕餮纹面部是尖喙的，两目近于梭形，镶有凸出的眼珠。饕餮顶上的冠是图案化的，呈T字形，衬以云纹。和它最接近的是罗越著录的辛格氏所藏的一件，只是在饕餮面侧和冠上加添了钩状的饰笔，而省掉冠上方的云纹。伦敦1991年出现的一件，镶嵌的眼珠脱落了，饕餮面侧也有钩状饰笔。另外，沙可乐博物馆较小的两件，花纹也类似于1984年的出品，只是其中一件在额间有一菱形，即一些外国学者所称的"钻石"。这几件铜饰彼此太相似了，估计都应属于同一时期，即二里头四期。

火奴鲁鲁研究院的一件，花纹的面部和上述几件相同，眼珠脱落，面侧也有钩状饰笔。不同的是，冠部的结构表现为高耸多歧的角，类于1987年出土的一件。辛格氏所藏较大的一件，花纹的冠部与此有类似之处。沙可乐博物馆较大一件，形制虽有差异，纹饰也差不远，还保存着凸起的眼珠。这几件的时期应与上述四件相去不远。

因此，1981年出土的一件，在已知这种铜饰中是唯一较早的例子。它的形制与1984年那件一致，不同的是饕餮的结构。其面部也是尖喙的，两目则呈圆形，环有重圈，中嵌凸珠。冠部高耸而华丽，而且有卷垂到面侧的部分。这些特点类同于1963年山东日照两城镇所得玉锛（圭？）上的纹饰。台北故宫博物院收藏的另一件玉圭也有同型的花纹。这两件玉器，学者多认为属于山东龙山文化。

1984年出土的一件，以及和它时期相同或接近的各件，除了1987年所出一件外，饕餮的两目都趋向商代通行的"臣"字形，只是内眦的样子还不那么典型。这些铜饰上的饕餮纹的面部，很像二里头出土的一件陶片[①]上刻成的双身龙纹的头部。陶片上的龙无角，有梭形目，尖喙，额间有菱形。至于双身，乃是当时习见的一种艺术的表现手法，将龙身作对剖式的展开。由此可见，铜饰上面的饕餮实质也是龙。

1975年，在二里头K4土坑中出有一件玉柄形饰，其上浮雕的饕餮纹两目是梭形的。这个坑的时期为二里头三期。这样看来，饕餮纹从龙山文化的型式转化到趋近商代的型式，可能是在二里头二、三期之际。这一论点自然还需要更多的材料来印证，但二里头文化铜饰的花纹是龙山和商代饕餮纹的中间链环，已经是很清楚的了。

三、商末周初的多穿戈

铜戈是商周时期最常见的兵器种类之一，因而很早就有学者运

[①] 见《考古》1965年第5期，图版叁：10。

用考古学上的类型学方法，对这种兵器的形态演变做系统的研究。他们所得出的若干观点，长期在田野考古和博物馆工作中被引为判断时代的标准，有相当深远的影响。但随着考古发现的逐渐开展，积累了更多的标本材料，前人的一些成说看来不得不有所修改，本节想讨论的便是其间的一个问题。

好多论著认为，殷商的铜戈无胡，到西周出现短胡，至于长胡多穿的戈则是到东周才存在的，这种观点几乎已成为文物考古界的常识了。查考起来，这一看法的起源是相当早的。例如李济先生在1949年发表的《记小屯出土之青铜器》中篇《锋刃器》曾提出："小屯的句兵，没有由援本下垂的'胡'。"[1]他次年刊出的《豫北出土青铜句兵分类图解》，进一步推阐了同样的见解，并且说："由西周到战国，胡形似有愈演愈长的趋势。"[2]

李氏的论文，完全是以当时已有发掘成果为基础的，所以得到学术界的信赖。在他的论述中，也讲到有个别例外，如殷墟侯家庄西北冈1003号大墓出了四件短胡一穿的戈，唯系盗坑内出土，故未考虑在内，随之有学者主张，这些戈乃是西周掘墓者所遗留[3]。到1960年，殷墟后冈"圆坑墓"的报告在《考古学报》公布，出有二穿的戈，也有论著据此怀疑其时代要晚于殷商[4]。

---

[1] 张光直、李光谟编：《李济考古学论文选集》，第662页，文物出版社，1990年。

[2] 张光直、李光谟编：《李济考古学论文选集》，第674页，文物出版社，1990年。

[3] 梁思永、高去寻：《侯家庄1003号大墓》，"中央研究院"历史语言研究所，1967年。

[4] 刘克甫：《安阳后冈圆形葬坑年代的商讨》，《考古》1961年第9期。

率先对这种观点表示异议，并加以仔细讨论的，是日本学者林巳奈夫。林氏于1972年出版《中国殷周时代的武器》一书，特别指出商末已有多穿的铜戈[①]。不过，当时他能够援引的材料数量尚少。近年，商末以至周初的有关发现不断增加，有些学者做了很好的探讨，如陈志达先生对殷墟出土兵器的综述[②]，已使这方面的情况改观。现在我们对商周之际铜戈的发展已可有一新的看法了。

以殷墟出土品为代表的商代晚期铜戈，首先应划分为有銎、无銎两大类。无銎，即以内部插入柲内的戈，又可分为三角援、条形援两小类，后者还当分作有阑齿、无阑齿两种。戈的阑齿的用途是绊绳固柲，因而有齿、无齿的戈，其形态的变化是不大一样的。

先检讨一下无銎、条形援、有阑齿的戈的演进。

上面提到的陈氏论文已经说明，殷墟较早的这种有齿戈，有的尽管援部系直条形，下刃呈一直线，其援基靠下处已有了一个穿。由此推演，到殷墟文化第四期，即商末，产生了短胡一穿，甚至中胡二穿的戈，陈文称CＩ式。这里特别值得注意的是中胡二穿戈的存在，《殷墟发掘报告　1958—1961》已有论述[③]，除后冈"圆坑墓"外，还举了白家坟西KBM46、小屯西地GM234的例子，这里无须详引。

西周早期的有齿戈，正是从上述商末的戈继续演变的。大家知

①　林巳奈夫：《中国殷周时代的武器》（日文），第一章，京都大学人文科学研究所，1972年。

②　陈志达：《殷墟武器概述》，《庆祝苏秉琦考古五十五年论文集》，文物出版社，1989年。

③　中国社会科学院考古研究所：《殷墟发掘报告　1958—1961》，第279页，文物出版社，1987年。

道，这时短胡一穿的戈已较普遍。中胡二穿戈也是有的，如1985年在河南洛阳中州路北侧发掘的3号、4号两座车马坑，就出了三件有齿的中胡二穿戈①。

由此我们认识到，商代晚期的无銎、条形援、有阑齿的戈并非都是无胡的。事实上，商末业已出现短胡一穿或中胡二穿的这种戈。从无胡到有胡的跨越，是在商末实现的，西周的戈只是继续了这一发展趋势，这是对以往流行的看法的第一点修正。

应该说明，这种有阑齿的戈，由于以齿绊绳，易于在柲下固定，所以不必有较多的穿，胡也不一定太长。短胡、中胡的有齿戈传流了相当久的时期，估计就是这个缘故。

其次，再来看无銎、条形援、无阑齿的戈的情况。

无銎的条形援戈，最早的形态应当是没有阑齿的，和许多石戈、玉戈一样。具体例子，有河南偃师二里头遗址出土的。大家知道，二里头文化很多学者认为属于夏代。这种文化的铜戈，已发表的如《考古》1976年第4期《偃师二里头遗址新发现的铜器和玉器》所列，一件直内，一件曲内，都无齿，只在内上有一细小穿孔。另外有一件铜戚，却有阑齿，可见阑齿该时已在兵器上出现了。商代二里岗期的戈，都有齿。直到殷墟晚期即商末，才又有了专用援基的穿来穿绳装柲的戈，又放弃了齿。不难理解，为了把戈头稳定地系在柲上，援基的穿越多越好，也就是说最好有较长的胡。

陈文列举了两件多穿的无齿戈，皆引自《1969—1977年殷墟

---

① 中国社会科学院考古研究所洛阳唐城队：《洛阳老城发现四座西周车马坑》，《考古》1988年第1期。

西区墓葬发掘报告》①。这两件戈都属于殷墟第四期，其形态上的特点是：援仍保持条形，援锋作钝圆的舌形，有长胡，三穿或四穿。内相对说较小，有纹饰，内端下角有缺，即所谓内缺。援与内基本上成一直线，装柲时援朝上扬起，同柲成一钝角，内则向下斜垂。

类似的无齿戈，在殷墟以外也有发现。例如1957年山东长清兴复河出土的一批青铜器②，多有旧所谓"析子孙"的族氏铭文，由器形及字体考察，当属商末。这批器物里有一件中胡二穿的戈，四件长胡二或三穿的戈，后者各方面的特点都与上述殷墟西区墓葬的两件相近似。

1963年，山东苍山东高尧发现一批青铜器③，多有一人手执戈、盾形的族氏铭文。看其器形，特别是出现了有"立羽"的饕餮纹，时代约在商周之际。其中有一件长胡五穿的戈，其内部特小，未见花纹，其他特点也均和上述殷墟两戈相一致。林巳奈夫氏已经指出，这批器物铭文中的戈形正是有长胡的，同戈的实物彼此呼应，因而不会是不同时代的。

附带说一下，1974年广西武鸣勉岭发现一件商末的卣④，有一字铭文。同出残戈有长胡，学者多以为东周时期之物，看拓本援、内同胡形成的角度与上述几件无齿戈类似，或许时代不晚，只是戈上有雷纹和栉齿纹，应系地方特色。不过这件戈太残碎了，目前还

① 陈志达：《殷墟武器概述》，图一：10、13，《庆祝苏秉琦考古五十五年论文集》，文物出版社，1989年。

② 山东省博物馆：《山东长清出土的青铜器》，《文物》1964年第4期。

③ 临沂文物收集组：《山东苍山县出土青铜器》，《文物》1965年第7期。

④ 梁景津：《广西出土的青铜器》，《文物》1978年第10期。

没有办法做明确的判断。

多穿的无齿戈，同样见于西周早期，试举下列各例。

发现最早的一件，传为1931年河南浚县辛村出土。同出青铜兵器凡12件，现藏于美国弗利尔美术馆①。兵器之一是长胡二穿的无齿戈。内部较大而无内缺，其余特点仍与上述几件相似。戈的内上有花纹，援基也有环形，是嵌贝的。这批兵器，铭文有"太保"，即召公奭，有"康侯"，即康叔封，时代自在周初②。随后发掘的辛村60号墓，所出睦尊是周成康时器，墓的时代也是周初③。这座墓出有一件长胡三穿戈④。内部较小，有纹饰和内缺；援锋略尖，近于三角形。浚县辛村是卫国墓地所在，这两件戈都属于卫。

北京琉璃河是燕国墓地所在，1986年发掘的1193号大墓⑤，出土了一件长胡三穿戈，其内部有纹饰，也有内缺；援锋已损，不知确切形状。需要注意的是，戈内上的纹饰是和内缘轮廓相似的线条，容易给人以年代较晚的印象。该墓所出的克盉、克罍，铭文记封燕国之事，另一些器物上也有"燕侯"字样，应为周初燕君的墓葬。

1976年发现的陕西宝鸡竹园沟1号墓，出土中胡二穿的无齿戈

---

① R. J. Gettens 等：《两件中国古代陨铁刃青铜兵器》（英文），图28，弗利尔美术馆，1971年。

② 李学勤：《论美澳收藏的几件商周文物》，《文物》1979年第12期。

③ 参看郭宝钧：《商周铜器群综合研究》，第51—54页，文物出版社，1981年。

④ 张光直、李光谟编：《李济考古学论文选集》，第697页，文物出版社，1990年。

⑤ 中国社会科学院考古研究所、北京市文物研究所琉璃河考古队：《北京琉璃河1193号大墓发掘简报》，《考古》1990年第1期。

一件，其内部略大，无纹饰而有内缺[①]。特色是戈的援锋呈三角形。报告认为此墓属于"弜国"，时代系康王时，也在周初。

1971年，陕西扶风齐镇东壕出土一件戈[②]，和竹园沟的颇为相似，唯为长胡三穿。这件戈和不指方鼎伴出，方鼎是穆王时的，戈的年代也应如此。这是已知这种戈最晚的一例。

以上引述的商末周初的多穿无齿戈，有分布广泛的七个出土地点，它们的共同特点可归纳如次：

（一）援的本身仍作条形，不像后来的戈援那样有下弯的弧度。

（二）援锋开始为钝圆，随后趋尖，以至成为三角的"圭首"形。

（三）中到长胡，有二至五穿。

（四）内由小而变大，多有纹饰和内缺，但上面都没有穿孔。

（五）援和内在一条直线上，装柲时援上扬而内下垂。

根据这些特点，我们不难把它们和后世的多穿戈区别开来。

西周中期开始出现形态有所改变的无齿戈。例如年代为穆王或稍晚的宝鸡茹家庄1号墓乙室所出[③]，在不少方面仍与竹园沟戈相近，援锋为三角形，内部方而有内缺，不同处是援部起脊，内上有一圆穿。这件戈很轻薄，中胡而无穿，不适于实用，疑为明器，然而在形态演变上可谓前述周初无齿戈和下面要讲的西周晚期戈的

---

① 卢连成、胡智生：《宝鸡弜国墓地》下册，图版六五：2，文物出版社，1988年。

② 罗西章：《扶风出土西周兵器浅识》，图一：13，《考古与文物》1985年第1期。

③ 卢连成、胡智生：《宝鸡弜国墓地》下册，图版一六七：6，文物出版社，1988年。

中介。

西周晚期的例子，可举出1975年扶风庄白出土的一件[1]，其援和内仍略成一直线，锋为三角形，起脊，援基上部有一小穿，胡部有二穿，内上又有一圆穿。

1969年，山东烟台上夼发现一座墓，时代为两周之际[2]，所出青铜器有"纪侯"铭文[3]。出土的两件戈，长胡四穿，细看照片，当为援基上部一小穿，胡部三穿，内上也有一圆穿。

援基上部小穿和内上的穿的出现，又一次更改了穿绳固柲的方式，使戈头更容易在柲上固定。

比庄白、上夼的戈再前进一步的，可举出安徽屯溪弈棋4号、7号墓所出[4]。两墓各出一戈，形制相仿，锋均缺损，起脊，援、内仍成直线，援基上部一穿，胡部三穿，都同于庄白等戈，只是内上的穿为狭长形，是新的因素。这两座墓的年代尚有不同意见，仅从戈的形态看，应比上夼的略晚。

这样我们又知道，商末周初还存在无齿而有多穿的戈。这种戈的发展，可能下延到东周早年。这是对过去流行的观点的第二点修正。

总之，商末周初已有中胡或长胡的多穿戈，甚至有多达五穿

---

[1] 罗西章：《扶风出土西周兵器浅识》，图一：9,《考古与文物》1985年第1期。

[2] 山东省烟台地区文物管理委员会：《烟台市上夼村出土曩国铜器》,《考古》1983年第4期。

[3] 李学勤：《试论山东新出青铜器的意义》,《文物》1983年第12期。

[4] 刘和惠：《荆蛮考》，图六：3,《文物集刊》3，1981年；李国梁：《皖南出土的青铜器》，图二六,《文物研究》第4期，1988年。蒙李国梁先生寄示图片，特此致谢。

的，再也不能说多穿戈一定晚出了。

四、克罍克盉的几个问题

1986年在北京房山琉璃河1193号墓出土的克罍、克盉[①]，因其铭文述及周初封燕史事，受到学者的广泛关注。除《考古》1989年第10期发表《北京琉璃河出土西周有铭铜器座谈纪要》外，殷玮璋、陈平、方述鑫、张亚初等先生先后撰有论文[②]，见仁见智，各有所获。在《座谈纪要》中，我曾略抒陋见，意有未尽，及绎读诸文，又有进益。爰补叙于此，向方家请教。

罍、盉同铭，依罍盖行款，试释如下：

王曰："大保，惟乃明乃心，享
于乃辟。余大对乃享，
命克侯于匽，旋羌兔
叔雩驭微。"克宅
匽，入土眔有嗣，
用作宝障彝。

---

① 中国社会科学院考古研究所、北京市文物研究所琉璃河考古队：《北京琉璃河1193号大墓发掘简报》，《考古》1990年第1期。

② 殷玮璋：《新出土的太保铜器及其相关问题》，《考古》1990年第1期；陈平：《克罍、克盉铭文及其有关问题》，《考古》1991年第9期；方述鑫：《太保罍、盉铭文考释》，《考古与文物》1992年第6期；张亚初：《太保罍、盉铭文的再探讨》，《考古》1993年第1期。

凡在《座谈纪要》里说过的问题，这里就不多谈了。

周王的话，是对召公所说。"惟乃明乃心"，前一"乃"字是主语。"心"字上两笔多数不交叉，与"㘝"字有别，请参看陈平文"金文㘝、心二字比较图"。案师询簋云"敬明乃心"，瘿钟云"克明厥心"[宝鸡太公庙秦公镈、钟云"克明又心"，"又"疑即"屰（厥）"之讹]，叔尸镈、钟云"既専乃心""弘猷乃心"，俱可参考。

"享"训为"献"，"对"训为"答"。"命克侯于匽"的"克"应为人名，《座谈纪要》中王世民先生列举的其他金文句例已足说明。

"旟"读为"使"。"雪"系连词，羌兔虘（置）、驭微各是一人。"微"字之释，据裘锡圭先生《古文字释读三则》（《古文字论集》，第395—404页）。

"宅"字原从"㞢"，或增从"又"，方述鑫先生文释"宅"，极是。"克宅匽"句，"克"是主语，是很清楚的。

"入土罘有嗣"，"入"即"纳"。克侯于燕，其国土及职官归属王朝。

克作祭器，仅云"用作宝隩彝"者，是召公尚在。召公以老寿著称，今本《纪年》说他卒于康王二十四年。

我在《北京、辽宁出土青铜器与周初的燕》（《新出青铜器研究》第46—53页）小文中，曾推想金文中的燕侯旨是第一代燕侯。原因是《恒轩所见所藏吉金录》1，16燕侯旨鼎铭"燕侯旨作父辛隩"，故认为"铭中父辛即梁山所出宪鼎、宪盉的'召伯父辛'"，此说系根据陈梦家先生《西周铜器断代》[1]。现在克罍、克盉出土，

---

① 陈梦家：《西周铜器断代（三）》，52，《考古学报》1956年第1期。

自宜对此加以修正。

仔细考虑，问题关键在于对"召伯父辛"的理解。召公可称召伯，见《诗·甘棠》。如"召伯父辛"为一个人，则燕侯旨只能是克之弟，此与《世本》所载燕自宣侯以上"皆父子相传，无及"相悖。或以克、旨为一名一字，但另一燕侯旨鼎云"燕侯旨初见事于宗周，王赏旨贝廿朋"，于例又必是名。这里的问题就是"召伯父辛"应理解为两代，读作"召伯、父辛"。实际上，在爵称之下加以日名，也是没有的。

如此读法，有关世系可图示如次：

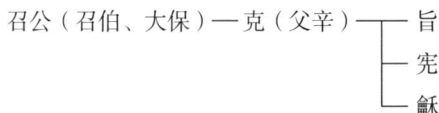

$$
召公（召伯、大保）\text{——}克（父辛）\left\{\begin{array}{l}旨\\宪\\穌\end{array}\right.
$$

克是第一代燕侯，旨是第二代燕侯，梁山七器[1]中的宪鼎、宪盉的宪和见于穌爵的穌，都是燕的支子[2]。

附带谈到，宜侯矢簋的"虞公父丁"也应视为两代。这样，器主当系周章之孙柯相，见第四篇第十节。

五、再谈洪洞坊堆村有字卜骨

1954年，在山西省洪赵县（今属洪洞县）坊堆村南出土了两

---

[1] 参看 Thomas Lawton, "A Group of Early Western Chou Period Bronze Vessels", *Ars Orientalis*, vol.X, 1975。

[2] 唐兰《西周青铜器铭文分代史征》第146页有"召伯父辛"为第一代燕侯之说。

版卜骨,其中一版刻有文字。这是西周甲骨文的第一次发现。

坊堆村的这一重要发现,1956年经畅文斋、顾铁符两位先生发表简报①。当时,陈梦家先生在《殷虚卜辞综述》书中有所论述②,我也根据简报所附摹本试做考释,推断其时代为西周③。1980年,山西省文管会所编《山西出土文物》印有这版有字卜骨的照片,还有新的文字摹本④,比1956年简报的摹本更为准确。该年8月,承山西的学者惠助,我在省博物馆看到了这版卜骨,按照观察所得及新见摹本,对卜骨又试做进一步的讨论⑤。近些年,西周甲骨的发现和研究不断进展,使人感到对坊堆村卜骨需要重新认识。

在坊堆村出土的这版有字卜骨,是一块牛的左胛骨,尺寸颇大,长达40.5厘米,最宽处达20.8厘米。胛骨曾经细心修治,表面呈牙白色,胛冈已削平,扇部较薄。臼角残断,但没有切锯的痕迹,扇缘也有一些折损的地方。自骨颈以下多处裂碎,经过缀合复原,在背面加以衬托固定,所以目前难于看见钻凿的形状。据《殷虚卜辞综述》说,系"有钻无凿,未灼。钻密集而整齐成行,似是钻子所钻",可知是规则的圆钻。不过所说"未灼"恐不正确,因为从胛骨正面可以相当清楚地看见一些兆,有的已成穿孔,特别是正面右侧中间偏下处有上下排成一行的五个兆。

———————

① 畅文斋、顾铁符:《山西洪赵县坊堆村出土的卜骨》,《文物参考资料》1956年第7期。

② 陈梦家:《殷虚卜辞综述》,第一章,科学出版社,1956年。

③ 李学勤:《谈安阳小屯以外出土的有字甲骨》,《文物参考资料》1956年第11期。

④ 山西省文物工作委员会编:《山西出土文物》,图版60,1980年。

⑤ 李学勤:《西周甲骨的几点研究》,《文物》1981年第9期;《青铜器与山西古代史的关系》,《山西文物》1982年第1期。

卜骨上刻有一条卜辞，一共是八个字，位置在上述右侧一行兆的外侧，靠近边缘。其第二个字的左方，刻有一"〗"形线，正指向这一行兆从骨臼一端数的第二个兆。这表明，该条卜辞是属于那个兆的①。由卜辞文字的走向，可以知道这版卜骨以骨臼一端为上方，文字自上而下排成纵行。

卜辞前四个字不十分清楚，后四字则明晰易辨。我们以前作的释文不够准确，今再释如次：

　　　　疒，囱疒，三止又疾，贞。

"疒"字从"卜"声，疑读为"仆"，意为向前跌倒。《尔雅·释言》："弊，踣也。"郭璞注："前覆。"古本"踣"作"仆"，见《左传·定公八年》正义引，并引孙炎云："前覆曰仆。"②

"囱"字是虚字，读为"思"或"斯"③。这个字实际就是"思"字，《说文》"缌"字古文作"𤖅"，上半即此，下半"从系省"，已透露个中消息。西周金文如长思盉，人名"长思"取长相思之义；师询簋"万思年"即"万斯年"；石鼓文"舫舟思逮"即"舫舟斯逮"。这些"思"字都不从"心"。周原西周甲骨卜辞的命辞多有冠以"思"字之句，"思"的意义类于"尚"，这我们已反复讨论过了④。"思"字的这种用法一直沿袭到战国楚简所记的卜辞命辞，

① 李学勤：《续论西周甲骨》，《人文杂志》1986年第1期。

② 郝懿行：《尔雅义疏》上之二。

③ 李学勤：《续论西周甲骨》，《人文杂志》1986年第1期。

④ 李学勤、王宇信：《周原卜辞选释》，《古文字研究》第4辑，中华书局，1980年；李学勤：《续论西周甲骨》，《人文杂志》1986年第1期。

其字仍不从"心"①。

"三"字或疑为"五"。"止"即足趾之趾,"又"读为"有"。"贞"字训为"正",在《周易》卦爻辞中常见。

如果以上释文不误的话,这一条卜辞是占卜仆跌之事,命辞说仆跌是由于足趾有病,并无意外灾咎。

坊堆村有字卜骨的特殊意义,在于它的出土地点介于商、周的中心地区之间,以这版卜骨与其他西周卜骨以及商代卜骨相比较,可以看出它所受商、周卜法传统的影响。

首先应与陕西发现的西周卜骨做一对比。陕西出西周卜骨的地点已有若干处,其中长安县的丰镐遗址和岐山、扶风两县间的周原遗址还发现有字卜骨。周原遗址所出较多,都在扶风境内②。扶风这些有字骨的钻凿,一般为规则的圆钻,这和坊堆村卜骨是相似的,而从文字走向看,扶风卜骨多数以骨臼一端为下方,则和坊堆村卜骨相反。丰镐、周原的卜骨都不切除臼角,这一点又和坊堆村卜骨相同。总的说来,坊堆村卜骨与陕西所出是同多异少。

其次与殷墟发现的商代卜骨比较。殷墟的卜骨绝大多数均以骨臼一端为上方,与坊堆村卜骨相同,但钻凿的形状很不相同。坊堆村卜骨上作为标识的刻线,在周原甲骨上有,在殷墟甲骨上就没出现过。由此看来,坊堆村卜骨同殷墟卜骨的关系是很小的。

这里特别要谈一下殷墟四盘磨出土的有字卜骨。这版卜骨是1950年春在四盘磨西地SP11小探方中出土的,当时共获得三版卜

---

① 李学勤:《竹简卜辞与商周甲骨》,《郑州大学学报》(哲学社会科学版)1989年第2期。

② 罗西章、王均显:《周原扶风地区出土西周甲骨的初步认识》,《文物》1987年第2期。

骨，只有这一版刻有文字①。报告称："看其遗存情况，似乎是一个学习刻契人的住所。"当时有的学者不同意"住所"之说，但仍主张是"习刻"②，这种见解在其他类似卜辞发现后已被证明是不成立的。需要说明，有不少甲骨刻辞比较潦草，或文例特异，每每被指为习刻，其实习刻未必有那么多。

四盘磨这版有字卜骨，是较小的牛右胛骨，表面呈黄白色，其形制比较接近于殷墟常见的商代卜骨，最显著的一点是切除了臼角。背面自骨颈起有左右两排长凿，现存各四个，夹间还可见有两个凿，可知在扇部凿的排数更多③。这种分布，和常见商代卜骨是相类似的。凿旁没有钻，仅在一侧加灼，所显的兆呈锯齿形纵线状。

四盘磨卜骨共刻有三条卜辞，各守一兆，都是横刻直行，由骨缘向内，走向相反，因此骨臼一端可能是横向的④。1989年9月，在安阳举行"殷墟甲骨文发现90周年国际学术讨论会"期间，与会代表有幸观察了这版卜骨。我过去试作释文是有错误的，现再释如下：

七五七六六六，曰：囟□。

八六六五八七。

① 郭宝钧：《一九五〇年春殷墟发掘报告》，图版肆壹：1，《中国考古学报》第5册，1951年。

② 陈梦家：《解放后甲骨的新资料和整理研究》，《文物参考资料》1954年第5期。

③ 曹定云：《殷墟四盘磨"易卦"卜骨研究》，《考古》1989年第7期。

④ 张政烺：《试释周初青铜器铭文中的易卦》，《考古学报》1980年第4期。

七八七六七六，曰：凶□。

在前面的筮数①后，两辞各为三字，不是两字，这一点是裘锡圭先生在观看时指出的。末一字两辞相同，很不清晰，但一定包含跽坐的人形。

与坊堆村卜骨对比，四盘磨有字卜骨的形制近于常见的商代卜骨，而辞例近于周原、沣西的甲骨。唐兰先生曾认为四盘磨卜骨晚于1956年沣西出土的有字卜骨②，也就是说它应是西周的。不过大家知道，周原岐山凤雏的卜骨确有周文王时在殷都占卜的③，这严格说来还应说是商末，所以四盘磨卜骨的年代也可能如此。殷墟完全可能存在年代为商末而卜法属周人传统的甲骨。

"思……"这样的句子，在大量商代卜辞里尚未发现，而在上述周文王时卜辞中已经有了，这可说是周人卜辞的一个特征。坊堆村卜骨、四盘磨卜骨都有这种句例。四盘磨卜骨和扶风所出80扶齐采94④卜骨尤为近似，其文字走向是相类的，字也都一样的细小。

再和其他地点出土的西周卜骨试行比较，以外姑举数例：

---

① 张政烺：《试释周初青铜器铭文中的易卦》，《考古学报》1980年第4期；《易辨》，《中国哲学》第14辑，1988年。

② 唐兰：《在甲骨金文中所见的一种已经遗失的中国古代文字》，《考古学报》1957年第2期。

③ 李学勤：《周文王时期卜甲与商周文化关系》，《人文杂志》1988年第2期。

④ 陕西周原考古队：《扶风县齐家村西周甲骨发掘简报》，《文物》1981年第9期。

如洛阳北窑①和郑铁一段②出土的卜骨，没有文字，均切除臼角，具有规则的圆钻。切除臼角这一点，有可能受商人的影响，因为洛阳是周迁殷顽民所居之地③。

1988年湖北襄樊檀溪村出土的西周卜骨，系一牛左胛骨扇部，残长约10厘米，有密集于一侧的长凿13行79个，据报道"正面阴刻二字"，"其中一字是'乙'字，另一字难辨"④。看所附照片，扇缘部分可见一"乙"字形，性质有待研究。1981年在湖北沙市周梁玉桥出土的西周卜骨，残长10.3厘米⑤，可见有方形的凿两个，一侧刻一竖槽。这种形制与坊堆村卜骨相距更远。

总之，坊堆村卜骨最接近陕西出土的西周卜骨，显然直属于周人的卜法传统。

六、邢台新发现的西周甲骨文

1991年6月至9月，河北省文物研究所和邢台市文物管理处在邢台市区西北部南小汪发掘，在H75灰坑中获得一片刻有文字的西周卜骨。有关这一发现的材料，见于简报《邢台南小汪周代遗址西周遗存的发掘》，发表在《文物春秋》1992年增刊《河北省文物研

---

① 赵振华：《洛阳两周卜用甲骨的初步考察》，《考古》1985年第4期。

② 赵振华：《1984年洛阳出土卜骨的特征与时代》，《考古与文物》1989年第4期。

③ 参看陈梦家：《解放后甲骨的新资料和整理研究》，《文物参考资料》1954年第5期。

④ 释贵明、杜可臣：《西周有字卜骨在襄樊出土》，《中国文物报》1989年2月24日。

⑤ 彭锦华：《沙市周梁玉桥甲骨的初步研究》，《考古》1986年第4期。

究所参加第三届环渤海国际学术讨论会论文报告集》上。

这是一版牛右胛骨的残片，简报称："长8.7厘米、宽3.1厘米。背面有规整的圆钻，钻窝底部三分之一处有与骨长同向的小凹槽，有灼。"这种钻凿形制及钻凿分布的情况，和陕西周原扶风齐家村的卜骨基本一致。

卜骨现存卜辞两条。一条原在骨扇中部，现仅见一"其"字，可置于不论。另一条在胛骨外缘，共四行十字，由左首起读，向右转行，文字是：

卧曰：已

四白驰，

骍陟

其事。

两条卜辞的文字都同胛骨成90度，其方向彼此相反。我过去在《续论西周甲骨》（《中国语文研究》第7期）中说过，这是西周甲骨的特征，是殷墟的商代甲骨所没有的。

我国古文字一般是自上向下，向左转行，邢台卜骨上的完整一条却向右转行。这可能是因为该辞是与邻近的两或三个钻凿有关，而卜灼的次第是从骨臼的一方开始的，从而卜辞也要由靠近骨臼一方起刻。

此卜辞的开端形式，也是西周卜辞的一种特点。周原岐山凤雏的卜辞这样的例子不少，可举出H11：5、H11：6+32、H31：4等。"卧"字，《说文解字》说是"卜问也"，和"贞"字的意思相同。在商代卜辞里还没有这个字。

"已"或者"弜已",在凤雏的卜辞中多见,前者如H11：76、H11：200、H31：1,后者如H11：114、H11：134、H11：141。"已"的意思是停止,"弜已"就是勿止。殷墟卜辞也有类似的例子,如《小屯南地甲骨》656,在此不能多举,可参看《殷墟卜辞综类》第243页。

"驲"是专指牝马的字,见于殷墟卜辞,如《殷虚书契续编》5,26,8。

"騜"见于《尔雅·释畜》,是黄白色的马,郭璞注引《诗·东山》。今本其字作"皇",疏引舍人注："黄白色名曰皇也。"

"陟"读为"骘",《说文解字》："牡马也。"《尔雅·释畜》："牡曰骘。"

"其事"的"事",意思是用。

这是一条占问用马的卜辞,可以语译为,卜问说：停用四匹白色的牝马,改用黄白色的牡马。

四匹马,当然是驾车用的。像这样占问用马的卜辞,在殷墟甲骨中也有不少,可参看《殷墟卜辞综类》第222页,所卜多是两匹马,还没有提到四马的。不过就考古材料而言,驾四马的车商代已经有了。

西周的甲骨文,已在山西洪洞坊堆村,陕西长安丰镐遗址和岐山、扶风周原遗址,北京昌平白浮和房山镇江营等地点发现过。值得注意的是,这些地点都有重要的历史背景。周原是周人故都、周公封地,丰镐是西周京城,北京是燕国都邑,洪洞可能与造父所封赵城有关。商代的甲骨文也是这样,只见于商朝的京城殷墟和发现大规模城邑遗迹的郑州。因此邢台南小汪西周甲骨文的出现,指示我们当地的历史地位不同寻常。

1979年，我和故友唐云明先生曾撰文，根据元氏西张村的青铜器，论证西周邢国封在今邢台。1990年我又在收入《邢台历史文化论丛》的一篇小文中进一步做了讨论。文末曾说："迄今为止，这里还没有较多的有关西周邢国的考古发现。我认为这只是由于我们的田野考古还是发轫未久，相信将来一定会有惊人的消息。"①没想到时隔不久，从邢台便传来发现甲骨文的讯息，而且其种种性质又与周原甲骨如此接近。这和邢国为周公之子所封，是完全符合的。西周邢国在今邢台，看来是可以论定了。

七、史密簋铭所记西周重要史实

1986年，在陕西安康发现了一件西周中期的青铜器，有铭文9行，共93字（图14），是近几年新获的珍贵金文之一。目前，已有几位学者撰文，或专门报道此器的发现经过②，或对铭文进行考释③。他们各有创见，可以互相补充。这篇金文，对西周史事、制度的研究关系甚大，这里提出几点看法，与大家商榷。

为便于读者研究，照例先把铭文释文写在下面，依原来的行款，并尽量用通行字体：

---

① 李学勤：《麦尊与邢国的初封》，《邢台历史文化论丛》，第105页，河北人民出版社，1990年。

② 李启良：《陕西安康市出土西周史密簋》，《考古与文物》1989年第3期；张懋镕：《史密簋发现始末》，《文物天地》1989年第5期。

③ 张懋镕、赵荣、邹东涛：《安康出土的史密簋及其意义》，《文物》1989年第7期；吴镇烽：《史密簋铭文考释》，《考古与文物》1989年第3期；李仲操：《史密簋铭文补释》，《西北大学学报》（哲学社会科学版）1990年第1期。

惟十又二月，王令师俗、史密

曰："东征。"会南夷卢、虎会杞

夷、舟夷，谨，不悊，广伐东国，

齐师、族徒、遂人乃执鄙宽恶。

师俗率齐师、遂人左［周］①

伐长必；史密右率族人、厘

伯、僰、夷周伐长必，获百人，

对扬天子休，用作朕文考

乙伯障簋，子子孙孙其永宝用。

铭文开头说，周王命师俗和史密东征。几篇考释文章都已指出，师俗这个人曾出现于师永盂和师振鼎，这就有助于判断本器的年代。另外，如大家所知，五祀卫鼎和庚季鼎里的伯俗父，也是同一个人。我们以前讨论过，五祀卫鼎、师永盂应为懿王时器，由其铭文知道，师俗在懿王五年、十二

图14

---

① 此字不清，系据下句试补。

年均是六卿之一①。师振鼎有司马共，作于孝王三年，铭文记载王命师振为师俗的辅佐，足见他的地位仍然非常显赫。

与师振鼎相联系的，有蔡簋、扬簋等一批青铜器，它们的铭文字体都和史密簋相当近似，所以后者也可能是孝王时期的。再看本器的器形，口沿下饰窃曲纹带，腹饰瓦纹，这种风格到西周晚期十分盛行，本器已开其先河，这说明将该器排在孝王时也最为合适。

师俗的"师"，是当时官长的一种美称，例子很多。或以为师氏之官，与军事有直接关系。史密则是史官，何以参与战争，似乎不易理解。其实古代的史官常和军事有关，《周礼·太史》云："大师抱天时，与太师同车。"注引郑众说："大出师，则太史主抱式以知天时，处吉凶。史官主知天道，故《国语》曰：'吾非瞽史，焉知天道？'《春秋传》曰：'楚有云，如众赤鸟夹日以飞，楚子使问诸周太史。'太史主天道。"说明史官在战争中要用式盘这种数术用具以推断军队的行止，他们的作用类似后世的军师一类。这种军事数术，《汉书·艺文志》称之为兵阴阳，所谓"阴阳者，顺时而发，推刑德，随斗击，因五胜，假鬼神而为助者也"。《汉志》兵阴阳家著录有《苌弘》十五篇，苌弘本为周史，《史记·天官书》说：昔之传天数者，周室史佚、苌弘。史佚也是周初的史官②。本器的史密，就是这样的一个人物。

"会南夷卢、虎会杞夷、舟夷"一句中的两个"会"字，写法和意思均不一样。前面的一个原写作从"合"从"辵"，训为

---

① 以上结论分见李学勤：《西周中期青铜器的重要标尺》，《中国历史博物馆馆刊》总第1期，1979年；《西周金文中的土地转让》，《光明日报》专刊丛书《〈史学〉论文选》，光明日报出版社，1984年。

② 顾实：《汉书艺文志讲疏》，五《兵书略·兵阴阳》，上海古籍出版社，1987年。

"值""逢",后面的一个意思是联合。在甲骨文、金文里,常有这样写法不同的现象,本器"师俗"的"师"和"齐师"的"师"也是如此。

卢和虎是两种南夷。"南夷"一词,见于周厉王所作宗周钟铭文,应指南国之夷,与作为东国之夷的东夷相区别。本器中的这两种南夷,据铭文地理形势推断,实属于淮夷。按西周晚期诗《常武》云"既敬既戒,惠此南国",又言"率彼淮浦,省此徐土",是为南国可包括淮徐的证据[①]。文献及金文中的淮夷,有的称南淮夷,或许东国、南国即以淮水为界,淮水以南即称南淮夷[②]。禹鼎"亦惟鄂侯驭方率南淮夷、东夷,广伐南国、东国",可证南淮夷确应属于南国范围。卢、虎的地理位置,当于这个地区中求之。

由此可见,卢既不能是《尚书·牧誓》所载西南夷的卢,也不会是春秋时在今湖北南漳东北的卢戎,而应为位于淮南的庐。《汉书·地理志》庐江郡注引应劭云:"故庐子国。"《通典》庐江郡庐州说:"古庐子国也,春秋舒国之地。"[③]据此,卢地在今安徽庐江西南。

虎也不能是殷至西周前期的虎方。据有关地理材料考察,虎方当在荆楚一带[④],与本器所述难于吻合,虎应距卢不远。《左传·哀公四年》记:"夏,楚人既克夷虎,乃谋北方。"杜解:"夷虎,蛮夷叛楚者。"由传文可知,夷虎不在楚国以北。《中国历史地图集》

---

① 张舜徽:《清人笔记条辨》卷七《愈愚录》,中华书局,1986年。

② 参看李学勤:《兮甲盘与驹父盨》,《人文杂志丛刊》第2辑《西周史研究》,1984年;张懋镕:《西周南淮夷称名与军事考》,《人文杂志》1990年第4期。

③ 陈槃:《卢戎》,《春秋大事表列国爵姓及存灭表譔异》,"中央研究院"历史语言研究所,1988年。

④ 江鸿:《盘龙城与商朝的南土》,《文物》1976年第2期。

推定其地在安徽长丰南，从当时局势看，是有道理的。长丰正同庐江相去不远。

两"夷"字与上"南夷"的"夷"相同，原皆作"尸"。

杞是姒姓国。《史记·陈杞世家》："杞东楼公者，夏后禹之后苗裔也。殷时或封或绝。周武王克殷纣，求禹之后，得东楼公，封之于杞，以奉夏后氏祀。"杞的初封地，据《汉书·地理志》及《史记集解》引宋忠说，当在今河南杞县。

舟是姜姓国，亦作州。《荀子·君道》"州人"，《韩诗外传》作"舟人"。州都于淳于，在今山东安丘东北。

本器中的杞夷、舟夷肯定是杞、州两国，因为杞和州有特殊的关联，《陈杞世家》索隐对此已有论述。关于杞的迁徙，阎若璩《四书释地又续》所论较详："初封杞，即今开封杞县。《索隐》曰'至春秋时，杞已迁东国'，虽未知的都何所，要隐四年莒人伐杞，取牟娄，桓二年七月杞侯来朝，九月伐杞入之，与今之莒州及曲阜县相邻也可知。逮桓五年淳于公——即经所称州公者——其国亡，杞似并之。杜元凯曰：'迁都于淳于。'僖十四年杞辟淮夷，诸侯为城焉，杜元凯曰：'又迁于缘陵。'襄二十九年晋合诸侯以城杞，即昭元年祁午数赵文子之功云城淳于者，杜元凯曰：'杞又迁都淳于。'""续考得陈留雍丘县注云：'故杞国也。先春秋时，徙鲁东北。'按今安邱县正在鲁东北。惟先春秋而徙，故入春秋，邑辄为莒得。"据此可知，杞在春秋以前已迁到鲁国东北，春秋初吞并了州，一再都于淳于[①]。

[①]《史记索隐》云"杞后改国曰州而称淳于公"，近来山东新泰出土两戈（见魏国：《山东新泰发现淳于戈》，《中国文物报》1990年3月1日），分别铭为"淳于公之御戈""淳于左造"，类似齐器，年代不早于春秋战国之际，即杞国所造。

关于杞国迁淳于以前的位置，《两周金文辞大系》已据清中叶一组杞器出土地点推为新泰，恰好在曲阜东北，距离安丘不远。由此看本器，杞可能在当时已在新泰一带，因而同州（舟）并称。

杞、舟为什么称夷？这是由于他们采用了东夷的习俗，《左传·襄公二十九年》载有晋司马女叔侯的议论："杞，夏余也，而即东夷。"杜解："行夷礼。"同年经称杞文公为"杞子"，《传》云："书曰'子'，贱之也。"杜解："贱其用夷礼。"由本器看，西周中期杞以及舟已有这种趋向，以致在周人中引出了类似的观点。

铭文"杞夷、舟夷"下面的"謹"字原不从"言"，"悲"字原从"阜"从"斤"①。"謹"的意思是喧乱，"悲"的意思是敬。从"会南夷"以下这一句，是说适逢南夷中的庐、虎与杞、州两国勾结，作乱不敬，侵扰了周朝的东土。这说明了铭文史事的背景。

"齐师"一词也见于师寰簋。"师"字本器作繁体"師"的左半，师寰簋则作其右半，可证两者都必须读作"師"。齐师是齐国的三军，乃乡里所出，与周王六军或称"六师"同例②。"徒"字原作"土"，"遂"字原作"述"，均为金文常见。

"徒"训为"众"，"族徒"就是族众，所以下文又称"族人"。当时军制，君主贵族多有由自己宗族组成的队伍。殷墟甲骨文有王族、多子族，《左传》《国语》有"楚之良在其中军王族而已""栾、范以其族夹公行"③等，即指这种队伍。

"遂人"在金文中出现，十分重要。《周礼》有遂人一职，注云："遂人主六遂，若司徒之于六乡也。六遂之地，自远郊以达于畿中，

---

① 参看容庚：《金文编》，第57页，中华书局，1985年。

② 李学勤：《论西周金文的六师、八师》，《华夏考古》1987年第2期。

③ 李学勤：《释多君、多子》，《甲骨文与殷商史》，上海古籍出版社，1983年。

有公邑、家邑、大都、小都焉。"这是周王朝的制度。诸侯国于此也相类似，如《尚书·费誓》云："鲁人三郊三遂。"杨筠如《尚书覈诂》说："《周礼·小司徒》天子六军，出于六乡，六遂副焉；大国三军，出于三乡，三遂副焉。《释地》'邑外谓之郊'，则郊即乡，遂在乡之外也。"鲁国有乡遂之制，齐国自然也可以有。《尚书·费誓》所记，恰好是征伐淮夷徐戎，与本器相近。这里的"遂人"，就是齐国三军之副，乃遂所出士卒。

遂在西周金文中，除本器外，还见于逦盂。曾有些学者怀疑乡遂制度的存在，得此足以释疑。至于乡遂出军的具体情况，孙诒让在《周礼正义》中多有论述，这里不能详引。

"执鄙宽恶"，"恶"字原作"亚"。《三代》9，4篇说："命汝司成周里人及诸侯大亚，讯讼罚。""亚"也读为"恶"。"执"，训为"守"，古书多见①。"鄙"，指边邑。"宽"，《国语·周语》注："远也。""恶"，《淮南子·说林》注："犹害也。"自"齐师"以下一句，是说因有夷人侵扰东土，齐国的各种部队防守边邑，以避祸害。

本器铭文叙述的中心，是攻打长必的战役。长必是个地名，"必"疑读为"柲"，以器物为名，类似鲁地长勺。该地不知所在，应为当时夷兵聚集之处，估计在今山东南部。

师俗、史密二人在这次战役中各有所掌。"周伐"意即围伐。那时兵分两路，师俗出于左，所率为齐师、遂人，即齐乡遂士卒；史密出于右，所率为族人，即齐宗族队伍，还有厘等三国的军队。铭文中的两句，"左""右"二字位置不一，只是行文的变化，没有

①《经籍籑诂》，十四缉。

深意。

厘是姜姓（有异说）莱国，在今山东黄县东南。1896年黄县以东鲁家沟出土的青铜器中，有厘伯鼎，陈梦家先生以为即莱伯，是正确的①。

棷读为"偪"，《礼记·王制》注："棷之言偪。"此国即妘姓偪阳，在今山东枣庄旧峄县南。《路史·国名纪》便说偪为偪阳别称，当有所据。

夷原从"尸"从"自"，应以"尸"为声，即妘姓夷国，在今山东即墨西（或读此字为"殿"）。

以上三国其实都属于夷人，莱本有莱夷之称，《国语·齐语》韦解曰："齐东夷也。"偪阳在《左传·襄公十年》、《国语·郑语》韦解中也均以为夷。在本器铭文中，他们与齐国站在一边，其军队受王朝统率。

铭文自"史密右率族人"到末尾，应作一气读。"获百人"是史密（本器的器主）在这次战役里的功绩。

经过通读全铭文，我们已经了解这一发生在周孝王时期战争的基本要点。战事的导因，是南夷的卢、虎与杞、舟两国相呼应，扰乱了周朝东土。于是周王派师俗、史密东征，率领齐、莱、偪阳、夷等国兵力，围攻长必，取得了一定胜利。这是史籍缺载的一件大事。

金文中最适宜与本器比较的，是师寰簋，其铭文云：

王若曰："师寰，越淮夷繇我帛贿臣，今敢博厥众，假反

---

① 陈梦家：《西周铜器断代（五）》，《考古学报》1956年第3期。

工吏，弗迹我东国。今余肇命汝率齐师，纪、厘、僰、夷，左
右虎臣，征淮夷。……"

这是说，淮夷原为向周朝贡纳布帛等财物的臣属，因反抗统治他们
的官员，侵扰东土，于是周王命师寰率齐国等加以讨伐。

值得注意的是，此次战事所动员的兵力，只比史密簋增加了姜
姓纪国（原作从"己"从"其"，在今山东寿光东南），其他都相
同（夷国的"尸"原从"爪"作）。这说明，史密簋所述的战争也
是针对淮夷的。师寰簋的年代，由器形、字体看要略晚一些，因而
所述史实可能是事态的进一步发展。

周朝与淮夷的冲突，有长久的历史，《后汉书·东夷传》描写
了其大致轮廓。早在周初，淮夷曾参加三监之乱，经周公平定。穆
王时，徐国强大，率九夷伐周，被王师及楚人战败。当时金文班簋
记毛公伐"东国猾戎"。有关这一时期伐淮夷的金文，还有不少①。
到西周中期，王朝力量渐衰，淮夷又侵扰东国。本器等所记，即其
事例。

齐国自初封起，就有征伐不服的特殊权力。《左传·僖公四年》
载管仲云："昔召康公命我先君太公曰：'五侯九伯，女（汝）实征
之，以夹辅周室。'"以齐国为主讨伐淮夷，正合于召公之命。据
师寰簋所说，战争的结果是周王朝取得了胜利。这次战事始于孝
王时，到师寰出战，最晚只能在夷王之初。因为古本《竹书纪年》
载，夷王"三年，致诸侯，烹齐哀公于鼎"，而据《史记·齐世
家》，该事之起实是纪侯向夷王进谮的缘故。夷王杀了齐哀公，立

---

① 李学勤：《从新出青铜器看长江下游文化的发展》，《文物》1980年第8期。

其弟静，是为胡公，这引起齐国公室内乱相仍，与纪国结下世仇，最后成为春秋初灭纪的导线。由此可知，夷王三年以后，齐国力量内耗，与周王和纪国的关系发生了变化，再要像铭文说的那样，在王臣指挥下联纪出征，简直是不可能的。

不过，这一时期对淮夷的胜利只是表面的。厉王以下，淮夷之势更盛。厉王命虢仲征讨，归于失败。这时淮夷的威胁，已不在东土，而是针对王朝本身了。宣王时征淮徐得胜，是运用王朝军力，并未依靠齐国。周朝和淮夷间的形势，此时已很不同。幽王时，再次出现了"四夷交侵"的局面。一直到齐桓公修霸业，才又对夷人形成控制[①]。齐国在对夷人关系方面的重要作用，于此可见。

八、三门峡虢墓新发现与虢国史

河南三门峡上村岭虢国墓地新发现的消息，近来已传遍学术界。1991年1月上旬，我到现场参观，观察了出土文物。由于发掘正在进行，这里只能谈几点初步的想法。

上村岭墓地的上次发掘是1956年至1957年，当时一共发掘了墓葬234座、车马坑和马坑4座，成为田野考古工作一件可纪念的大事。其间最大的一座墓葬是1052号墓，长5.8米，出七鼎六簋，墓主为虢太子元，这是那次发现的身份最高的墓。1990年开始的这次发掘，已公布的2001号墓，长5.3米，出九鼎八簋，墓主就是虢季，从种种现象看，其身份应该为虢君，发现的意义自然是重要的。随后发掘的2009号墓，规模也与之相当。

---

① 《后汉书·东夷传》。

传世古书中关于虢国历史的记载不少，比同时的某些诸侯国，例如燕国，要丰富和清楚得多。但学者间有些不同意见，这次新发现又提出了若干亟待解决的问题，看来有必要把文献记载重新梳理一下，参照金文材料，或可使一部分问题得到澄清。

一个问题是周代究竟有几个虢国。虢的世系没有在《世本》《史记》等书中保存下来，但从有关记载钩稽，尚可知其大略。《左传·僖公五年》云："虢仲、虢叔，王季之穆也，为文王卿士，勋在王室，藏于盟府。"虢仲、虢叔是周文王的弟弟，虢叔曾为周武王师。他们分别受封为东、西二虢，东虢在今河南荥阳西，西虢在今陕西宝鸡东。谁封在东虢，谁封在西虢，古书说法不一，但《左传·隐公元年》讲虢叔死于制（今荥阳西北），所以虢仲封西虢，虢叔封东虢的可能要大一些。无论如何，《国语·晋语四》说文王"孝友二虢""咨于二虢"，可证文王只有两弟分封于虢，周初不会有第三个虢国。

虢君历代常在王朝任职。周穆王时有虢成公，见班簋铭文。到西周晚期，夷王时有虢公，曾受命伐太原之戎，见古本《竹书纪年》；厉王时有虢仲，伐淮夷，见《后汉书·东夷传》；宣王时有虢文公，谏不籍千亩，见《国语·周语上》，注云西虢，任卿士；幽王时有虢石父，或称虢公鼓，任卿士，为人谗佞，导致王朝政治的败坏，见《国语·郑语》《吕氏春秋·当染》等；幽王死后，又有虢公翰，立王子余臣于携，见古本《竹书纪年》。西虢在王畿以内，东虢则是东方小国，这些在王朝任大臣的虢君应均属于西虢。

东虢直到幽王时还不过是"子男之国"，《郑语》载那时其君虢叔自恃地势阻固，骄侈贪婪。西周覆灭后，平王四年（前767），东虢为郑国所灭。

　　《汉书·地理志》所记有四个虢，见弘农郡陕县下，云："故虢国。有焦城，故焦国。北虢在大阳，东虢在荥阳，西虢在雍州。"东虢、西虢，上文已经谈过。《水经·渭水注》引《太康地记》说西虢在平王东迁时迁于上阳，为南虢，这就是《汉志》陕县的虢，与大阳的北虢下阳相对。清代王先谦《汉书补注》说："陕与大阳夹河对岸，故有上阳、下阳之分，亦有南虢、北虢之称，实一虢也。"这是完全正确的。原来西虢东迁，境内上阳、下阳分称南、北，因此东、西虢和南、北虢并不同时。此外，在西虢原处有小虢，公元前687年为秦所灭，见《史记·秦本纪》，乃是羌之别种。总之，周代有五个虢，西周有东、西二虢，东迁后西虢徙居而有南、北虢，其原地有小虢。三门峡50年代发现的李家窑遗址当即南虢上阳，上村岭为其所属墓地。

　　其次的问题是西虢在什么时候迁至上阳。这个问题产生的根源是《郑语》说成周（今洛阳）"西有虞、虢、晋、隗、霍、杨、魏、芮"等八国，这个虢很像是三门峡的虢，而记事年代是幽王八年（前774），在西周覆亡以前。过去也有人这样理解，如今本《竹书纪年》说幽王七年"虢人灭焦"，焦国便在上阳。其实《郑语》所讲成周四方的诸侯有很远的，如南方的楚、北方的燕、东方的齐，西方的虢仍可是宝鸡的虢，韦昭注就是这样说的。如果不能在上村岭墓地中找到确切属于西周的墓葬，还是要承认西虢随平王东迁的记载。

　　三门峡这里的虢是不是源于西虢，可说已有比较明显的答案。虢季子白盘为宣王时器，清道光时出土于宝鸡虢川司。虢季子白在一件鼎铭中称"虢宣公子白"，足见他是虢宣公之子，有学者推断他即是虢文公，是有道理的。宝鸡一带还出过虢季子组的青铜器八件。上村岭1631号墓出土虢季氏子㦰鬲，器主在另一流传的鬲铭中称"虢文公子㦰"，是文公之子。这次新发掘的材料进一步证明这里虢国公室是季氏，世系和宝鸡的西虢显然是衔接的。至于西虢之君何以称季氏，过去邹安曾指出，虢国宗出王季，故亦称季氏，是可信的。

还有一个问题是2001号墓墓主为什么称为虢季。要注意到，虢君多以伯仲叔季为称，上文已讲过东虢的虢叔和可能是西虢的虢仲。《春秋》经传所见虢君，隐公时为王卿士的是虢公忌父；桓公时是虢公林父，又称虢仲；庄公至僖公时是虢公丑，又称虢叔。仲叔季都是虢君本人的字，与季氏无关，和周初的虢仲、虢叔二人也没有关系。

最后谈一谈2001号墓的年代问题。这座墓个别青铜器时代较早，如大鸟纹的方壶很像芮太子白壶，但大多数是同一时期的。其中鼎的形制更具特征，系折沿浅腹，附耳有小梁，蹄足下根很大。类似的鼎见于湖北京山苏家垄，属东周初。宋代得于陕西韩城的晋姜鼎形制相似，其年代在公元前745年至前740年间。由此推论，2001号墓的虢季也应生活于东周初。他当然早于《左传》的虢公林父（虢仲）、虢公丑（虢叔），到底是虢公忌父还是另一虢君有待研究。好在上村岭墓地今后必然有更多发现，会使问题逐渐清楚。

九、益门村金、玉器纹饰研究

1992年夏，在陕西省宝鸡益门村一座长仅3余米的春秋墓里，发现了一大批金器、玉器等珍品。讯息传出，引起考古学和美术史

界的广泛关切。这次发掘后不久，我因出席学术会议前往陕西，曾
了解过不少情况，可是当读到简报①，对这批文物的精美绚丽仍然
深感惊奇，叹为观止。

简报已经正确地推定益门村2号墓的年代是春秋晚期偏早，并
就所出金、玉器等做了很详细的描述。我觉得这批金、玉器之所以
重要，在于使人们对当时的工艺水准观感一新，从而认识到春秋中
晚期在中国美术史上的特殊位置。这里我们就想由益门村部分金、
玉器纹饰的研究出发，对这个问题试做讨论。

益门村2号墓种种遗物中最引人注目的，莫过于多达百余件的
金器。大家都知道，我国秦以前的金器，以往出土的颇为有限，像
这样的集中发现乃是空前的。我曾经推测，先秦金器发现甚少并不
意味当时黄金工艺的不发达，而是由于金价昂贵，一般贵族不以
随葬，同时殉葬品豪华的墓发掘的还不多②。益门村2号墓的这次发
现，可以说证实了这一点。

益门村金器，以三件金柄铁剑为最重要，应该首先提出探讨。
这三柄剑属于同一类型，纹饰彼此相似，堪称古代黄金工艺的代
表作。

这里有一件事需要说明。益门村金柄铁剑的主要纹饰，简报是
叫作蟠螭纹。这从总的方面来说是不错的，但是如果要更精确一
点，最好还是按照青铜器纹饰习用的名词，称为蟠虺纹。"蟠虺纹"
这个词本于容庚先生1941年出版的《商周彝器通考》，其形态或

① 宝鸡市考古工作队：《宝鸡市益门村二号春秋墓发掘简报》，《文物》1993年
第10期；参看宝鸡市考古工作队：《宝鸡市益门村秦墓发掘纪要》，《考古与文物》
1993年第3期。

② 李学勤：《东周与秦代文明》(增订本)，第272页，文物出版社，1991年。

"若虺之蟠绕"，或为"若干虺形相连接"，或作"虺形相蟠绕不见其首尾"[1]。这种花纹是由蟠螭纹演变而来的，可是更加细碎绵密和图案化。金柄铁剑上面的纹饰正是这样。

三柄剑虽然相类，可是细看，无论是剑的构造，还是纹饰，都有一定的差别。在工艺上堪称首选的，是M2：1剑。这柄剑长35.2厘米，铁质剑身有明显的柱脊。由格到首为金质，作镂空的浮雕状蟠虺纹，极其精细。纤小的虺身满布表示鳞甲的密点，互相交纠缠绕，隐现虺头和羽翼，以绿松石和料珠镶嵌其间，金碧辉映，华美无比。所嵌绿松石多精磨成"乙"字钩形，尤为前所未见。剑茎的蟠虺纹向左右两侧伸展，形成五处突齿。格和首则均有前后两重，玲珑剔透，可称鬼斧神工，匪夷所思。

对比之下，M2：2、M2：3两剑要素朴一些。M2：3剑同M2：1比较接近，不过格和首都是单重的，茎的左右两侧各有七个突齿。其蟠虺纹构造也较简单，平雕而多以线条勾勒，只嵌绿松石珠而没有钩形的镶嵌。M2：2剑更为简素，茎上没有纹饰，也不见突齿；格、首的蟠虺纹上面只镶宝石珠，也没有钩形的镶嵌。以尺寸论，M2：3长35厘米，和M2：1非常接近。M2：2的原长，估计也差不多。

和这三件金柄铁剑相似的器物，简报已举出1976年凤翔八旗屯BM27墓出土的青铜剑[2]。该剑通体为青铜铸造，长25厘米，剑身有"柱状脊，剑柄作椭圆柱体，镂空为蟠虺纹"。剑的格、首都是单重的，花纹的构造非常类似益门M2：3剑，茎部左右各有五

---

① 容庚：《商周彝器通考》上册，第148—149页，哈佛燕京学社，1941年。

② 吴镇烽等：《陕西凤翔八旗屯秦国墓葬发掘简报》，图版拾叁：4、图二三：2，《文物资料丛刊》3，1980年。

处突齿，纹饰上没有镶嵌，但有圆珠形的突起圈点。它和益门村剑的关系，是显而易见的。

这里我还可以举出两柄相似的剑。

第一柄是台北古越阁王振华先生藏品[1]，剑通体为青铜铸造，但其形制和益门村M2：1金柄铁剑简直是惟妙惟肖。该剑长28.6厘米，剑身有柱脊。从格到首，是镂空的蟠螭纹，格、首皆系前后两重，茎两侧有五处突齿，这些都和益门村M2：1剑一致。

有意思的是，古越阁剑蟠螭纹的构造也大体与M2：1剑相同。古越阁剑的蟠螭体上亦有象征鳞甲的密点，然而没有钩形镶嵌。凡M2：1剑嵌钩形绿松石的地方，古越阁剑皆作羽翼形浮雕，这就使我们懂得了钩形镶嵌的寓意。至于M2：1剑的珠形镶嵌，在古越阁剑上则为圈点形孔。两者唯一不同处，是古越阁剑首部中心偏下的位置有一对螭头，竖角卷鼻，而在M2：1剑上不这么显而易见。

与古越阁剑几乎全同的另一柄剑也在台湾，收藏在台北的故宫博物院[2]。该剑亦系青铜铸造，其格、茎间曾一度折断，错误地加接了一段，以致通长变成了31.5厘米。实际上，它的原长应近于古越阁那柄剑[3]。古越阁、台北故宫博物院的这两柄剑，制作年代显然与益门村M2：1剑同时。

以上论及的几柄剑，根据形制，不妨分为两组：第一组是八旗屯剑，益门村M2：2、M2：3剑；第二组是益门村M2：1剑，古越阁剑和台北故宫博物院剑。第二组比第一组花纹更精细，装饰更华丽，特别是蟠螭纹走向了多层次的浮雕，是重要的进步。两组剑

---

① 李学勤：《古越阁：藏宝剑无数》，香港《文汇报》1993年6月30日第41版。

② 陈芳妹：《院藏兵器概观》，《故宫文物月刊》第8卷第7期，1990年。

③ 此点系王振华先生发现。

的制作年代不能一样。我们了解，八旗屯 BM27 墓的年代是比较早一些的，原发掘简报曾经估计为春秋早期，后来有论文纠正为春秋中期①。包括八旗屯剑在内的第一组剑，制作年代应如此估定，而第二组剑有较大发展，年代自然要晚一个阶段了。从这里，我们可以知道，益门村 2 号墓的遗物实含有一些较早时期传留下来的东西。

益门村、八旗屯当时都是秦国的地界，上述的几柄剑，不管是金柄铁剑，还是青铜剑，看来均为秦器无疑。那么，这一类剑是不是秦国的特色呢？我认为恐怕还很难这样说。

镂空蟠虺纹的金柄剑，早在二三十年代便出现过，有下述两个例子：

在英国伦敦的不列颠博物院收藏有一件金剑首，是著名收藏家歆氏旧藏，好多中国美术史著作都引用过。此剑首长 5.75 厘米，作非常精细的镂空蟠虺纹，只是没有镶嵌。据称其出土地是山西浑源的古墓，发现时还有长 5 厘米的残茎②。众所周知，1923 年在浑源李峪出有许多文物，大多数流散海外，其年代为春秋晚期至战国早期。这件金剑首出自该地，是很可能的。

1935 年到 1937 年，中央研究院历史语言研究所在河南辉县琉璃阁发掘，在 60 号大墓中出土了三柄剑，其一是带有象牙鞘的金柄铜剑，美观非凡，曾喧传一时。据后来学者的记述③，此剑长 24.3

---

① 陈平：《试论关中秦墓青铜容器的分期问题（上）》，《考古与文物》1984 年第 3 期。

② 库波：《中国古代青铜器》（英文），图版 43：A，1924 年；参看李学勤：《东周与秦代文明》（增订本），第 274 页，文物出版社，1991 年。

③ 陈瑞丽：《战国时代的一把包金剑》，《历史语言研究所集刊》第 37 本上，1967 年。

厘米，通体为青铜铸造，剑身有柱脊，自格到首包着厚0.2毫米的一层黄金。格上有似兽面的花纹，首部则是镂空的蟠虺纹，都镶嵌绿松石。至于茎上，也是蟠虺纹，而且两侧各有五处突齿，不过不够发达而已。这座墓的年代是春秋晚期。

这两例的出土地点，浑源当时在晋国，辉县在卫国，均距秦国较远。特别是辉县位于中原，所出的剑类似秦物，而在工艺、形制上又有差异，不好说是从秦国传进的。因此，这类剑或许是列国一时风尚，非秦人所独有。

附带说一下，在北方青铜短剑中有所谓"花格剑"，有学者在讨论八旗屯剑时引用过若干例子[1]。其中和这里讨论的剑轮廓接近的，有1977年河北滦平窑上营房西山墓出土的一柄[2]，可是它没有柱脊，也不属镂空蟠虺纹的系列，究竟和本节述及诸剑有没有关系，有待进一步探究。

益门村2号墓金器，还有一些是与M2：1金柄铁剑作风相同的。如金方首铁刀、金带钩、金带扣、金方泡等，花纹不尽一样，然而都呈浮雕状，饰以圈点形孔、密点、羽翼等，同于剑柄的纹饰。值得注意的是简报已指出此墓的金带扣同凤翔南指挥1号秦公大墓所出"如出一范"。此大墓由其石磬铭文考察，最可能是秦景公墓，属春秋晚期偏早，这可以用来论证益门村M2：1剑等具有这种纹饰的器物的制作年代。

这座墓中出土的80余件玉器，其主要纹饰同样是蟠虺纹。

益门村玉器上面的蟠虺纹，大多数是浮雕状的，花纹有着不同

① 陈平：《试论春秋型秦兵的年代及有关问题》，《考古与文物》1986年第5期。

② 郑绍宗：《中国北方青铜短剑的分期及形制研究》，《文物》1984年第2期。

的层次。这种浮雕的蟠虺纹，看起来和金器上的自然有所不同，这是由于玉器纹饰不加密点，也没有圈点形孔或镶嵌，可是花纹仍然是众虺交纠缠绕的，有着隐现的头和羽翼。

读者可以从简报图一四、一八、二一等拓本上，看到玉器浮雕蟠虺纹的典型例子。比如图一四中M2：106璧、M2：161璜、M2：169佩等等，蟠虺纹都可划分为若干单元，而且在虺体下衬以斜线纹地，使纹饰有镂空的感觉。除了璧必须保持圆滑的边缘外，璜、佩还做出侧边的突齿，更增强了这种印象。这样的蟠虺纹玉器，同前述蟠虺纹金柄铁剑，在美术上是完全调谐的。

仔细考察，在益门村玉器中又有另一种风格的蟠虺纹。例如图一四的M2：146璜，图一八的M2：122璋形佩、M2：132与M2：142觽，花纹均系平雕，也就是用阴线刻划而成。其特点是勾连细密，既没有层次，也没有明显的头或羽翼可寻。

这种平雕的勾连蟠虺纹的玉器，过去在陕西曾发现过不少。如70年代在凤翔河南屯出土的璧，在八旗屯出土的璧、璜，在瓦窑头出土的璜、觽①，80年代初在凤翔马家庄1号建筑群出土的璧、璜②，就都有这一类的花纹。凤翔这些玉器均与雍城遗址有关，纹饰比益门村的粗疏一点，可能年代也略早些。由此可见，平雕的蟠虺纹要早于浮雕的蟠虺纹，益门村玉器的制作年代也有其先后之分。

浮雕的蟠虺纹玉器的流行年代，有在秦国之外的两批玉器可资比较推定。

第一批是简报已提到的1978年发掘的河南淅川下寺乙组墓的

---

① 赵丛苍：《记凤翔出土的春秋秦国玉器》，《文物》1986年第9期。

② 陕西省雍城考古队：《凤翔马家庄一号建筑群遗址发掘简报》，图四九，《文物》1985年第2期。

玉器①。其中如M1：5瑗（报告称"璧"），M2：146、M2：267有齿璧，M3：31-1琥、M3：44-3觽，蟠虺纹的特点都和益门村的类同。这组墓还包含一些平雕的器物。

第二批是1955年发掘的安徽寿县西门大墓的玉器②。其中如扁环形饰104、管形饰101、玉饰108、109等，蟠虺纹的特点也是相似的。

淅川下寺是楚墓，乙组墓M2出了王子午鼎，王子午卒于公元前552年。墓的具体年代尚有争论，但总相距不远。寿县西门是蔡墓，墓主已断定为蔡昭侯，其卒年是公元前491年。此外，1986年发现的江苏吴县严山玉器③，许多件也有类似的纹饰，其国别自应是吴，不过缺乏判定年代的材料。这说明，蟠虺纹的流行不限于一国一地，而是当时相当普遍的现象。

蟠虺纹尽管只是青铜器、金器、玉器等上面的一种花纹，却代表了美术史上的一种新风格。在春秋早期的后半期，已经出现了蟠螭纹，逐渐取代了商、西周以来的传统纹饰，可是蟠螭纹多数仍旧是带状的，没有突破过去的模式。及至蟠虺纹兴起，结构复杂细密而且有三维层次，才使陈旧的作风一扫而尽。

蟠虺纹所代表的新风格，其兴盛是在公元前6世纪的春秋中晚期，到公元前5世纪的战国早期发展到极点。

在秦国，可以称作蟠虺纹的一种勾连花纹出现较早，在甘肃天

---

① 河南省文物研究所等：《淅川下寺春秋楚墓》，文物出版社，1991年。

② 安徽省文物管理委员会等：《寿县蔡侯墓出土遗物》，图版壹零伍、壹零陆，科学出版社，1956年。

③ 吴县文物管理委员会：《江苏吴县春秋吴国玉器窖藏》，《文物》1988年第11期。

水西南乡1919年发现的秦公簋上已有这种纹饰，不过尚处在带状的阶段。秦公簋的器主，我的意见以为是秦穆公[1]，其卒年是公元前621年。至于蟠虺纹在秦国的发达，则在春秋晚期。南指挥大墓的青铜器残片有这种花纹，益门村的金、玉器尤其是典型的代表。

在郑国，1923年发现的河南新郑李家楼大墓器物已经属于新的作风。墓中莲鹤方壶为"时代精神之一象征"，郭沫若先生有著名的论述[2]，其特点之一正是镂空的细密花纹。这座墓的墓主很可能是郑成公，卒年是公元前571年。

在楚国，纹饰繁缛细密的青铜器多见于上面讲到的淅川下寺墓葬。近年发现的楚共王盏也是同一类型[3]，共王的卒年是公元前560年。盏和下寺不少青铜器一样，使用了失蜡法铸造，更使纹饰体现了繁复多层次的特色。

在蔡国，寿县西门大墓的青铜器在纹饰的层次上较为逊色，然而仍是细密的蟠虺纹。加上前文提到的吴国玉器，可证这种风格传布到东南，范围相当广泛。

1978年湖北随县擂鼓墩1号墓的发掘，出土了大量装饰十分精美的器物。美国专门研究中国考古学的杜朴教授惊叹："从来没有发现过一座如此丰富多彩的墓葬。"他专门写了一篇论文，题目是

---

① 李学勤：《秦公簋年代的再推定》，《中国历史博物馆馆刊》总第13、14期，1989年。

② 郭沫若：《新郑古器之一二考核》，《殷周青铜器铭文研究》，科学出版社，1961年。

③ 李学勤：《楚王酓审盏及有关问题》，《中国文物报》1990年5月31日，即本书第五篇第三节。

"随县大墓：对公元前5世纪的再评价"①。他的意思是说，擂鼓墩大墓的发现使中国美术史的这一部分必须改写。现在我们知道，擂鼓墩文物的成就是春秋中晚期开始的新风格的高度发展。益门村金、玉器的出现，向我们显示了春秋中晚期这种风格能有怎样卓越的造诣，看来学术界对公元前6世纪的中国美术史也有再评价的必要。

---

① 杜朴:《随县大墓：对公元前5世纪的再评价》(英文),《亚洲艺术》第43卷第1、2期，1981—1982年。

第四篇　中原以外的古文化

一、多彩的古代地区文化

我国疆土辽阔广大，自史前时代，即有许多人民部族在这片大好河山上活动生息，为缔造中国古代文化做出各自的贡献。进入文明时代以后，更有众多的民族和方国，递兴迭起，使悠久的历史呈现出绚丽的场面。忽视我国历史文化的这种丰富性、多样性，就像用单一的音符谱写天籁，单色的画笔描绘繁花，只能是失去其原有的丰神。

统一本来是中国历史的一个值得自豪的特点。纵观几千年的古史，统一是经常的、主要的，分裂则是暂时的、异常的现象。有些人主张秦始皇第一次统一中国，这是不够确切的，因为夏、商、西周已经有了统一的局面，秦不过是在春秋五霸、战国七雄的并峙分立之后，完成了再统一而已。长期的统一，为中国文化带来了相当普遍的共通性，由中原以至边远，在很大程度上道一风同，这又反过来使政治、经济的统一更加持久巩固，成为中国人凝聚力的基础。但是，普遍存在的文化的共通性，和各地区、民族的文化的多样性，并不是相排斥的。正是由于中国是一个统一的多民族国家，中国的历史文化才这样丰富多彩。我们研究古代各个地区的文化，既要见其同，也必须见其异。

这里所说的古代的地区，本身便是在历史上形成的概念。早在公元以前，我国已经有一些学者对风土人情做了分地区的描述。司马迁是一个杰出的例子。大家都记得他怎样在《史记·货殖列传》中，就全国各地区的特色一一加以分析讲述。比如他说："……泰山之阳则鲁，其阴则齐。齐带山海，膏壤千里，宜桑麻，人民多文采布帛鱼盐。临淄亦海岱之间一都会也。其俗宽缓阔达，而足智、好议论，地重，难动摇，怯于众斗，勇于持刺，故多劫人者，大国之风也。其中具五民。而邹、鲁滨洙、泗，犹有周公遗风，俗好儒，备于礼，故其民龊龊。颇有桑麻之业，无林泽之饶。地小人众，俭啬，畏罪远邪。及其衰，好贾趋利，甚于周人。"他在《齐太公世家》篇末也说："吾适齐，自泰山属之琅邪，北被于海，膏壤二千里，其民阔达多匿知，其天性也。以太公之圣建国本，桓公之盛修善政，以为诸侯会盟，称伯，不亦宜乎？洋洋哉，固大国之风也！"司马迁论齐这一地区，从自然环境、经济条件、历史特点，讲到人民的文化风俗，话虽不多，分析是鞭辟入里的。特别是以齐与相邻的鲁相对比，使齐的地区特点更形突出。

几十年前，有些学者曾对古代地区文化做过有益的探索，例如30年代对吴越文化的研究，30年代末到40年代对巴蜀文化的研究，是其佳例。近十来年，古代地区文化的研究有突飞猛进的发展。首先兴起的，是楚文化的研究。好多历史、考古界学者，特别是湖北、湖南、安徽、河南等省的研究者们，在楚文化研究方面做了大量工作。他们多次举办学术会议，在刊物上开辟专栏，发表了很多论文，最近又出现了一大批有关楚文化的专著。随之而起的，有巴蜀文化、吴越文化、晋文化、秦文化、燕赵文化、齐文化等的研究，或有专书、专栏，或召开学术讨论会，各有盛况，成绩也是很大的。看来，古代地区文化研究可以说已经达到了开始成熟的阶段。

几年前，我在小书《东周与秦代文明》里，曾提出"文化圈"的概念，想把文献记载和考古成果综合起来，将古代中国划分为若干"文化圈"。1988年初，应澳大利亚国立大学巴纳先生要求，又写了《中国青铜时代的文化圈》一文，引申了这种概念。我的想法，实质上就是提倡地区文化的研究。比如我所说"东方文化圈"，是指今山东省一带地区的古文化，和一般说的齐文化有相近似之处。

下面我们便以"东方文化圈"或广义的齐文化为例，来看一看地区文化研究为什么是必要的。

研究地区文化的重要性，对于考古学来说，是不言自明的。考古学意义的文化，本身就具有明显的地区性质。山东地区的史前文化，最早发现的是山东龙山文化。在很长的时间里，人们是把山东龙山文化和河南龙山文化等混为一谈的。还有大汶口文化，刚发现时也被认为是龙山文化。近年的田野考古工作揭示，山东一带存在着北辛文化—大汶口文化—山东龙山文化—岳石文化的系列。不少学者认为这一系列文化属于东夷，其中岳石文化是由夷人构成的方国的文化。

东夷的文化和夏、商文化之间有怎样的关系，尚有待深入研究，但大汶口文化、山东龙山文化至少有两种因素可能对夏、商文化有重要影响，即大汶口文化的陶器符号和山东龙山文化的玉器艺术。

大汶口文化陶器符号现已发现八九种，其中一部分和良渚文化玉器上面的符号是同样的，后者又有若干还没有在大汶口陶器上面发现的符号。这些符号大都可以作为文字来分析辨识，在器物上的位置也与纹饰不同，因而多数研究者认为它们与汉字的起源有关，很可能就是甲骨文之类商代文字的前身。

商代各种器物上最流行的纹饰是饕餮纹（即兽面纹）。追溯饕餮纹的来源，目前可上推到良渚文化、山东龙山文化的玉器。良渚文化的饕餮纹玉器，近来已有若干发掘品。其纹饰具有戴特殊形状的冠、能对分为左右对称的花纹等特点，和商代饕餮纹一脉相承。山东龙山文化的这种玉器，发掘品尚少，但一些非发掘品的文化性质还是清楚的。其纹饰有和良渚文化共通之处，如有两种不同的颜面并存，和商代饕餮纹也有联系，年代更为接近。商代遗存中的少数玉器，如殷墟妇好墓的一件玉凤，有学者认为实际是山东龙山文化的遗物。这些，本书在前面已有所论述。

山东龙山文化遗址还出土有小件铜器和铜渣，与商代青铜器的起源也可能有某种关系。

对于古代史的探讨，研究地区文化同样是非常重要的。原始社会星罗棋布的氏族部落，固然是分地区的，夏、商、周三代的方国，也各有其地区的基础。以大家了解较多的西周而言，初年的分封诸侯，国数甚多，但是经过不久，诸侯以强并弱，逐渐形成了一批大国，奠立了东周列国的基础，换句话说，即形成了若干自有特点的地区。只有分别详细研究各个地区，才能真正把握古史的消息。

山东一带地区，在夏代史上即有关键意义。本书第一篇第三节曾经提到，夏与诸夷的关系，是《竹书纪年》这一部分最重要的内容。据载，帝相曾征伐淮夷及风夷、黄夷，当时于夷来宾。少康时，方夷来宾。帝杼征伐东海，至于王寿。帝芬时，九夷（畎夷、于夷、方夷、黄夷、白夷、赤夷、风夷、玄夷、阳夷）来御。帝芒命九夷，帝泄则命六夷。到帝发时，诸夷仍宾于王门。这说明，夏代诸王都重视对夷人的统治，而夷人的一部分应活动于山东地区。

商代今山东地区有多少方国，我们所知有限，但从周成王时的叛乱，"三叔（管叔、蔡叔、霍叔）及殷、东、徐、奄及熊盈以略"来看，夷人是商朝的重要依靠力量。武王时，太公封齐，据《史记·齐太公世家》讲，目的在于建立和加强对夷人的控制。果然，太公就国，当时便有莱侯来伐，与太公争夺齐都营丘。莱国在今山东黄县，其侯系姜姓，即与齐国同姓，而莱人据《齐世家》说乃是夷人。由此不难推想，此后疆域不断扩大的齐国，境内必然包容了许多夷人，就像鲁国、卫国境内有殷民，晋国境内有戎狄一样。我国古代的诸侯国，每每有这样的结构，统治者为王朝所封，人民则为不同的族氏或民族，齐国在那时的历史条件下也不能例外。所谓齐文化，正是在这样条件下形成的。

细读文献和现已发现的金文，对夷人的关系可说是姜齐整个历史中的大事。上面提到的莱国，直到春秋晚期，才为齐国所灭。现藏于台北故宫博物院的庚壶，铭文详记齐灵公时伐莱之事，可与《春秋》经传合读。事实上，周代齐国内外的形势是颇复杂的，在其周围，既有同姓、异姓的诸侯，又有戎人、夷人的部族。对这一地区进行专门的考察分析，将能揭露很多人们过去不能了解的史事真相。

地区文化的研究，又有利于思想史、学术史研究的深入发展。古代学术思想的流派，常有强烈的地域性，忽略这一点，即难考镜其源流。《宋元学案》《明儒学案》多以地名标题，是学派地域性的一种体现，上溯到先秦，情形也是如此。由于各国的历史文化传统互有差异，为不同思想流派的产生准备了条件。侯外庐先生主编的《中国思想史纲》曾说："各个学派的流传分布，往往也有其地域的特点，大略的形势可以描绘如下：儒、墨以鲁国为中心，而儒家传播于晋、卫、齐，墨家则向楚、秦发展。道家起源于南方原不发达的楚、陈、宋，后来可能是随着陈国的一些逃亡贵族而流入齐国。楚人还保留着比较原始的'巫鬼'宗教，同样在北方偏于保守的燕国和附近的齐国，方士也很盛行，后来阴阳家就在齐国发展起来。法家主要源于三晋。周、卫位于各国之间的交通孔道，是商业兴盛之区，先后产生了不少专作政治交易的纵横家。"

齐国的学术思想，前人多强调稷下的研究，实则有几个传统很值得注意。

一个是管子的传统。今传本《管子》一书，学者常以为内容驳杂，仔细考虑尚有其脉理可寻。如《史记·管晏列传》所述，管子之政主于"通货积财，富国强兵"，这是贯彻于《管子》自《经言》到《轻重》的一条主线。齐国追随于管子之后的学者，在不同时期受了一些学派的影响，特别是黄老道家一派的作用甚大，致使《管子》在《汉书·艺文志》列入道家。经世之法与黄老道术的结合，成为管子之后这一流派的显著特点。

另一个是兵家的传统。《汉书·艺文志》有吴、齐两《孙子》。《吴孙子》即今天名闻世界的《孙子兵法》，作者孙武虽仕于吴，原为齐人。《齐孙子》即近年发现的竹简《孙膑兵法》，这个孙膑乃是孙武的后世子孙。《孙膑兵法》和《孙子兵法》等好多兵书一起发现于山东临沂银雀山汉墓，墓中还有《尉缭子》，作者曾与梁惠王对话，或说也是齐人。此外，银雀山竹简中还有《六韬》，出于《汉书·艺文志》的《太公》，可能也出于齐人。齐人的兵家著作，另外有著名的《司马法》。这座墓的死者姓司马，他生前专搜集兵书和齐人著作，可见齐国兵家统绪延至汉初尚未衰熄。

儒家在齐地的传流，也形成有特色的派别，后人称之为齐学。例如《春秋》的公羊一家，始于齐人公羊高，随后子孙世代口传，到汉景帝时，公羊寿与另一齐人胡母子都将之著于竹帛，即今《公羊传》。与此同时，董仲舒为《公羊》博士，著书十余万言，他的思想在西汉思想史上影响的深远巨大，是人所共知的，而追本求源，实出自齐学。

以上所举的都是较古远的例子，地区文化研究的范围当然不限于此。对于汉、唐以下，地区文化研究有更广阔的用武之地，只是由于篇幅限制，这里不能细说了。总之，开展地区文化的探索研究，足以为文史之学开一生面，值得今后继续提倡。不过，分地区的研究不等于把整个中国历史文化割裂，相反地，必须以历史文化的综观作为背景，才能透彻地认识各个地区文化的特质，并看到地区文化间如何交流融会，如百川之汇海，共同构成中华民族的辉煌文化。

二、非中原地区青铜器研究的几个问题

近来读到两篇重要论文，即马承源先生的《长江下游土墩墓出土青铜器的研究》[①]和澳大利亚国立大学巴纳博士的《关于广汉埋

---

① 见《上海博物馆集刊》第4期，1987年。

藏坑青铜器及其他遗物的若干初步设想》[1]，两文虽集中于一定范围青铜器的讨论，但所涉及的一些原则，对研究商周时期中原地区以外青铜器实有普遍的方法论的性质。

这里所说的中原地区，比一般的概念可能宽广一些，是指以黄河中游为中心的一个文化圈。如上节所说，前些年，我在《东周与秦代文明》小书里提出了"文化圈"概念[2]，幸能得到几位朋友的关注，要我进一步加以推阐。因此，在1988年2月举行的一次学术会议上，我提交了一篇题为"中国青铜时代的文化圈"的小文[3]，试将我国青铜器时代文化划为七个文化圈，即：

（一）中原；

（二）西北；

（三）北方，又可划分为北方和东北两个亚圈；

（四）东方，主要指山东地区；

（五）东南，又可划分为长江下游和东南沿海两个亚圈；

（六）南方，指长江中游及其以南；

（七）西南。

就商代及西周而言，中原和东方两者似乎通连，面貌比较一致，其他都可称为中原以外或者非中原的。为了辨明各非中原地区青铜器特点及其与中原青铜器的关系，必须弄清若干方法论性质的问题。

---

① 1988年2月在澳大利亚基奥洛阿召开的"古代中国与东南亚的青铜器文化"讨论会论文。

② 李学勤：《东周与秦代文明》，第一章，第11—12页，文物出版社，1984年。

③ 1988年2月在澳大利亚基奥洛阿召开的"古代中国与东南亚的青铜器文化"讨论会论文。

序列与标尺

我国青铜器研究有悠久历史，众所周知，北宋以来即有专门著作图录传世，形成了研究的传统。按照这个传统，所有青铜器都可以而且应该按其时代排列起来，形成一条完整的发展序列。对于这条序列，学者们进行了长时期的研究，现在基本上已可从二里头文化一直排到秦汉。其间固然还存在争议，但从总体来说争议是细节的，大的发展脉络应该说是已经比较清楚了。

必须指出的是，我们讲的这条序列，乃是对中原青铜器研究的结果。能够纳入序列的，确实占了古代青铜器的大多数，不过远不能说是全部。中原青铜器序列在怎样程度上能在非中原青铜器的研究上起作用，是有待研究的问题。

以属于长江下游的仪征破山口青铜器群为例。这批青铜器发现于1930年，是中原以外青铜器发现较早的一批。1956年《文物参考资料》上曾有关于出土情况的介绍，1959年，考古学者在当地做了调查和探掘，有简报刊出[①]，所获器物有些也见于1963年出版的《江苏省出土文物选集》。这批青铜器自发现以来，已过大半世纪，在这段时间江苏考古工作有了巨大发展，今天我们对这批青铜器的看法自然和过去有所不同，主要有下列两点：

第一，1959年调查和探掘后的简报认为出青铜器的是一座3.8米×2.6米的竖穴墓，近年则有学者指出实际上是土墩墓。这样，破山口墓必须列入附近地区土墩墓系列中考虑，在文化性质上就不

---

① 王志敏、韩益之：《介绍江苏仪征过去发现的几件西周青铜器》，《文物参考资料》1956年第12期；尹焕章：《仪征破山口探掘出土铜器记略》，《文物》1960年第4期。

一样了。

第二，墓的年代以往都认为是西周。1972年日本林巳奈夫教授曾提出破山口的兵器属于"春秋中期之顷"[①]，但对同出礼器尚未细论。马承源先生前述文，则就这批青铜器做了详细的考察，否定西周的看法。

过去之所以把破山口青铜器群定在西周，主要是由于一些器型和纹饰与中原地区西周器相同或相似。换句话说，是以中原青铜器的序列作为判断年代的标尺。其实即使仍用这个方法，也能看出这批青铜器从总体来说没有那么早。例如龙纹盘，附耳，内底饰蟠龙纹；戈，三穿中胡，三角锋，援上下刃均下曲，内有缺及小刺；镞，有铤，张翼倒须。这些都类于三门峡上村岭出土的春秋早期器物。鬲，直耳，锥形袋足，足形与京山坪坝鬲接近，后者也属春秋早期。器群中最富于西周色彩的，只有弦纹尊一件。这样对比，只能决定器群可能达到的上限，还有一些则是中原地区未见的，不能用中原的标尺去衡量。

再以西南的蜀戈为例。我们曾在前人研究的基础上，把成都及其附近地区的这种戈划分为五式[②]，其中Ⅱa、Ⅱb式是有异形穿的三角援戈，Ⅳb式是饰虎首吐舌的中胡戈，应该是受中原商晚期至西周早期的影响。从现有材料看，蜀戈有本身的发展过程，如Ⅱ式戈一直延续到战国早中期，另外出现若干独特的变异，如有与胡对称的上"胡"等，是中原全然没有的。

---

① 林巳奈夫：《中国殷周时代的武器》（日文），京都大学人文科学研究所，1972年。

② 李学勤：《东周与秦代文明》，第十三章，第162—164页，文物出版社，1984年。

这两个例子说明，中原以外的青铜器每每不能用中原青铜器序列作为标尺。

传播与保存

中原以外的青铜器，许多都表现出中原文化的影响，有时这种影响是颇强烈的。上面举出的破山口青铜器群，不少与中原器物类同，即其明证。这种影响，可以是表现在整个器物的形制、纹饰上，也可以是表现在形制或纹饰的某种因素上。破山口的龙纹盘等，属于前一种情形；蜀戈的Ⅱ式戈的三角援、Ⅳb式戈的虎纹等，属于后一种情形。

文化影响的传播，总是要有一定过程的。以中原地区而论，商至西周青铜器大多在同一时期表现类同的特点，这一方面反映当时王朝内部的统一，也同时表明交往关系的充分发达。中原文化影响的向四方传播，从现在掌握的材料看也是相当快的。这方面最好的例子，是北京琉璃河的西周墓青铜器。这些青铜器不少有铭文，又很精美，与宗周、成周的器物，只要是同一时期的，就很难区别。燕国远在北方，但是中原文化的影响很快就达到了，可见我们不能低估古代文化传播的速度。在这个意义上，我们似乎可以认为，中原以外青铜器，其形制、纹饰和中原类同的，铸造年代也不会相差很远。

这一点是很要紧的。比如湖北、湖南发现了好多商代青铜器。从出土地点看，河南南部（如罗山莽张等）一直到湖南，都有出土，我们还不能证明其年代越南越晚。以琉璃河的例子来对比，恐怕还是应该承认大体都处于同一时代。

湖北、湖南商代青铜器的一个特点是，罕有特异的带浓厚地方色彩的器物混出。例子其实并非一个没有，如宁乡的提梁卣，有内贮多件圆刃小斧的，但不能以此将卣的年代拖后。附带说一下，广西武鸣勉岭1974年出土一件卣，是商末典型形制，有一字铭文，前面第三篇第三节已经谈到；同出一戈，长胡，阑侧有明显属地方色彩的花纹①。按中原地区商末已有长胡多穿戈存在，其特点是援上刃与内成一直线，舌形锋，勉岭的戈虽残，仍不违背这样的特点，所以也不能把它和卣在年代上区别开来。

这样说，不是讲湖北、湖南等地商代青铜器没有自己的特色，相反其特色是很多的。只是从风格说，一看就给人以"商代"的印象，和有些地区的出土文物不相同。这种风格是整体的、明显的，所以如果说不属于商代文化本身，而是经过长久传播的影响，恐怕是不合适的。湖南还有别样的青铜器，例如衡山霞流市1963年出土的尊②，湘潭金棋村1986年出土的卣③，花纹有共同特征，虽其轮廓有似西周中原器物，风格却全然不同了。考虑到霞流市同墓出有越人靴形钺④，且钺的形状近于尊、卣上的花纹，定为当地越人所造，大概不会错吧。这和上述商代器物情形大有差别。

和我们在一篇小文中分析的一样⑤，霞流市、金棋村的尊、卣是在中原兴起的这类器型的保存和延续。和蜀国的三角援戈一样，在中原业已消灭的器型，在其他地区却得到长期的传流。这一现象

---

① 梁景津：《广西出土的青铜器》，《文物》1978年第10期。

② 李学勤主编：《中国美术全集·工艺美术编5·青铜器（下）》，四四，文物出版社，1986年。

③ 熊建华：《湘潭县出土周代青铜提梁卣》，《湖南考古辑刊》第4集，1987年。

④ 周世荣：《蚕桑纹尊与武士靴形钺》，《考古》1979年第6期；高至喜：《湖南发现的几件越族风格的文物》，《文物》1980年第12期。

⑤ 李学勤：《吴国地区的尊、卣及其他》，《吴文化研究论文集》，中山大学出版社，1988年。

在文化史上无疑是特别值得重视的。

同时性问题

在中原地区，窖藏青铜器有的有较大的年代差距，如临潼零口窖藏中和周武王时利簋并出的有西周晚期器物，扶风庄白1号窖藏有几代礼器等。至于墓葬所出，绝大多数是同一时代的。个别例外，如汉墓发现了周代青铜器之类，事例并不多见。一般说来，同一墓葬所出随葬器物，可以认为是属于一个时代的。这一点可以叫作同时性的原则，是我们在研究青铜器组合时常作为前提来应用的。只有在发现异常现象的时候，大家才加以重新考虑。

这条同时性的原则，是从中原的情况和经验中归纳出来的，在中原以外，是否仍然有效，也是一个有待研究的问题。关于安徽屯溪弈棋土墩墓青铜器的分析，有助于认识研究这个问题的必要性。这几座墓中有的器物看来很早，如"翼子，父乙"铭的尊等，有的看来又很晚，如圆基剑①等。类似情形，在非中原地区屡有出现，非常值得深入探究。

无论如何，在没有就各地区充分讨论以前，不宜套用中原墓葬器物的那种同时性的原则，必须对各种遗物进行具体分析。哪些是同时代的地方性特点，哪些则是时代性的差异，都必须一一研究。

我觉得，解决有关问题的一种可能途径，是参考当地陶器的发展序列。以屯溪土墩墓而言，与青铜器伴出的便有许多陶器以及原始瓷器。近年对这一地区陶瓷发展已有较多研究，借助其成果，不难对不同见解做出抉择。陶瓷数量多，又是易消耗的物品，其时代

---

① 刘和惠：《荆蛮考》，图六：1，《文物集刊》3，1981年。

特征是明显的。我们期待各地学者对这方面材料多做研究分析，公布其推断。

陶器以及原始瓷器还有些同青铜器有直接渊源。有的青铜器的形制、纹饰，如长江下游的几种尊及其花纹，就是取自当地陶瓷的。当然也有一些陶瓷，实际是仿铜，如浙江的某些瓷"青铜器"，早年梅原末治等已报道过了。因此，在研究当地青铜器时，更需要以陶瓷为参照借鉴。

两种传统、双向影响

马承源先生文中论述了长江下游地区土坑墓、土墩墓并存，以及所出青铜器的差异。由此看来，当地存在着两种不同的青铜器传统。马文说："土坑墓出土的青铜器，除极少量的以外，大都是清一色的时尚式样，还没有发现西周的青铜器伴同随葬。土墩墓常有少量西周的青铜器随葬，但是除了兵器以外，一般没有中原时尚的青铜礼器随葬，……后者的追慕，似乎更为朴素一些，显示了夷蛮民族与华夏族文化融合过程中的原型。至于吴越的王族，则直接了当地移植了中原的青铜器及其体制。"论文还举出巴蜀以为对比。

我也曾讨论过有关问题，认为"不同文化因素的共存及融合，在先秦中原文化传布范围的边缘地带乃是常见的现象"[①]。两种青铜器传统在一定时期内并存，反映了商周某些诸侯国的政治、民族及文化的构成，有着重要的意义。

在两个传统中，中原文化传统对当地土著传统的影响是明显的、大量的，不需要做太多讨论。问题是后者对前者有没有影响？

---

① 见《〈镇江文物精华〉笔谈》，《中国历史博物馆馆刊》总第9期，1986年。

或者说，传统间的影响究竟是单向的，还是双向的？

如果不限于青铜器，这个问题的答案是清楚的。比如几何印纹硬陶，不仅在长江中下游及东南沿海出现，在河南偃师二里头和郑州也有发现，经过学者研究，认为其发源地可能是在前者[①]。这表明，文化影响有时是双向的，不是单向的。

中原以外的青铜器对中原的影响，也有不少例证。过去我曾指出，秦汉极为通行的鍪、釜、甑应源出蜀国，后传入秦国，随着秦的兼并列国，终于分布各地[②]。长江下游的青铜器也可能对中原及其他地区产生过影响。文献多盛称吴越金锡之美，兵器尤享佳誉[③]。我们看江西清江、新干出土的青铜器，工艺已甚精致，形制纹饰都有值得注意的特点。这从另一角度证明，不应简单地把中原青铜器序列作为非中原地区的标尺。

近年来，中原地区以外的青铜器发现越来越多，有些确实是惊人的。种种迹象表明，各地区青铜器都受中原的一定影响，但又有自己的发展过程，对我国古代青铜器文化有其贡献。我们应该实事求是地分析中原与各地区之间文化交流融合的具体关系，特别是非中原青铜器如何发展，还需要大量工作才能深入了解。马承源先生和巴纳博士的论文，见解和当前流行的看法有不少差别，但极有启发，对推进这方面研究很有作用。如本节开头所说，这里涉及的问题是有方法论意义的，希望有更多学者参加进来，一起研究和讨论。

---

① 安金槐：《谈谈河南商周时期印纹硬陶及其有关问题》，《文物集刊》3，1981年；彭适凡：《中国南方古代印纹陶》，第五章第一节，文物出版社，1987年。

② 李学勤：《论新都出土的蜀国青铜器》，《文物》1982年第1期；又《巴蜀考古论文集》，文物出版社，1987年。

③ 刘和惠：《荆蛮考》，《文物集刊》3，第294页，1981年。

三、三星堆与蜀国古史传说

四川广汉三星堆的发掘，是最近重大考古发现之一，已经引起海内外学术界的广泛重视。三星堆一带的古文化遗存，即所谓广汉中兴遗址，早在1931年（或说1929年）已被发现，1934年曾经试掘，属于我国发现较早的遗址之列①，但其时代和性质长时期来未得明确。建国以后，考古工作者先后做过不少工作，三星堆的这次发掘，更为蜀国古史的探讨提供了新的契机。

巴蜀古史的研究，在抗战时期曾出现过一次高潮。当时许多学者进入四川，自然对当地古史发生较大的兴趣。他们的不少论作，近年大多再版，为大家所熟悉。学者们对有关文献做了详细的分析讨论，提出了一系列很有启发的看法。我们今天再来考察这一方面，不能不以当时的论著作为重要的出发点，不过，那时四川的考古工作发轫伊始，还不足以给古史研究提供有影响的根据。研究巴蜀古史的论著由于对文献理解不同，言人人殊，这也是一个原因。

有关巴蜀，特别是蜀国古史的文献，内容可以说是相当丰富的，这些文献中所记述的蜀国史迹，特点是充满了神话传说的色彩。考虑到蜀在那时是僻处边远的少数民族，这种传说的特点不仅不足为病，反而是并非杜撰的确凿证据。从蜀国古史涉及的地理范围看，其中心在川西平原。现在三星堆及有关考古发现，正好位于川西平原的要津，而且有着清楚的年代，适于用来检验古史传说是

① 四川省文物管理委员会、四川省博物馆、广汉县文化馆：《广汉三星堆遗址》，《考古学报》1987年第2期。

否可信。有些学者，如尹达先生，曾再三强调古代传说的价值，提倡通过传说的分析推求来揭示古史的真实面貌①，但传说每每零碎纷纭，难于与考古文化相对应。这里想趁三星堆发现之机，对蜀国古史传说重新做一检讨，希望不止对蜀国历史文化的探索，而且对怎样看待中国古史传说这一具有方法论意义的问题能有所贡献。

上面已经说到，包括三星堆在内的广汉中兴遗址，处在成都以北的川西平原北部。1931年在遗址内的月亮湾曾发现玉石器，有些非常精美，有学者认为时代是周初②。1957年至1958年发掘的新繁水观音遗址，简报推定其早期墓时代为商代，遗址为殷末周初③；1959年、1980年两次发现的彭县竹瓦街青铜器窖藏，年代推定为西周④。这两个地点都距中兴遗址不远。广汉市文化局所编《广汉三星堆遗址资料选编（一）》所收报道称："已经查明的古蜀文化遗址群位于川西平原马牧河两岸从彭县竹瓦街到广汉县城达30多公里长的二级台地上。其中14处集中在广汉县南兴镇北面的三星堆及河对岸月亮湾附近方圆6平方公里的沿河台地。……6平方公里的三星堆古蜀文化遗址群被一道坚固的人工防御工事（土埂）围护着，已经出土的工事南'墙'长1800多米，东'墙'1000米，西'墙'600米，北'墙'被鸭子河冲毁。"（37页）由此可见，这处遗址在古史上应有特殊重要的地位。

《文选》所收左太冲《蜀都赋》云："夫蜀都者，盖兆基于上世，

---

① 尹达：《衷心的愿望》，《尹达史学论著选集》，人民出版社，1989年。

② 郑德坤：《四川考古论文集》（英文），第131页，剑桥大学出版社，1957年。

③ 四川省博物馆：《四川新繁县水观音遗址试掘简报》，《考古》1959年第8期。

④ 王家祐：《记四川彭县竹瓦街出土的铜器》，《文物》1961年第11期；四川省博物馆、彭县文化馆：《四川彭县西周窖藏铜器》，《考古》1981年第6期。

开国于中古，廓灵关以为门，包玉垒而为宇，带二江之双流，抗峨眉之重阻，水陆所凑，兼六合而交会焉。"刘逵注："灵关，山名，在成都西南汉寿（今广元西南）界……；玉垒，山名也（今灌县西北），湔水（今白沙河）出焉，在成都西北岷山界。"这是以文学笔法勾画了蜀中心地区的范围。上述考古发现，就在这个地区以内。

所谓"兆基于上世，开国于中古"，正反映出蜀国历史的绵长。相传蜀王为黄帝后裔，此说见于《史记·三代世表》，褚少孙云："蜀王，黄帝后世也。至今在汉西南五千里，常来朝降输献于汉，非以其先之有德，泽流后世邪？"这虽不是司马迁的手笔，但《史记索隐》说："案《系（世）本》蜀无姓，相承云黄帝后。且黄帝二十五子，分封赐姓，或于蛮夷，盖当然也。"可知战国末成书的《世本》已有此说，比司马迁还要早些。

褚少孙是西汉元、成时博士。蒙文通先生指出："蜀王后代既是在元、成间还常朝献于汉，这说明是汉代所谓西南夷中的邑君。黄帝子孙之说，可能是从这些邑君朝献时自己称述得来。……蜀王子孙在汉时依然存在，别人就不能找些'无稽之谈'来妄称蜀的历史。"[1]这段话是很对的。古代各族都十分重视自己传流的历史，春秋时郯子向孔子讲少昊的故事即其显例。《世本》说蜀"相承云黄帝后"，这一传说不能是后人强加上去的。

文献中有不少关于蜀王世系的记载，然而和许多民族的古代世系一样，不易判断各王在位的时代。前人对蜀王世系的时代做过好多推测，都缺乏可信的证据。但是，文献中世系显然可分为三个大的时期：

---

[1] 蒙文通：《巴蜀古史论述》，第36—38页，四川人民出版社，1981年。

　　第一个时期是蚕丛等王的时期。扬雄《蜀王本纪》[①]称："蜀之先称王者有蚕丛、柏濩、鱼凫、蒲泽、开明，是时人萌椎髻左衽，不晓文字，未有礼乐。从开明已上至蚕丛，凡四千岁（从《御览》引）。"又称："蜀王之先名蚕丛，后代名曰柏濩，后者名鱼凫。此三代各数百岁，皆神化不死，其民亦颇随王化去。鱼凫田于湔山，得仙，今庙祀之于湔。时蜀民稀少。"常璩《华阳国志》则说："周失纲纪，蜀先称王。有蜀侯蚕丛，其目纵，始称王。死作石棺石椁，国人从之。……次王曰柏灌，次王曰鱼凫。王田于湔山，忽得仙道，蜀人思之，为立祠。"

　　扬、常两书所述的区别，在于蚕丛时代。《蜀王本纪》中"凡四千岁"，有引作"积三万四千岁"的。蒙文通先生根据《华阳国志·序志》校改为"三千岁"[②]。按常璩《序志》说："本纪既以炳明，而世俗间横有为蜀传者，言蜀王蚕丛之间周回三千岁。……周失纪纲而蜀先王，七国皆王，蜀又称帝，此则蚕丛自王，杜宇自帝，皆周之叔世，安得三千岁？"这番话虽说是批评世俗所为蜀传，从前后文看确系指斥《蜀王本纪》，蒙先生所改是有道理的。扬雄《蜀王本纪》、常璩《华阳国志》的不同，在于《蜀王本纪》直录蜀人传说，富于神秘意味，常璩《华阳国志》则依史家要求予以理性化。由于只有三个王名，就推为周之叔世，抛弃了《蜀王本纪》三王各有数百岁的说法。

　　蜀王名号原与中原不同，如开明传若干世，都沿称开明，这是一种称号，不是个人的私名。所谓蚕丛、柏濩（灌，字形相似，秦

---

① 严可均：《全汉文》卷五三。

② 蒙文通：《巴蜀古史论述》，第42页，四川人民出版社，1981年。

汉文字中常互误）、鱼凫各数百年，神化不死，也可能是沿用的称号。这三王不妨看作一个时期。

第二个时期是望帝的时期。《蜀王本纪》说："后有一男子名曰杜宇，从天堕，止朱提（今云南昭通）。有一女子名利，从江源（江原，今四川崇庆东南）井中出，为杜宇妻。乃自立为蜀王，号曰望帝，治汶山下邑曰郫（今郫县），化民往往复出。"《华阳国志》云："后有王曰杜宇，教民务农，一号杜主。时朱提有梁氏女利，游江源，宇悦之，纳以为妃，移治郫邑，或治瞿上（今双流东）。"常璩的说法也减少了神话的色彩。常书又说："七国称王，杜宇称帝，号曰望帝，更名蒲卑（泽，形近互误），自以功德高诸王。"但《蜀王本纪》说"望帝积百余岁"，看来也是一种称号，未必限于一人一世。

第三个时期是开明的时期。《蜀王本纪》云："荆有一人名鳖灵，其尸亡去，荆人求之不得。鳖灵尸随江水上至郫，遂活，与望帝相见，望帝以鳖灵为相。"随后讲了鳖灵治玉山出水，望帝与其妻通，因而禅让的故事，"鳖灵即位，号曰开明帝。帝生卢、保，亦号开明"。此后自开明帝下五代开明尚始去帝号，复称王。《华阳国志》剔除以上神怪的因素，只记望帝之相开明决玉垒山，除水害，得禅让，"号曰丛帝。丛帝生卢帝。卢帝攻秦至雍（今陕西凤翔西南），生保子帝。帝攻青衣（今四川名山北），雄张獠僰。九世有开明帝，始立宗庙。……开明王自梦郭移，乃徙治成都"。至周慎王五年（前316），秦伐蜀，"开明氏遂亡，凡王蜀十二世"。

罗泌《路史》说："以今《蜀记》望帝远记周襄王，至鳖令王蜀十一代，三百五十年，当始皇时，号蜀芦子霸王。"[①]罗氏不信此

---

① 罗泌：《路史·余论一·杜宇鳖令》。

说，特别指出秦始皇时蜀灭已久。不过，如果从公元前316年蜀灭上推350年，是公元前666年，与周襄王的在位年（前651年至前619年）相距甚近，望帝的禅位鳖灵（令）很可能在公元前650年上下。再加上望帝时期的百余年，正好是两周之际（周平王东迁在公元前770年），看来蚕丛一系的末世及于周襄，与"周失纪纲而蜀先王"之说也能相合。西周只有二百几十年，所以蚕丛一系三代各数百年就很可能相当夏、商、西周，其托源或许还要更早。

从以上的分析可知，蜀王世系在三个时期不是连续的。最后的开明时期，第一代鳖灵传为荆（楚）人，自东方沿江入蜀。其前的望帝时期，杜宇传自天而下，止于朱提，或说其妻来自朱提，总之和西方的民族有关。说蜀王是黄帝后裔，自然不能和他们有什么联系（《史记索隐》讲杜宇出唐杜氏，盖陆终之胤，黄帝之后，是没有根据的）。作为黄帝后裔的蜀王，只能是指蚕丛一系。蚕丛本为蜀人先祖，望帝、开明则是外来的统治者。汉代的蜀人称其先世，自然要追溯蚕丛一系的蜀王了。

蜀王何以为黄帝之后？《华阳国志》云："蜀之为国，肇于人皇，与巴同囿。至黄帝，为其子昌意娶蜀山氏之女，生子高阳，是为帝喾。封其支庶于蜀，世为侯伯，历夏、商、周。武王伐纣，蜀与焉。"黄帝子昌意娶蜀山氏女之说，见于《大戴礼记·帝系》、《世本》和《山海经》等书：

《帝系》："黄帝居轩辕之邱，娶于西陵氏之子，谓之嫘祖，氏（是）产青阳及昌意。青阳降居泜水，昌意降居若水（今雅砻江）。昌意娶于蜀山氏，蜀山氏之子谓之昌濮，氏（是）产颛顼。"

《世本》："黄帝生昌意，昌意生颛顼。""昌意生高阳，是为帝颛顼。""颛顼母，浊山氏之子，名昌仆。"

《山海经·海内经》："黄帝妻雷祖，生昌意。昌意降处若水，生韩流。韩流……取淖子曰阿女，生帝颛顼。"郭璞注："《竹书》云：'昌意降居若水，产帝乾荒。'乾荒即韩流也，生帝颛顼。"郝懿行《笺疏》："浊、蜀古字通，浊又通淖，是淖子即蜀山子也。"此说在昌意、颛顼间有韩流（乾荒）一世。略有差异。

《史记·五帝本纪》基本上袭用《帝系》，只是泜水作江水，昌濮作昌仆。

从这些记载可以证明，《华阳国志》"生子高阳，是为帝喾"的"帝喾"，确如一些学者所说是"帝颛顼"之误。据此，蜀王的先世，即历夏、商、周的蚕丛一系，传说是颛顼的支庶，也就是黄帝的后裔。

顾颉刚先生在1941年的一篇论文里曾对文献中有关蜀国古史的记载加以批判[①]。他说："当时的蜀国本和中原没有关系，直到春秋战国间才同秦国起了交涉。……不幸历代人士为秦汉的大一统思想所陶冶，认为古代也是一模一样的，终不肯说这一块地土上的文化在古代独立发展，偏要设法把它和中原的历史混同搅和起来，于是处处勉强拍合，成为一大堆乱丝。"蜀王出于颛顼支庶之说无疑是他所批判的主要内容之一。

蚕丛一系蜀君是颛顼支庶，这固然是无从具体证明的，然而如对这些传说加以分析，却能导出几点有意义的推论。

第一，所谓蜀山氏，当为蜀地土著，其起源甚古，故有肇于人皇之说。黄帝子昌意降居若水，与蜀山氏联姻，反映出中原文化传

---

① 顾颉刚：《古代巴蜀与中原的关系说及其批判》，《论巴蜀与中原的关系》，第2页，四川人民出版社，1981年。

入川西平原一带，同土著民族的文化相结合。其时间，以黄帝传说的纪年估计，当在公元前第三千纪，也就是新石器时代晚期。

发掘广汉三星堆的学者，把遗址分为四期：第一期为新石器时代晚期，第二期相当夏代至商代早期，第三期相当商代中期或略晚，第四期相当商代晚期至西周早期。"发掘表明，以小平底罐、高柄豆、鸟头形勺等器形为代表的这类文化遗存，在川西平原是自成系列的一支新文化。这支文化的上限在新石器时代晚期，下限至商末周初或略晚。除第一期遗存外，二至四期遗存和过去已被大家所认识的春秋战国时期以柳叶形青铜短剑、烟荷包式铜钺、三角形援铜戈为代表的巴蜀文化相衔接。"①因此，这类文化遗存显然属于早期的蜀，有学者将这类文化遗存作为"早期巴蜀文化"的一个类型。所谓"早期巴蜀文化"，"分布北达绵阳，南抵长江沿岸，西至汉源，东面深入到湖北宜昌，正是后来巴蜀两族的主要活动区域。它们文化特征显著，与川东大溪文化没有直接关系，与川西山区新石器文化也有很大不同，而与中原龙山文化的一些地方类型、二里头文化等有不少类似之处，如同为泥质灰陶系，多高足豆，多袋足、三足、尖底器等；典型器物鬶、盉、大口尊、豆等都很相似，反映了'早期巴蜀文化'在形成和发展过程中与中原文化有一定的关系"②。这种文化虽有明显的地方特点，其受中原文化影响也是显而易见的。

第二，传说中蜀王先世为颛顼的支庶，这表明他们和夏有比较

① 四川省文物管理委员会、四川省文物考古研究所、四川省广汉县文化局：《广汉三星堆遗址一号祭祀坑发掘简报》，《文物》1987年第10期。

② 赵殿增：《四川原始文化类型初探》，《中国考古学会第三次年会论文集1981》，文物出版社，1984年。

亲密的关系。按《大戴礼记·帝系》称："颛顼产鲧，鲧产文命，是为禹。"孔广森《补注》："《汉书》称《帝系》曰'颛顼五世而生鲧'，今文无五世，简之脱烂存焉。"其他文献，如《史记·夏本纪》，说法相同。夏王和蜀王均为颛顼之后的传说，反映了夏、蜀文化应有一定的关联存在。

有趣的是，三星堆一类文化遗存确实表现了与二里头文化的共同点。大家知道，很多学者认为二里头文化可能就是夏文化。这种共同点可以三星堆发现的陶盉和玉牙璋作为例子来说明。

发掘者已指出："遗址中、晚期所出土的陶盉，虽别具风格，特别高瘦，但在整个形制上同'二里头文化'的盉还是近似的。"[1]管流、扁袋足的陶盉，本来是二里头文化有特色的器物之一，三星堆的发现无疑是两种文化互有影响的证据。

三星堆出土的歧锋的玉璋，早在月亮湾即曾发现。这种璋迄今只有很少几个出土地点，主要是陕西神木、河南偃师二里头和四川广汉[2]。神木的这种璋，文化性质还不够确定，二里头的则明确属于二里头文化三期[3]。这种璋在中原，只在商文化中出现个别遗迹，基本上已消灭了。三星堆的牙璋很可能和陶盉一样，表明与二里头文化有影响、交流的关系[4]。这在本书第二篇第五节已详细讨论

[1] 四川省文物管理委员会、四川省博物馆、广汉县文化馆：《广汉三星堆遗址》，第250页，《考古学报》1987年第2期。

[2] 林巳奈夫：《对殷墟妇好墓出土若干玉器的注释》（日文），《东方学报》（京都）第58册，1986年。

[3] 中国社会科学院考古研究所二里头队：《1980年秋河南偃师二里头遗址发掘简报》，《考古》1983年第3期。

[4] 参看李学勤：《从广汉玉器看蜀与商文化的关系》，《巴蜀历史·民族·考古·文化》，巴蜀书社，1991年。

过了。

第三，蜀王世系的传说，还表示他们和楚有一定的联系。按包括楚先世在内的所谓祝融八姓也出自颛顼，详见《帝系》、《世本》及《史记·楚世家》等书。颛顼生称，称生老童（卷章，后者系字形之误），老童生重黎、吴回，吴回生陆终，陆终生子六人，即昆吾、参胡、彭祖、会人、曹姓、季连，季连为楚祖。这个传说已有若干古文字材料可为参证[1]。

祝融八姓建立的诸侯国，传说在夏代很盛。《诗》云："韦、顾既伐，昆吾、夏桀。"昆吾、韦、顾都在八姓之内，可见夏朝和他们的关系相当重要。商代已有"荆楚"之名[2]，楚国之封虽在周初，而所谓"荆蛮"或"楚蛮"之族是前已存在的。他们的活动范围应在后来楚国的地域，即今湖北以至湖南一部分地区以内[3]。

今湖北和湖南的一部分，历年发现了许多商代青铜器。三星堆出土的几件青铜容器，最接近湖南、湖北的出土品，显系受到该一地区青铜文化的影响[4]，详见本篇第六节。

蜀与"荆楚"的关系，到周代仍然继续。在湖南长沙征集的楚公豪戈，时代是西周晚期，即富有蜀戈的特色[5]。蜀、楚之间的渊源，于此可见一斑。

---

[1] 参看李学勤：《谈祝融八姓》，《江汉论坛》1980年第2期。

[2] 江鸿：《盘龙城与商朝的南土》，《文物》1976年第2期。

[3] 李学勤：《楚青铜器与楚文化》（英文），美国沙可乐美术馆《东周楚文化讨论会》，1991年。

[4] 李学勤：《商文化怎样传入四川》，《中国文物报》1989年7月21日，即本书本篇第六节。

[5] 冯汉骥：《关于"楚公豪"戈的真伪并略论四川"巴蜀"时期的兵器》，《冯汉骥考古学论文集》，文物出版社，1985年。

三星堆的商代青铜容器，出于一、二号祭祀坑，坑的开口地层是明确的，因而可以由地层的碳十四年代推定其时代，结果与从形制、纹饰的类型学方法推定的时代完全符合。在湖南、湖北发现的商代青铜器，数量虽多，却还没有取得这样可靠的时代证据。现在有了三星堆的发现，我们便能推定湖南、湖北出土的类似器物也真是商代的，而且基本上与中原的商代青铜器有着一致的发展进度。这不但对考古学，而且对中国古代历史文化的研究都有较重要的意义。

这种现象说明什么呢？过去流行的看法是，像湖南、四川这样的地区，古代中原文化不会与之有什么联系。特别是四川，从来以山水险阻著称，文化似乎只能是封闭的。现在考古发现证明，自新石器时代晚期（至少晚期之末）起，当地与中原间的交流是存在的。有时还明显是畅通的。这样，我们对蜀国古史传说的理解就不得不有所改变了。

我认为，这个例子说明，中国古代的传说是有史实背景的。当然，在研究传说材料时必须十分小心，才能避免牵强附会。随意引用传说去对照考古文化，是很危险的。但在考古工作充分开展之后，我们对传说的认识一定会更多些。

附带要说明的是，《蜀王本纪》称蜀国直到开明还是"人萌椎髻左衽，不晓文字，未有礼乐"，而从考古发现看，在商代当地的统治者已使用一部分商人型式的礼器了。这可能是由于蜀的统治者与人民有文化的不同，从三星堆人像虽有左衽，却不椎髻，也可以看出来。这在中国古代较边远的诸侯国中，是一种普遍现象，统治者和人民有文化上的区别，等有机会我们还要详细讨论。

四、《帝系》传说与蜀文化

前面我已经提到尹达先生 1982 年的一段话。这段话是专论中国古代传说同考古学关系的，见于他的选集最后一篇《衷心的愿望》，原刊在 1983 年 3 月出版的《史前研究》创刊号上，其后不到四个月他便过世了，因此是他最后的作品。尹达先生说："我国古代社会的传说里究竟是否全属伪造？在这些疑说纷纭、似是而非的神话般的古史传说中是否有真正的社会历史的素地？我们能不能因此而对祖国的远古社会采取虚无主义的态度？这就成为值得我们深思的重要问题。三十年来的考古学和民族学的发展，充分说明在我国有文字记载的历史之前，确实存在着我们的祖宗在这里劳动实践所遗留的社会史迹。从民族调查中发现有些'传疑时代'的神话传说，还在一些少数民族间流传着，还在作为历史故事保留在一些少数民族的心里。从考古发掘中还发现了和'传疑时代'的某些部族里的可能有相当关系的各种不同的新石器时代的文化类型。从地望上，从绝对年代上，从不同文化遗存的差异上，都可以充分证明这些神话的传说自有真正的史实素地，切不可一概抹煞。"①这个看法是从他几十年考古和古代史研究中总结而得的，言之谆谆，很值得我们反复吟味。

古籍中记载古史传说最有系统的，首推《大戴礼记》所收《五帝德》《帝系》两篇，为《史记·五帝本纪》《三代世表》所本。司

---

① 尹达：《衷心的愿望》，《尹达史学论著选集》，第 450 页，人民出版社，1989 年。

马迁说："孔子所传《宰予问五帝德》及《帝系姓》，儒者或不传。余尝西至空峒，北过涿鹿，东渐于海，南浮江淮矣，至长老皆各往往称黄帝、尧、舜之处，风教固殊焉，总之不离古文者近是。予观《春秋》《国语》，其发明《五帝德》《帝系姓》章矣，顾弟弗深考，其所表见皆不虚。"[①]足见两篇的重要。特别是《帝系》一篇，与《纪年》《世本》《山海经》等书的有关叙述大体符合，对古史研究有很高价值。怎样像尹达先生讲的那样，将其间传说和考古学、民族学成果结合考察，还需要探索。

广汉三星堆的重大考古发现，促使人们把目光集中于蜀国的古史。蜀的古史传说在《帝系》里已有痕迹，《蜀王本纪》《华阳国志》所述更可与《帝系》相联系印证。上节于此已略有论述，但尚未以《帝系》全篇作为蜀史的背景，这里再说明我的几点想法，向读者请教。

《五帝德》和《帝系》都始于黄帝。在古史传说中，黄帝的后裔相当众多，《国语·晋语四》记晋大夫胥臣云："同姓为兄弟。黄帝之子二十五人，其同姓者二人而已，唯青阳与夷鼓皆为己姓。青阳，方雷氏之甥也；夷鼓，彤鱼氏之甥也。其同生而异姓者，四母之子，别为十二姓。凡黄帝之子二十五宗，其得姓者十四人，为十二姓，姬、酉、祁、己、滕、箴、任、荀、僖、姞、儇、依是也。唯青阳与苍林氏同于黄帝，故皆为姬姓。"

这段文字细加推敲，显然有一些错误。历代学者提出的解释不外两种，一种认为得姓者十四人应为十三人，青阳、夷鼓皆为己姓应为姬姓，夷鼓即是苍林，皇甫谧和《史记索隐》所引旧解

---

①《史记·五帝本纪》。

主此说，后来学者又加引申；一种认为己姓青阳、姬姓青阳系两人，韦昭、司马贞主此说[1]。无论如何，黄帝之子有十二姓，是大家共认的。黄帝十二姓也见于《潜夫论·志氏姓》，僖作釐，儇作嬛，依作衣，都是通假，唯荀作拘，前人据《广韵》《路史》《元和姓纂》等书以为《晋语》荀应作苟[2]。属于十二姓的古国部族，也有学者做过考证，可看秦嘉谟所著《世本辑补》[3]。

《帝系》只记载了黄帝的二子，可能是这二子的后裔曾"有天下"之故。二子即玄嚣（青阳）和昌意，他们各自的后裔谱系，根据《帝系》本文及《纪年》《山海经》《世本》《史记》等书，可试排为表：

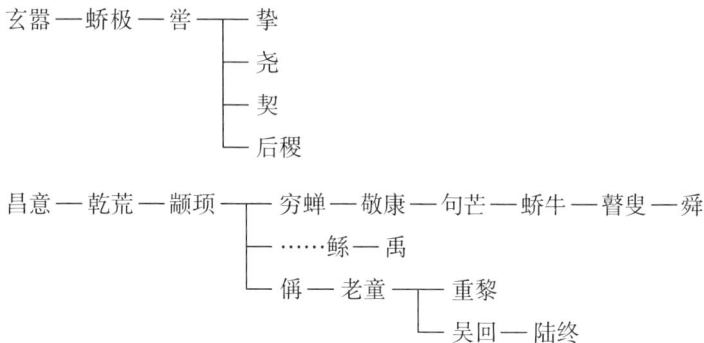

```
玄嚣 — 蛟极 — 喾 ┬─ 挚
                 ├─ 尧
                 ├─ 契
                 └─ 后稷

昌意 — 乾荒 — 颛顼 ┬─ 穷蝉 — 敬康 — 句芒 — 蛟牛 — 瞽叟 — 舜
                  ├─ …… 鲧 — 禹
                  └─ 侨 — 老童 ┬─ 重黎
                               └─ 吴回 — 陆终
```

玄嚣（青阳）、昌意二系，也可说是喾和颛顼二系。前者包括陶唐、商、周，后者则包括虞、夏和陆终之后所谓祝融八姓，主要是周代兴起的楚。

《帝系》这种三代统出一源的谱系，在近代备受学者的讥评，以为子虚杜撰。不过既然各种古书都记有基本相合的传说，意义是

---

① 董增龄：《国语正义》卷第十，巴蜀书社，1985年。

② 汪继培：《潜夫论笺》卷九，第409页，中华书局，1979年。

③《世本》秦嘉谟辑补本，卷七上，《世本八种》，商务印书馆，1957年。

不容抹杀的。我觉得如果细心推求，其中不乏启示。

《帝系》说："青阳降居泜水，昌意降居若水。"泜水《史记》作江水，揣系形近而误。玄嚣的后裔，未见有居处在长江流域的，应从《帝系》。古有两泜水，一为今槐河，源出河北赞皇西南，流经元氏、宁晋，入滏阳河，我们曾据元氏所出西周金文论其名原作"𫄙"[①]；另一为今沙河，源出河南鲁山西，流经叶县，入汝河[②]。青阳所居，应为后者，位于中原腹地。若水则为今雅砻江，流经四川西部，入金沙江[③]。昌意所居，乃在西南。颛顼也生自若水，见《吕氏春秋·古乐》篇。

进一步看，玄嚣一系如尧之陶唐，契的后裔之商，后稷的后裔之周，都活动在中原及北方。与之相反，昌意一系却多与南方相关。例如舜虽都于山西南部，但有"南巡狩，崩于苍梧之野，葬于江南九疑，是为零陵"[④]的传说。其弟象的封地有庳，也在今湖南道县境。禹有生于石纽的传说，见扬雄《蜀王本纪》，在今四川汶川西。至于陆终，则系所谓祝融八姓之祖，楚国即其后裔。玄嚣、昌意二系虽甚复杂，总的说来是一北一南。

1933年发表的傅斯年《夷夏东西说》主张："自东汉末以来的中国史，常常分南北，或者是政治的分裂，或者由于北方为外族所统制。但这个现象不能倒安在古代史上。到东汉，长江流域才大发达。到孙吴时，长江流域才有独立的大政治组织。在三代时及三代

① 李学勤、唐云明：《元氏铜器与西周的邢国》，《考古》1979年第1期。

②《辞海》"泜水"条。

③《辞海》"若水"条，参看顾颉刚：《论巴蜀与中原的关系》，第10—11页，四川人民出版社，1981年。

④《史记·五帝本纪》。

以前，政治的演进，由部落到帝国，是以河、济、淮流域为地盘的。在这一片大地中，地理的形势只有东西之分，并无南北之限。历史凭借地理而生，这两千年的对峙，是东西而不是南北。"①这个观点曾有很大的影响。从近年考古工作的进展看，黄河流域和长江流域在中国古代文明的形成过程中都有重大作用，以致有学者提出中国"两河"之论。这与夷夏东西之说不合，却可印证《帝系》黄帝后裔二系的传说，加深了我们对这种古史传说的理解。

《帝系》云："昌意娶于蜀山氏，蜀山氏之子谓之昌濮氏，产颛顼。"

《山海经·海内经》："昌意降处若水，生韩流。韩流……取淖子曰阿女，生帝颛顼。"

郭璞注引《纪年》："昌意降居若水，产帝乾荒。"又引《世本》："颛顼母，浊山氏之子，名昌仆。"

《史记·五帝本纪》："昌意娶蜀山氏女曰昌仆，生高阳。"

《帝王世纪》："帝颛顼，高阳氏，黄帝之孙，昌意之子，姬姓也。母曰景仆，蜀山氏女，为昌意正妃，谓之女枢。金天氏之末，女枢生颛顼于若水，……"②

《水经·若水注》："昌意……娶蜀山氏女，生颛顼于若水之野。"

以上这些传说记载，或谓昌意娶蜀山氏女，或谓昌意之子乾荒（即韩流）娶淖子，共同点是生颛顼。蜀山氏或作浊山氏，浊从蜀声，系通假字。郝懿行《山海经笺疏》云："浊、蜀古字通，浊又通淖，是淖子即蜀山子也。"蜀山氏女之名应为昌濮或昌仆，景仆

---

① 傅斯年：《夷夏东西说》，《庆祝蔡元培先生六十五岁论文集》，第1093页，中央研究院历史语言研究所，1933年。后收入《傅孟真先生集》第4册中编下。

② 徐宗元辑：《帝王世纪辑存》，第27—28页，中华书局，1964年。

的"景"字则为形近之误。

《华阳国志》卷三《蜀志》:"蜀之为国,肇于人皇,与巴同囿。至黄帝,为其子昌意娶蜀山氏之女,生子高阳,是为帝喾。封其支庶于蜀,世为侯伯,历夏、商、周。"

这段记载,除帝喾为帝颛顼之误以外,均与《帝系》相应。类似的传说实际也见于扬雄的《蜀王本纪》,蒙文通先生曾有论述:"《路史·国名记》说:'蜀山(依《全蜀艺文志》引补"山"字),今成都,见扬子云《蜀纪》等书。然蜀山氏女乃在茂,详后《妃后国》。'《路史·国名记》上世妃后之国又说:'蜀山,昌意娶蜀山氏,益土也。'……可证蜀王为黄帝后世之说已见于《蜀王本纪》,只是清代洪、严诸家辑本遗漏了这一条。"[1]

蒙氏还指出,汉元、成间博士褚少孙云:"蜀王,黄帝后世也。至今在汉西南五千里,常来朝降输献于汉。"[2]蜀王子孙在汉代仍存,《蜀王本纪》等的内容系其家传资料,绝非无稽之谈。

从《华阳国志》得知,蜀国起源上古,昌意居于若水,所娶蜀山氏之子即蜀女。罗泌说蜀山在成都,也是由这样的认识推论的。《帝系》等书所记黄帝及其后裔缔姻的方国部族,有些可考而且相当重要,如《帝王世纪》所载黄帝次妃为方雷氏女,方雷见西周金文师旂鼎[3];《帝系》所载陆终娶鬼方氏妹,鬼方见殷墟甲骨文及《周易》等书。蜀山氏当时的位置虽未可定,但从昌意居若水,颛顼也生于若水看,其在后来蜀国范围内是无疑的。《蜀王本纪》《华阳国志》之说,都表明蜀有着非常悠久的历史,可作为《帝系》的

---

① 蒙文通:《巴蜀古史论述》,第39—40页,四川人民出版社,1981年。

②《史记·三代世表》。

③ 罗振玉编:《三代吉金文存》4,31,2。

补充。

蜀原有独立的起源，后与昌意至颛顼一系发生了联系，颛顼于是封其支庶于蜀，作为蜀的统治者。所谓支庶，当是指支子即庶子而言。这样，颛顼的后裔又增加一支，如：

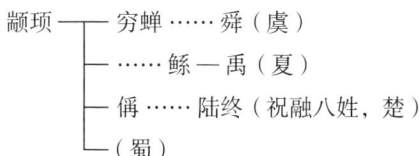

颛顼 ——— 穷蝉 …… 舜（虞）
　　　├ …… 鲧 — 禹（夏）
　　　├ 偁 …… 陆终（祝融八姓，楚）
　　　└（蜀）

上节已经讲过，《蜀王本纪》《华阳国志》记述的蜀国世系，互有异同，学者的解释也不一致。大家公认的是，世系大体可划分为三段：蚕丛、柏濩（或作柏灌、伯雍，字形相近）、鱼凫为一段，杜宇（望帝，蒲卑，或作蒲泽，亦字形相近）为一段，鳖灵（或作鳖令，即开明）为又一段。《蜀王本纪》说："从开明已上至蚕丛，积三万四千岁。"数字有误，《御览》引作"凡四千岁"，蒙文通先生考订应作"三千岁"①。《蜀王本纪》又说，蚕丛、柏濩、鱼凫，"此三代各数百岁"，可知三者均非个人之名，而是一种称号。望帝、开明也是如此，望帝据《蜀王本纪》有百余岁，开明据《华阳国志》有十二世。

作《华阳国志》的常璩不很懂得蜀国世系的这种特点，对传说中的神话成分又不理解，因而反对三千岁之说。他认为："……周失纪纲而蜀先王，七国皆王，蜀又称帝，此则蚕丛自王，杜宇自帝，皆周之叔世，安得三千岁？"②实则七国称王甚晚，以韩、赵、魏、

---

① 蒙文通：《巴蜀古史论述》，第42页，四川人民出版社，1981年。

②《华阳国志》卷十二《序志》。

燕、中山五国称王论，已在公元前323年，下距蜀国之亡仅仅七年，哪里容得下开明十二世？足见常氏所推年代全不足据。如以蚕丛为颛顼支庶，下距蜀亡确有二千多年，与三千岁之说并没有很大矛盾。

以上我们把以《帝系》为中心的传说做了一番梳理，并且讨论了传说中的蜀国古史。这些传说应有其"真正的史实素地"，对研究蜀文化有所启发。

所谓"蜀之为国，肇于人皇"，说明蜀是一个发端于上古的民族。这一民族有自己的悠久文化，并长期保持着文化的特色。蜀山氏女嫁给昌意或其子乾荒是在若水，即今雅砻江地区。《古文苑》注引《先蜀记》云："蚕丛始居岷山石室中。"蒙文通先生考为今松潘玉垒山，由此似可推知蜀人原居于四川西部山区，其后，才发展到成都平原一带①。

昌意或乾荒与蜀山氏缔姻，象征着蜀同中原文化的联系。很多人以为蜀地僻远，交通封闭，长期不通中原，甚至怀疑随武王伐纣的蜀的地理方位。现代考古学的发现已足纠正这种误解，有充分证据表明，在商代及其以前，蜀地已与中原有文化上的沟通。广汉三星堆的发掘，更以大量材料印证了这一点。徐中舒先生讲过："四川是古代中国的一个经济文化区，但是它并不是孤立的；也不是与其它地区，尤其是与中原地区没有联系的。四川的地形，山高水急，唐代诗人李白形容它说'蜀道之难，难于上青天'，这样过分的夸大，既不是事实，实际上这样艰险的环境，也不能限制我们勇敢勤劳的祖先的足迹。"②实为卓见。

---

① 童恩正：《古代的巴蜀》，四川人民出版社，1979年。

② 徐中舒：《论巴蜀文化》，第1页，四川人民出版社，1982年。

《蜀王本纪》讲到蚕丛以至开明称王，随后又说："是时人萌椎髻左衽，不晓文字，未有礼乐。"这几句较为模糊，所谓"是时"是包括蚕丛一直到开明，还是只指较古老的时期，不完全清楚。上节已说明，这是讲蜀国民众，同时"不晓文字，未有礼乐"，恐怕是站在西汉人的立场上，用中原的文字、礼乐作为标准来说的。从三星堆器物坑的发现看，商代的蜀不仅有自己的礼乐，而且受到中原礼乐的强烈影响。另外，到战国时期，蜀也有了自己的文字（巴蜀文字）。因此，不能因《蜀纪》这几句话，贬低蜀人的文化成就，更不可否定中原文化对蜀的影响关系。

颛顼封其支庶为蜀国统治者，世为侯伯，这一传说标出了蜀君与中原有更多的联系。有学者指出，"蜀地的人们共同体的基本成分本是当地土著"，与统治者有所区别[1]，是很对的。古国中类似这样的情况屡见不鲜。不过，蜀君和中原有关，必然也会把中原文化导入民间，值得注意。

传说中的世系显示，蜀和虞、夏、楚有共同的先世。关于虞与考古文化的关系，目前尚无所知，夏文化的问题则在热烈讨论之中。不少学者以为二里头文化是夏文化，我自己在50年代曾提出过这种见解[2]。上节已经说过，蜀国的陶盉、牙璋等确与二里头文化有明显的联系[3]。蜀、夏同出于颛顼的传说绝不是偶然的。

蜀与楚的同源，也是很有意义的传说。我们曾讨论过祝融八

① 孙华：《巴蜀文物杂识》，《文物》1989年第5期。

② 河南省考古学会、河南省博物馆编：《夏文化论文选集》，前言，中州古籍出版社，1985年。

③ 参看沈仲常、黄家祥：《从新繁水观音遗址谈早期蜀文化的有关问题》，《四川文物》1984年第2期。

姓[1]，指出八姓在夏商两代曾形成相当重要的诸侯国，到周代却大部分被视为蛮夷。仔细推考起来，八姓诸国的兴盛，主要是在夏代，己姓的昆吾、顾，彭姓的韦（豕韦），都是夏朝的支柱。豕韦在商代还是强国，最后终为商所灭。商、周的相继兴起，是玄嚣一系取代了昌意一系。属于昌意一系的八姓，只剩芈姓的楚国后来雄长南方，其余不是灭绝，就是衰落了。

考古学上，对早期的楚文化尚无清晰的概念，有待田野工作的进展。但有些迹象表明，较早的楚文化含有接近蜀的因素。例如曾经引起争论的楚公豕戈[2]，便和蜀戈颇相类似[3]。这件戈是西周晚期的。至于商代的荆楚，即今湖北、湖南间的地区，更与蜀地有较密切的文化关系。三星堆不少青铜器和两湖所出类同，是很好的证据。

目前，蜀国的考古研究应该说还处于开始的阶段，已经足以促使我们对与蜀有关的古史传说重新做出估计。可惜由于材料的限制，现在很难就蜀和其他文化间的关系进行深入的比较考察。相信在不久的将来会有更多更重要的发现，逐步把古史传说的奥蕴揭露出来。到那个时候，我们对蜀文化的认识，一定会和今天大不相同。

---

① 李学勤：《谈祝融八姓》，《江汉论坛》1980 年第 2 期。

② 李学勤主编：《中国美术全集·工艺美术编 4·青铜器（上）》，二三九，文物出版社，1985 年。

③ 冯汉骥：《关于"楚公豕"戈的真伪并略论四川"巴蜀"时期的兵器》，《文物》1961 年第 11 期。后收入徐中舒主编《巴蜀考古论文集》与《冯汉骥考古学论文集》。

五、禹生石纽说的历史背景

夏代的历史文化，在近年学术界已经成了一个热门的研究课题。有学者探讨夏人渊源[1]，认为"应该包括两个方面：一是它的祖先为何人；二是它的发源地在何处"。在夏的发源地问题上，列举了河南、山西、山东、陕西等说，而以四川殿后。虽然承认"确实，从古籍中，说禹生于四川、禹生西羌的传说不少"，却又说："如果禹是从四川兴起来到中原为王的话，那么，四川早应该与中原关系相当密切了。但事实上，四川直到战国时代的秦国灭了蜀国之后，才与北方真正发生密切的联系。……而且中原地区时代更近一些的二里头文化，至今尚未见四川地区有这样发现的报道。所以，禹生四川之说尚难据信。"这是说四川为禹生地最无根据。

事实上，禹生于今四川的传说起源甚早，过去顾颉刚等先生曾有专门研究，这里无须详述。有关这一传说的记载，大家最熟悉的是《史记·六国年表》：

> 或曰东方物所始生，西方物之成孰（熟）。夫作事者必于东南，收功实者常于西北，故禹兴于西羌，汤起于亳，周之王也以丰镐伐殷，秦之帝用雍州兴，汉之兴自蜀汉。

《集解》引皇甫谧云："孟子称禹生石纽，西夷人也。传曰禹生自西羌是也。"《正义》云："禹生于茂州汶川县，本冉駹国，皆西

---

[1] 杨国勇：《夏族渊源地域考》，《夏史论丛》，齐鲁书社，1985年。

羌。"《夏本纪》正义也据皇甫谧《帝王世纪》说:"扬雄《蜀王本纪》云:'禹本汶山郡广柔县人也,生于石纽。'"又引《括地志》云:"茂州汶川县石纽山在县西七十三里。《华阳国志》云:'今夷人共营其地,方百里不敢居牧,至今犹不敢放六畜。'按广柔,隋改曰汶川。"

皇甫谧说孟子称禹生石纽云云,是有错误的,《孟子·离娄下》只提到舜和文王,没有讲到禹。他大概是把陆贾的话误记成孟子了。按《新语·术事》云:

> 文王生于东夷,大禹出于西羌,世殊而地绝,法合而度同。

和《离娄下》"舜生于诸冯,迁于负夏,卒于鸣条,东夷之人也;文王生于岐周,卒于毕郢,西夷之人也。地之相去也千有余里,世之相后也千有余岁,得志行乎中国,若合符节"一段语意类同[1]。《新语》作于汉高祖时,《挟书令》尚未解除,所以"大禹出于西羌"之说一定始于先秦。司马迁讲"禹兴于西羌"应该也是由此而来。

禹生石纽之说,实出于《蜀王本纪》《华阳国志》等蜀人著作。前已引及,蒙文通先生曾经指出,西汉元、成间博士褚少孙云:"蜀王,黄帝后世也。至今在汉西南五千里,常来朝降输献于汉。"《蜀王本纪》等的内容即根据蜀人世传[2]。禹的生地自然是当时蜀地流行的传说之一,不过仔细考察起来,此说却有着相当深远的历史背景。

---

[1] 王利器:《新语校注》卷上,中华书局,1986年。"文王"一句有误。
[2] 蒙文通:《巴蜀古史论述》,四川人民出版社,1981年。

最近我在一篇拙文中提到，由文献记载看，"黄帝是先秦几个王朝的共同始祖。古书中常见'三代'，指夏、商、周，有时前面再加上虞（包括唐尧、虞舜）称作四代。虞、夏的祖先是黄帝之子昌意，商、周的祖先是黄帝之子玄嚣。这样的传说表明，以中原地区为中心的这几个王朝，虽然互相更代，仍有着血缘以及文化的联系"①。

如上面两节所述，《大戴礼记·帝系》说："青阳降居泜水，昌意降居若水。"青阳就是玄嚣，泜水《史记》作江水，系形近而误。玄嚣一系都活动在中原和北方，昌意一系则多与南方相关②。昌意所居若水，即今四川西部的雅砻江，传说中他或他的儿子乾荒娶蜀山氏女，而颛顼也生自若水③，历见于《大戴礼记·帝系》《山海经·海内经》《纪年》《世本》《史记·五帝本纪》《帝王世纪》《水经·若水注》等古书。《华阳国志》所记尤为详明。所以，昌意到颛顼这一系出于今四川，并不是蜀人独有的说法，而是古代公认的传说。禹生石纽之说放在这样的背景里，便不是独立的了。

章太炎所撰《序种姓》说："黄帝葬于桥山，地在秦、陇，而顼、喾皆自蜀土入帝中国。"④正是依照上述论据而言。

《华阳国志·蜀志》云昌意娶蜀山氏女，《路史》认为蜀山即成都，而蜀山氏女在茂，即汶川所在的茂州。蜀君最早的蚕丛，居岷

---

① 李学勤：《炎黄文化与中华民族》，《炎黄春秋》总第8期，1992年。

② 李学勤：《〈帝系〉传说与蜀文化》，《四川文物·三星堆古蜀文化研究专辑》，1992年，即本书本篇第四节。

③《吕氏春秋·古乐》。

④ 章炳麟：《章太炎全集（三）》，第175、363页，上海人民出版社，1984年。按帝喾之说系据《华阳国志》误文。

山石室中，蒙文通先生考定为今松潘的玉垒山。这些地点，都与禹的生地石纽相去不远，由此可见，禹生石纽绝不是偶然产生的传说。

禹生于西羌，是一个极富于启示性的传说，但如何解释，很不容易确定。

石纽这一带的羌人原非土著。以前马长寿先生做过详细研究，说明："《后汉书·西南夷传》记：汉代时，'其山有六夷、七羌、九氐，各有部落'。六夷指冉駹夷等，在汶山郡的西部；九氐指湔氐等，在长江发源地的湔氐道；七羌则指白马羌等，在白马岭一带。"羌族是在汉代以前从黄河上游的赐支河曲迁徙到岷江上游的。"从周到秦统治岷江上游诸族的主要是蚕丛所建的蜀国政权。……我疑羌民传说中的戈人就是蜀国之后所谓'纵目人'之类，羌族战胜戈人的时期当在秦汉之际。"[1]

根据马长寿先生的意见，"西羌的起源很早，河湟地区也很早就形成了西羌分布的中心"。他们在先秦时期即陆续向南方、向中原迁徙，"例如大禹治水的时候，成汤建国的时候，武王伐纣的时候，幽王政变的时候，以及春秋时晋、秦争霸的时候，西羌以各种不同的名义多次向东方中原各地迁移"[2]。羌人到石纽一带是很晚的，在禹的时期，这一地区并没有羌人。

这样，就有以下的三种可能：

第一，禹生石纽是羌人到来以前蜀人的传说。如前所述，蜀人自称源出黄帝，其始封君为颛顼支庶，因而同禹有血缘联系。

近年考古工作证明，在商代及其以前，蜀人已经和中原文化有

---

① 马长寿：《氐与羌》，第174—175页，上海人民出版社，1984年。

② 马长寿：《氐与羌》，第97—98页，上海人民出版社，1984年。

所沟通。蜀国的陶盉、牙璋等确与二里头文化明显相关，而牙璋长期成为蜀人的崇拜物①。二里头文化最可能是夏文化，其牙璋又最为发达。这指示我们，夏与蜀实有一定关联。

第二，禹生石纽是羌人带来的传说。"古代的氐和羌都是西戎，都居住在西方，又同属汉藏语系"②，故禹也有生于戎地之说，如《尚书纬·帝命验》有"姒戎文禹"之称，注云："姒，禹氏，禹生戎地，一名政命。"③

夏人与戎关系密切。《左传·定公四年》载，周初之封唐叔，"命以《唐诰》而封于夏虚，启以夏政，疆以戎索"④。可知夏代的中心地区仍保存戎的文化因素，晋国不得不沿用以行统治。作为西戎一部分的羌人移入四川，于是将禹的传说也带了过来。

第三，禹生石纽是夏人自己的传说。作为颛顼后裔的夏人本在四川境内，这有昌意到颛顼与蜀山氏通婚之说作为旁证。夏禹生在石纽，随后北上，遂都于中原，而有关传说仍保存在原地，为蜀人及后来的羌人所流传。

这三种可能的说法，究竟哪一种对，目前还没有足够的理由去判断。无论如何，禹生石纽的传说是很重要的，它反映着古代的历史实际。相信考古学和文献学、民族学的发展，会使这一传说得到

---

① 李学勤：《〈帝系〉传说与蜀文化》，《四川文物·三星堆古蜀文化研究专辑》，1992年，即本书本篇第四节；李学勤：《论香港大湾新出牙璋及有关问题》，《南方文物》1992年第1期，即本书第二篇第五节。

② 马长寿：《氐与羌》，第9页，上海人民出版社，1984年。

③ 王利器：《新语校注》卷上，第43页，中华书局，1986年；马国翰：《玉函山房辑佚书》，第2030页，上海古籍出版社，1990年。

④ 参看杨伯峻：《春秋左传注》。

进一步的阐明。

我们探讨已为人们淡忘的古史，必须充分利用一切材料，吸取各种学科的成果。简单地用荒昧无稽之类语句去否定古史传说，是不能揭示历史真相的。田野考古业已证明，长久以来被认为与中原不通的蜀地，实际同中原历史文化息息相关，对中国古代文明的形成发展多有贡献。这一点应该足以开拓我们的眼界。

六、商文化怎样传入四川

近代不少学者怀疑蜀国的古史，认为传说不足凭信，中原的影响当时很难达到这样遥远的地方。由于有关的文献太少，虽然有些著作对传说倾向肯定，也无从举出佐证。令人欣幸的是，近年的考古工作为研究夏、商、周时期中原文化与蜀地的关系提供了相当多的线索。1986年在四川广汉三星堆发掘的两座器物坑，堪称这方面一次最重要的发现。这两座坑的发掘简报，已在《文物》月刊1987年第10期和1989年第5期上先后发表，其内涵的绚丽多彩，富于特色，引起了文物考古界的普遍兴趣。大家注意到，器物坑中出土的好多青铜器、玉器，显然是中原文化影响的产物。看来《华阳国志》的记载实有根据，并非荒诞子虚之谈。

三星堆两座器物坑的年代，有着明确的考古学依据。据简报，这两座坑在同一区域内，相距只不过30米。一号坑开口于第Ⅱ发掘区的第六层下，二号坑开口于同区的第五层下。第六层属三星堆遗址第三期后段，第五层则属第四期前段。遗址已有一些碳十四年代数据，据称第二、三期的若干数据均在距今4000—3500年间，第四期的一个数据为距今3005±105年。有关第三期的数据可能偏早一些，结合器物类型考察，估计一号坑相当殷墟早期，二号坑相当殷墟晚期，是比较合适的。

众所周知，位于河南北部的殷墟是商文化的中心。现在的问题是，中原的商文化通过怎样的途径影响到遥远的成都平原？

三星堆器物坑的出土品，最便于同中原所出对比的，是青铜容器。下面就想以现已公布的青铜容器为据，探讨一下商文化影响如何传入当地的问题。

两座器物坑都有青铜容器出土。一号坑的青铜容器数量较少，种类有尊、瓿、盘和器盖四种。

尊是所谓龙虎尊，侈口折肩，"肩上饰三龙，肩下饰三虎，虎口衔人，腹部饰羽状云雷纹，圈足饰云雷纹组成的饕餮纹，并开十字镂孔"。简报还指出，这件尊的形制、纹饰和工艺都和1957年安徽阜南朱砦润河发现的龙虎尊[1]相似。

仔细观察，两件龙虎尊虽然相当接近，实际上还是有差别的。阜南的龙虎尊，不少地方仍带有商文化二里岗期的意味。比如尊的圈足上面的饕餮纹，线条是柔和流动的，没有衬地的花纹，眼睛作圆角的矩形。另外，尊的扉棱线条也是流动的，呈连续的钩形。三星堆的龙虎尊就不如此，圈足的饕餮纹有立羽和雷纹衬地，眼睛作"臣"字形，腹部纹饰立羽的成分也大为增多，这更接近于殷墟早期的某些器物。所以，三星堆的龙虎尊应比阜南的尊年代要晚一些。

龙虎尊腹部的主题花纹是"虎口衔人"或说是"虎食人"。虎

---

[1] 李学勤主编：《中国美术全集·工艺美术编4·青铜器（上）》，一○一，文物出版社，1985年。

食人（还有龙食人）的纹饰，多见于商代到周初，典型的代表是传出土于湖南安化的虎食人卣。殷墟也有这种奇异的纹饰，有一件传殷墟出土的石鼎^①，有虎食人花纹，其人形和三星堆龙虎尊尤为相像。目前，我们还无法详细了解这种纹饰所表现的观念，但它无疑体现着某种特殊的神话和信仰。

一号坑的瓿，简报称作"罍"，并说其形制、纹饰与1965年河北藁城台西出土的一件^②相似。台西的该器是瓿，所以三星堆的两件"罍"也是瓿。台西的那件系墓葬所出，从同出器物看，属台西墓葬第二期，即相当殷墟早期。瓿的花纹是目雷纹和饕餮纹，我们知道，目雷纹的出现颇早，殷墟妇好墓青铜器上这种花纹已很通行。一号坑的盘，折沿无耳，腹外饰联珠纹；同出器盖，上饰斜角云纹。这两种花纹的出现，也是较早的。

三星堆二号坑的青铜容器数量较多而器种较少，据简报有尊、罍、彝三种。

尊有几件，已修复发表的有四牛尊、三羊尊各一件。四牛尊系圆尊，侈口折肩，肩上装饰有四个牛首和八只伏鸟。尊腹部和高圈足都饰饕餮纹，有三道扉棱，圈足上有方形镂孔。这件尊的花纹和扉棱都是三个单位，而肩上的牛、鸟却是四个单位，很是奇特。三羊尊也是圆尊，侈口折肩，肩上饰三羊首、三伏鸟，腹部和高圈足均饰饕餮纹，有三道扉棱，圈足上有方形镂孔。

以上两件尊的圈足都很高，足壁的中腰向外膨出，是一个明显的特点。殷墟的圆尊也有高圈足的，如《殷墟妇好墓》图版二一

---

① 见梅原末治：《河南安阳遗物之研究》，第38页第19图。

② 见《考古》1973年第1期图版玖：3。

尊，然而其足壁不膨出，是直的。还有尊肩上的伏鸟装饰，是又一个特点。

可以和这两件尊比较的，有以下三件尊：

（一）1966年湖南华容出土的尊[①]，肩饰三羊首、三伏鸟。

（二）1987年湖北枣阳新店村出土的尊[②]，肩饰三牛首、三伏鸟。

（三）1963年陕西城固苏村出土的尊[③]，肩饰三牛首、三伏鸟。其高圈足中腰均膨出，（一）（三）尤其明显。细看，三星堆的尊与华容、枣阳两件更为相近，伏鸟的状态，扉棱的样子都近似。饕餮纹也是同一类型的，特点是鼻上有直竖的冠，这在湖南商代青铜器上常见，同时花纹的各部分多加饰乳丁，好像小的眼睛，也很特异。城固的尊，则不具备这些特点。

二号坑的罍有三件，已发表的一件完整的，肩上饰四羊首，可称为四羊罍，其腹及圈足都饰以饕餮纹。这件罍的特点是，腹下部不像常见的罍那样收敛，只比肩部略细一些，望上去有点像圆筒形，是很罕见的。与之接近的，可举出：

（一）1982年湖南岳阳鲂鱼山出土的罍[④]，肩饰四兽首，腹上饕餮纹，鼻上有直竖的冠。

（二）1987年湖北沙市东岳村出土的罍[⑤]，肩饰四羊首。

---

① 李学勤主编：《中国美术全集·工艺美术编4·青铜器（上）》，一〇八，文物出版社，1985年。

② 见《中国文物报》1988年7月8日。

③ 陕西省考古研究所、陕西省文物管理委员会、陕西省博物馆编：《陕西出土商周青铜器（一）》，———，文物出版社，1979年。

④ 见《湖南考古辑刊》第2集，图版壹。

⑤ 见《江汉考古》1987年第4期，第93页。

而以（一）的器形更为近似。

沙市的罍，腹部纹饰是一种很特别的饕餮纹，其鼻上有直竖的冠，口是横通的，不显颚部，整个结构和三星堆二号坑三羊尊的腹部花纹酷似。仔细端详这种饕餮的颜面，眉目口鼻的布局，和三星堆的青铜人面很有相近之处，值得注意。

二号坑的尊、罍，出土时器表多涂朱，器内装有玉器、工具、铜饰之类物品。青铜容器中贮放玉器、小件铜器的情形，曾在湖南发现多次。前述城固苏村的尊，发现时里面也放有铜兽面。这种现象，肯定是一种共通的礼仪信仰的遗存。

蜀道之难名闻天下，自古入川的道路，由成都平原北上陕西，常经汉中，城固在这条线上。如自湖北、湖南通向四川，则必沿江穿过三峡。三星堆的青铜文化最接近于湖南、湖北，而且与淮河流域的安徽一隅也有联系。因此，我们似乎可以设想，以中原为中心的商文化先向南推进，经淮至江，越过洞庭湖，又溯江穿入蜀地。这很可能是商文化通往成都平原的一条主要途径。

我们研究中原以外地区的青铜器，不能简单地用中原地区青铜器的序列作为标尺。可是本节的论述已经表明，三星堆青铜容器能够和年代相当的中原以至两湖等地器物直接比较。这说明，当时通向四川的途径是畅通的，商文化的影响可以迅速地传入成都平原。特别是四川、两湖一带，关系密切。这对古史研究，应当有重要的意义。

在三星堆的陶器、玉器上，还可以看到二里岗期商文化，以至更早的二里头文化的影响。这些文化影响怎样传来，需要进一步研究。城固已经发现有二里岗期青铜器，所以由汉中入川的路线，其价值也不容低估。

七、三星堆饕餮纹的分析

1986年在广汉三星堆发现的两座器物坑，文物内涵非常丰富，多为前所未见，自简报公布，已激起海内外学术界的普遍兴趣。大家不仅对器物坑的性质和意义做了深入的讨论，而且扩大注意到整个三星堆遗址，以及其他与蜀文化有关的考古、历史问题。1992年关于三星堆考古发现暨巴蜀文化的学术会议在广汉举行，是这方面发展的明显标志。看来，三星堆和蜀文化的研究工作今后必将有更为宏阔的前景。

三星堆的发现，已经给学术界提出了一系列十分重要的研究课题。其中大家正在讨论的一点，就是蜀文化与中原文化的关系。在上节中，我从三星堆两座器物坑若干青铜器的考察出发，主张"以中原为中心的商文化先向南推进，经淮至江，越过洞庭湖，又溯江穿入蜀地。这很可能是商文化通往成都平原的一条主要途径"[1]。最近蒙友人告知，小三峡地区也发现有关的青铜器，似可支持我这一看法。如大家所知，纹饰可以说是青铜器的一种"语言"，透过它足以理解器物的文化性质和特点。由于三星堆青铜器仍有一部分没有发表，这里只对一些器物上面的饕餮纹试作论述，请读者指正。

已发表的有饕餮纹的青铜器，计有下列五件：

出自一号器物坑（图15）的有龙虎尊（K1：158）[2]，其圈足饰

---

[1] 李学勤：《商文化怎样传入四川》，《中国文物报》1989年7月21日，即本书本篇第六节。

[2] 四川省文物管理委员会、四川省文物考古研究所、四川省广汉县文化局：《广汉三星堆遗址一号祭祀坑发掘简报》，图一一：4，《文物》1987年第10期。

饕餮纹。

出于二号坑的有四牛尊（K2：146）[①]、三羊尊（K2：127）[②]、四羊罍（K2：70）[③]，三件的腹部与圈足均饰饕餮纹，唯其类型不同。同坑所出又有铜兽面（K2：229）[④]，其全体可视为饕餮面形。

关于饕餮纹的研究，已有相当长的历史。单就近代而论，容庚、高本汉、李济、张光直、林巳奈夫等学者都曾于此致力，最近陈公柔、张长寿两位所著《殷周青铜容器上兽面纹的断代研究》更做了新的系统整理[⑤]。饕餮纹的类

图 15

[①] 四川省文物管理委员会，四川省文物考古研究所，广汉市文化局、文管所：《广汉三星堆遗址二号祭祀坑发掘简报》，彩色插页贰：2，《文物》1989年第5期。

[②] 四川省文物管理委员会，四川省文物考古研究所，广汉市文化局、文管所：《广汉三星堆遗址二号祭祀坑发掘简报》，图版肆：1，《文物》1989年第5期。

[③] 四川省文物管理委员会，四川省文物考古研究所，广汉市文化局、文管所：《广汉三星堆遗址二号祭祀坑发掘简报》，图版肆：2，《文物》1989年第5期。

[④] 四川省文物管理委员会，四川省文物考古研究所，广汉市文化局、文管所：《广汉三星堆遗址二号祭祀坑发掘简报》，图版叁：3，《文物》1989年第5期；四川省博物馆编：《巴蜀青铜器》，二六〇，成都出版社、紫云斋出版有限公司，1993年。

[⑤] 陈公柔、张长寿：《殷周青铜容器上兽面纹的断代研究》，《考古学报》1990年第2期。

型和演变，是一个极为复杂的问题。《断代研究》的贡献，在于该文以考古发掘材料为主要依据，把商周饕餮纹简便地划分为"独立兽面纹"、"歧尾兽面纹"、"连体兽面纹"和"分解兽面纹"四型。这种分型方法是否适用于饕餮纹的全体发展过程，能否概括饕餮纹在不同地区的种种变化，值得反复试验和探索。下面我们就试以这种方法来分析上述三星堆的饕餮纹。

还是先从一号坑的龙虎尊谈起。

简报曾指出，这件龙虎尊形制、纹饰与工艺均与1957年安徽阜南朱砦润河出土的一件相似。我在上节已提到，仔细观察时，两件龙虎尊尽管接近，还是有差别的。阜南朱砦的龙虎尊[1]，很多地方带有商代前期即二里岗期的因素，例如线条流动的勾云状扉棱。就纹饰而言，情形也是这样。

阜南朱砦的龙虎尊腹上花纹，属于所谓三层花，其衬地已出现少数立羽，但不明显。在虎形下被噬的人形两侧，有一对有利爪、尾部上卷的夔纹，眼睛是"臣"字形的，表现得相当突出。三星堆的龙虎尊腹上花纹，总的构造和阜南的相同，而其衬地的立羽形更为明显。如在下垂的虎尾外侧，立羽已经是典型的。另外，人形两侧的夔纹变得很不引人注目，尾部仍旧上卷，爪部则已经消失。整个说来，这里的夔纹已融入地纹之中，假如没有"臣"字形的眼睛，便几乎不可见了。

圈足上的饕餮纹，也有类似的变迁。阜南龙虎尊该处的饕餮，是没有地纹的，完全属于二里岗期的式样，在陈、张文中，可划归

---

[1] 李学勤主编：《中国美术全集·工艺美术编4·青铜器（上）》，一〇一，文物出版社，1985年。

"连体兽面纹"的Ⅲ1式。如该文所描写，其特点为："花纹由阳线构成。兽面的双角向内卷，圆睛突出，直鼻有翅，张口，兽面两侧有细长的躯干，尾部向上卷，空隙部分用云纹填充。郑州出土的大圆鼎口下饰一周这式兽面纹饰带。"阜南尊圈足上的纹饰，与此全然相合。

三星堆龙虎尊圈足的饕餮，已发展成三层花的，在陈、张文中，可划归"连体兽面纹"的Ⅲ3式。细细看来，这件尊足上的饕餮，好多地方仍与阜南尊的相类，比如角、冠、颚、尾的形状。不同的地方只有两点，一个眼睛由椭形变为"臣"字形，一个是背上出现了明显的立羽。陈、张文说明，这种饕餮纹是殷墟一期该型的主流，并举出小屯YM232、331、333、388几件器物作证。不过三星堆龙虎尊足上的饕餮，两侧并没有像小屯几件那样加衬小的夔纹。

龙虎尊的纹饰无疑是有特殊的礼仪意义的，否则我们就无法解释，为什么在相隔很远的地区会出现类同的这项器物。三星堆的一件是继承着阜南朱砦那件的，或许两者同有所本，是一条发展链环上的两个环节。从这里又可以知道，自阜南的尊到三星堆的尊，纹饰演变的轨迹和中原地区是一致的。

二号坑出土的四羊罍，圈足上面的纹饰也是陈、张所分的"连体兽面纹"，接近于其Ⅲ11式定在殷墟三期的一例[1]。它已经没有立羽了，在其尾后，有伸出上歧的羽形。这种情况，和二号坑的年代是相呼应的。

---

[1] 陈公柔、张长寿：《殷周青铜容器上兽面纹的断代研究》，图七，《考古学报》1990年第2期。

特别需要注意的，是罍腹上的饕餮纹。这个花纹有华丽的冠，双角内卷，内眦特大，阔口锐齿，有垂叶形的下颌。饕餮有躯体和尾，前足直竖，下为利爪，因此仍属于"连体兽面纹"的范畴。有意思的是，花纹的口部是横贯的，这在"连体兽面纹"中殊为罕见。

横贯的口，使饕餮不能简单地对剖成一对夔纹，我在一篇小文中曾提到过①。对于有这一特征的饕餮纹做出专门搜辑和研究的，是美国贝格利教授的《沙可乐藏商代青铜礼器》②。根据他开列的材料，可知具有这个特征的基本上都是"独立兽面纹"，也便是无体无尾的饕餮纹。像三星堆此罍上面的"连体"的饕餮，再找一例很不容易。

四羊罍在形制上也是特殊的，如前文所说，其特点在于腹的下部不像常见的罍那样内收，因而看来略呈圆筒形。与之类似的，有1982年湖南岳阳鲂鱼山和1987年湖北沙市东岳村的两件。岳阳的罍，腹上的饕餮是"独立"的，也有横贯的口③。看来三星堆的这个花纹，有可能是接受由东而来的影响，又加以本地的创造。

沙市东岳村的罍④，纹饰是相当独特的。其腹部上的饕餮属于"分解"型，而细看其形态，实自"连体"型蜕变而来。按照陈、张文的研究，"分解兽面纹"是到殷墟二期才兴起的，所以它的

---

① 李学勤：《沣西发现的乙卯尊及其意义》，《文物》1986年第7期。

② Robert W. Bagley, *Shang Ritual Bronzes in the Arthur M. Sackler Collections*, pp. 293–301, Harvard, 1987.

③ 岳阳市文物管理所：《岳阳市新出土的商周青铜器》，图版壹，《湖南考古辑刊》第2集，1984年。

④ 彭锦华：《沙市近郊出土的商代大型铜尊》，《江汉考古》1987年第4期。

出现是年代偏晚的标志。沙市罍的饕餮纹有直竖与鼻通连的牌状冠，这是常见于湖北、湖南商代青铜器的一个特点。罍的花纹双角外卷，躯体及尾退化成线条状，足爪已消失，两侧的夔纹也变成线条。只有饕餮的面部异常夸张，有眉，"臣"字形眼，鼻翅很宽，颚广而平，给人以不平常的印象。罍圈足上的饕餮，也是"分解"的，冠、躯体及尾的特点都类于腹部花纹，但首上有竖立的双耳，耳端是尖的；同时颚的形状较为一般，与腹部的饕餮不同。

有趣的是，同样的花纹组合见于三星堆二号坑的三羊尊。尊的腹部、圈足的饕餮，都和沙市的罍有共通处。其腹部的花纹，总的说来近于沙市罍，也是"分解"的，除了双角更长而垂卷，没有体尾而有突出的足爪外，其他因素都是几乎一致的。饕餮面的眉、眼、颚等处，尤具特色。尊圈足的"分解"的饕餮，亦有尖的竖耳，只是两侧的夔纹表现得比较完整，不像沙市罍那样线条化。

三星堆三羊尊与沙市罍腹部这种特别的饕餮面，形状是横长的，其基本轮廓与三星堆二号坑所出铜兽面颇为相似。该坑中这种铜兽面共有九件，简报作为标本的一件宽27厘米、高12.2厘米，"根据兽面尺寸及四角的穿孔，推测当为祭祀时巫师所戴面具"[①]。兽面本身就是饕餮面形，有冠和外卷的双角，有躯体和上卷的尾，眼睛为"臣"字形而外眦特长，有横贯的口。唯一的明显差别，是兽面无眉。如果我们单独看三星堆三羊尊和沙市罍花纹的面部，就

---

① 四川省文物管理委员会，四川省文物考古研究所，广汉市文化局、文管所：《广汉三星堆遗址二号祭祀坑发掘简报》，第10—11页，《文物》1989年第5期。

很容易看出，因为其颚部形状的特异，显得和一般常见的饕餮很不一样。常见的饕餮一定要有侈张的嘴，许多还表现出锐利的牙齿，这里没有，从而便好像是人的颜面。

三星堆器物坑的著名，很重要的原因之一是出土了大量的铜人面，以及形态不一的铜人像。有关材料，于简报之外，还见于四川省广汉市文化局的《广汉三星堆遗址资料选编》①、四川省博物馆的《巴蜀青铜器》和1990年的《中国文物精华》②等书。所有人的颜面，都有共同的一种貌相，即粗眉，大眼，阔鼻，广而紧闭的口。这种貌相的特点，同上述三羊尊和罍上饕餮纹所具有的颜面，神情颇为酷肖，只是后者图案化了。这一现象当然非出偶然，充分说明尊、罍上的花纹属于地方的特色。

最后，我们再来看三星堆二号坑的四牛尊。这种尊的形制同上述三羊尊相类，上节已指出它们近似于1966年湖南华容、1987年湖北枣阳新店村、1963年陕西城固苏村分别发现的几件，而与华容、枣阳两件更为相近。以这件尊和华容的尊对照，腹部和圈足上的饕餮纹彼此都很相似。腹上的花纹有外卷的角，而足上的有尖竖的耳；腹纹已趋"分解"，足纹仍可算"连体"。它们的共同特征，是冠、鼻连通，呈牌状。城固尊上的花纹，腹、足是一样的，都是"连体兽面纹"，有内卷的角，横贯的口，与湖北、湖南和三星堆有关而差异较多。文化关系之远近亲疏，由此可见一斑。

根据上面的讨论，我们似可归结出这么几点：

---

① 四川省广汉市文化局编：《广汉三星堆遗址资料选编（一）》，1988年。

② 中国文物交流服务中心《中国文物精华》编委会编：《中国文物精华（1990）》，文物出版社，1990年。

第一，纹饰的分析表明，三星堆两座器物坑所出的青铜器的年代，与两座坑本身的年代，即由有关碳十四年代推定的一号坑相当商文化的殷墟早期，二号坑相当殷墟晚期，是互相一致的。这说明当地的文化（蜀文化）发展是与商文化的发展平行的，彼此的影响传播是畅通的。

第二，三星堆两座器物坑中与中原所出近似的青铜礼器，是当地文化接受中原影响的证据。不过，这种影响不是直接传入当地的，其媒介应该是今湖北、湖南地区当时的文化。三星堆礼器的饕餮纹，最接近湖北、湖南所发现，指示我们这种媒介作用的存在。如果湖北、湖南的当时文化可以用《商颂》的话称之为商代的"荆楚"文化，"荆楚"与蜀在文化上的渊源实甚古远。

第三，三星堆这些礼器上的饕餮纹，虽均不出饕餮纹的总范围，然而细心观察，仍有其地方特性。其他纹饰，如二号坑铜立人的一些花纹，性质也是如此。同出的别的器物上，还有纯属地方特色的纹饰。这样中原与地方特点骈列杂陈的状态，反映着蜀与中原王朝的沟通。总的说来，蜀文化是有自身的渊源、自身的演变的，在接受了长时期的中原和其他地区的文化影响之后，才逐渐融汇到全国的文化进程中去。今后，随着蜀文化考古的深入开展，我们会对这方面的细节有更清楚的认识。

这里的讨论还说明，对饕餮纹这一类考古学重要文化因素的研究，应该更多地重视分地区的整理分析。这样，可以看出文化因素怎么传播、影响，怎么发生种种的歧异和演变，对各种文化的探讨将会起较大的促进作用。

八、新干大洋洲商墓的若干问题

1990年11月，江西省文物局、江西省博物馆向新闻界公布了新干大洋洲发现商代大墓的讯息，随后报刊做了报道①，一些观察过大墓遗物的学者谈了发现的重大意义。这座大墓远在赣中，内涵又十分丰富，引起了海内外学术界的广泛重视。随后发掘简报在《文物》1991年第10期发表，为深入研究提供了条件。

我在一篇短文中②，曾以大洋洲墓与著名的殷墟妇好墓比较，指出大洋洲墓的椁室大于妇好墓，两墓所出青铜器数量相当，妇好墓的玉器较多（可能同墓主性别有关），大洋洲墓的陶器则远多于妇好墓。如简报所说，大洋洲墓的陶器多达300多件，统属于吴城二期，这就使判断大墓的年代有了可靠的依据。

大洋洲墓的陶器，不但形制和质地与吴城遗址所出相类，连陶文也是一致的。墓中最多见的陶文是横书的"戈"，还有作"戈甲（疑为'革'字初文）"二字的。吴城遗址也有这样的"戈"，多为二期；"革"亦出现过，也属二期③。

1975年清江（今樟树）锄狮垴出土的扁足铜鼎，足作浮雕夔形，

---

① 《江西新干发现大型商墓》，《中国文物报》1990年11月15日；李申：《江西新干发现大型商墓》，《江西文物》1990年第4期。

② 李学勤：《新干大洋洲大墓的奇迹》，《文物天地》1991年第1期。

③ 江西省博物馆、清江县博物馆：《江西清江吴城商代遗址第四次发掘的主要收获》，附表《吴城商代陶文和石刻文字（符号）》，《文物资料丛刊》2，1978年。

耳上饰伏虎①，很有特色，大洋洲墓有类似的鼎多件。锄狮垴的鼎，正属于吴城二期②。

已经有学者把吴城二期的文化遗存与中原商文化做过比较，认为相当"商代后期早段"③。还有论文以吴城遗存与河北藁城台西对比④，认为吴城二期大体相当台西二期，这与"商代后期早段"之说符合。1973年清江正塘山出土的铜斝⑤，属吴城二期，其形制是平底，有腹折，这种型式的斝多见于台西一期，但在台西二期仍有存在⑥。

吴城遗址已有几个碳十四年代数据。中国社会科学院考古研究所实验室对吴城二期、三期两个标本的测定，经树轮校正分别为距今3760±180年和3590±135年⑦。北京大学考古专业实验室对吴城三期三件标本的测定，经树轮校正分别为距今3400±165年、3400±155年、3160±130年⑧。这些数据似乎都偏早，以致这次大洋洲墓的一个碳十四年代数据接近于吴城三期的数据。

---

① 江西省博物馆、清江县博物馆：《近年江西出土的商代青铜器》，《文物》1977年第9期；李学勤主编：《中国美术全集·工艺美术编4·青铜器（上）》，一〇四，文物出版社，1985年。

② 彭适凡：《中国南方古代印纹陶》，第76页，文物出版社，1987年。

③ 彭适凡：《中国南方古代印纹陶》，第76—85页，文物出版社，1987年。

④ 唐云明：《台西与吴城》，《殷都学刊》1986年第2期。

⑤ 江西省博物馆、清江县博物馆：《江西清江吴城商代遗址第四次发掘的主要收获》，图版伍：2，《文物资料丛刊》2，1978年。

⑥ 李学勤、唐云明：《藁城台西青铜器的分析》，《中原文物》1986年第1期。

⑦ 彭适凡：《中国南方古代印纹陶》，第110页注⑤，文物出版社，1987年。

⑧ 中国社会科学院考古研究所：《中国考古学中碳十四年代数据集 1965—1981》，第61页，文物出版社，1983年。

综合各方面情况考察，我觉得把大洋洲墓定为"商代后期早段"的吴城二期是妥当的。以下对大墓各种器物的讨论，也可以证实这一点。

大洋洲墓青铜礼器的一个显著特点，是既保存着不少商代中期即相当二里岗上层的因素，又出现了商代后期才有的若干新的成分。

有些礼器与二里岗上层时期器物非常相似。最显而易见的是大方鼎，除立耳上面的伏虎外，形制、纹饰、大小和铸造工艺都与郑州所出的几件基本相同。还有卵形腹下设三小足的卣，与1980年陕西城固龙头镇发现的一件也颇相像①。大方鼎上的饕餮纹带，是典型的二里岗时期流行的单层饕餮纹。柱足圆鼎（001）的饕餮纹亦由此发展而来，仍没有地纹。这件圆鼎有断续的钩状扉棱，也是二里岗时期传流下来的因素，在大洋洲墓若干器物上都可见到。墓中还出有原嵌于漆木器上的同形玉扉棱。

更多的礼器则带有类似殷墟早期的风格。我曾提到，方卣的形状很像小屯YM331的卣，假腹豆也像YM388的白陶豆②。在青铜器的纹饰方面，大洋洲墓屡见的上附立羽的饕餮纹，在殷墟早期多见，在藁城台西也屡见不鲜，到妇好墓就被更新的型式代替了。

我们讨论过，殷墟小屯村北的YM232和丙一建筑基址北的一组墓葬年代都较早③。丙一基址北的墓葬包括YM326、329、331、333、362、388。除YM326外，都出有青铜器。YM331、362出有

① 王寿芝：《陕西城固出土的商代青铜器》，封二：4（原名壶），《文博》1988年第6期。

② 李学勤：《新干大洋洲大墓的奇迹》，《文物天地》1991年第1期。

③ 李学勤、唐云明：《藁城台西青铜器的分析》，《中原文物》1986年第1期。

有字卜骨，不晚于武丁早期。这几座墓葬青铜器总的特点，是新旧因素的并存，既有沿袭二里岗时期的因素，又有新的成分，而后者正包括那种附立羽的饕餮纹。这样看来，新旧成分并存的现象恐怕不是偶然的，而是商代这一时期的一种特色。

大洋洲墓的鼎，有锥足、柱足、扁足三类。小屯YM331有锥足、柱足的鼎，YM333则有锥足、扁足的鼎。YM232、331、388的斝，很像前述正塘山的斝，都有三棱的足。YM331方卣已有三层花的纹饰，大洋洲墓也有个别三层花的器物，如鬲（036）和罍（044）。

鬲（036）很值得讨论。这件鬲是外国学者常说的"鬲鼎"，立耳束颈，分裆袋足，有下端较尖的足根。日本林巳奈夫《殷周青铜器综览》把这种型式的器物列为"殷后期ⅠA，二型"，认为是从二里岗时期的"殷中期，二型"，即立耳束颈、分裆袋足、锥形足根的型式发展而来[1]，这个意见是正确的。与大洋洲墓这件鬲最接近的，有1958年湖南征集的一件[2]，其饕餮纹也是三层花的。鬲（036）颈部的鱼纹，在湖南出土器物上也出现过。因此，这件鬲有可能系自湖南一带传入，或者是受了该地区的影响。

赣中和出土过大量商代青铜器的两湖地区相距不远，但大洋洲墓青铜器所受影响似乎更多地来自中原。不少器物在中原型式的基础上添加了地方性的纹饰，如器耳上的动物形饰、"燕尾"状的索纹等，表明它们是当地铸造的。在工艺的精美程度上，较之中原并

---

[1] 林巳奈夫：《殷周青铜器综览一》（日文），图版第51—52页，吉川弘文馆，1984年。

[2] 李学勤主编：《中国美术全集·工艺美术编4·青铜器（上）》，一一八，文物出版社，1985年。

无逊色，有些器物还特见巧思，例如方卣（047）和方鼎（013）。

大家记得，殷墟侯家庄西北冈曾发现一件卣，形制轮廓"与一般长形壶状的提梁卣是相同的，……但西北冈出土的，在盖之下，器之上，套置一杯形器，却之可为饮器"①。这件卣一直被认为是商代青铜器精巧的例子。大洋洲墓的方卣则有两个特点：一是在腹内有通向四壁的十字形管道；一是双层底，外底有十字镂孔。揣其用意，大概是既可用炭火在底下加热，又可浸入沸水中烫酒。方鼎（013）也是双层底，有可以揭开的小门，大约是准备置入炭火加温。这两件器物的构造都是前所未见，怎样铸造尚有待科学鉴定。

大洋洲墓的青铜礼器与中原近似，反映了中原礼制在当地的传布推行。特别是器物中有一件铜瓒，是非常重要的礼器，其名也见于商代铭文②。商代的铜瓒，过去著录中只有一件，藏于巴黎基美博物馆，可见其珍异。瓒见于主要体现中原礼制的礼书，在这里出现，也是受中原影响的明证。不过，墓中青铜礼器的组合，却与中原有较大不同。最突出的是，这里全然没有觚、爵、角、斝、觯之类的饮器，可能当地习俗是以陶器或漆木器充当该项用途的。奇怪的是吴城那边不仅出有铜斝，而且有铸斝用的石范③，同属吴城二期。这个问题，目前似乎很难有满意的解释。

大洋洲墓的青铜乐器有镈、铙两种。近年高至喜先生对这两种

① 陈梦家：《殷代铜器》，第26页，图版拾陆、拾柒，《考古学报》第7册，1954年。

② 李学勤：《沣西发现的乙卯尊及其意义》，《文物》1986年第7期。

③ 江西省博物馆、清江县博物馆：《江西清江吴城商代遗址第四次发掘的主要收获》，图一二，《文物资料丛刊》2，1978年。

乐器做过系统的研究，我们可以在他的工作基础上对大墓所出进行考察。

　　镈仅一件，按照高氏的分型，属于他所说A型，即鸟饰镈①。高氏根据纹饰的风格分析，指出故宫博物院和美国沙可乐氏收藏的两件镈应属商代晚期。大洋洲的镈和该两镈的共同点是顶上有环钮，钮侧有一对头向外的小鸟，而大洋洲镈体部不像两镈那样瘦长，比较接近铃的轮廓，并且没有发展出明显的鼓部。大洋洲镈体面的花纹是三层花的，以牛首纹为中心，牛的嘴部宽阔，很有特色，与一些礼器上的牛首一样。镈体四周及牛角间涡纹外围，都是"燕尾"状的索纹，看来是当地铸造的。镈侧的扉棱，与若干礼器相似，是断续的钩状，不像故宫和沙可乐所藏两镈扉棱那样夸张变形。从这些地方看，大洋洲镈应该比其他的镈年代更早。

　　大铙有三件，均属于高氏所分的B型，即云纹铙②。其中曾在"中国文物精华"展览展出的一件，饰由云纹组成的兽面，接近1973年湖南宁乡黄材三亩地所出，但在兽面周围加饰联珠纹带。另一件（064），在细云纹兽面间填以联珠纹，有似1963年浙江余杭石濑和1974年江苏江宁塘东村所出，而更为古朴。至于第三件（066），兽面由阴刻状的勾连纹组成，则是其他地点没有看到过的。

　　这里应该提到，中国历史博物馆藏有一件铙，传为安徽潜山出土，也饰有联珠纹填地的云纹兽面③。这个地点在皖南，已靠近江

---

　　① 高至喜：《论商周铜镈》，《湖南考古辑刊》第3集，1986年。

　　② 高至喜：《中国南方出土商周铜铙概论》，《湖南考古辑刊》第2集，1984年。

　　③ 陈梦家：《西周铜器断代（五）》，《考古学报》1956年第3期。

西，与大洋洲的铙可能有一定渊源[1]。

高氏认为，云纹铙是由以粗线条兽面为特征的即他所说A型铙发展出来的，年代应为商代末期。现在看来，形体较小的云纹铙也许不晚于高大浑重的兽纹铙，两者或有地方性，需要进一步研究。

镈和大铙都是南方特有的器种，而大洋洲所出在其间年代较早，是其可贵之处。大铙与江浙所出同类器的联系，尤其值得探索。

与礼器相比较，兵器和工具要体现更多的地方色彩，这是古代中原以外地区青铜器的一般规律，大洋洲墓的出土品自然也不例外。有些兵器或工具形制特异，功能还不很清楚。这里只选择一部分可谈的试作讨论。

首先说一下铜胄（341）。商代的胄在殷墟侯家庄发现过，主要出于西北冈1004大墓，数量超过140件[2]。大洋洲墓这一件额上饰大卷角兽面，造型与1004大墓的一些非常相似，只是兽面的眼睛不作"臣"字形，是较早的特点。另外，1004大墓的胄，顶上都设有明显的插缨小管，更晚的一些胄，顶部也每每有系环之类，大洋洲的胄顶部圆管则比较原始，这可能也是年代较早的一种表现。大家知道，西北冈1004大墓属于殷墟三期[3]。

大洋洲墓的大钺，钺体中部有利齿森然的大口，与其他地方的钺作人面等形不同。大口之上及两侧，有目雷纹带，布局类似黄陂

---

① 李学勤：《安徽南部存在着颇具特色的青铜文化》，《学术界》1991年第1期，即本书本篇第十一节。

② 杨泓：《中国古兵器论丛》（增订本），第8—9页，文物出版社，1985年。

③ 杨锡璋：《安阳殷墟西北冈大墓的分期及有关问题》，《中原文物》1981年第3期。

盘龙城的钺^①，在别的钺上还没有出现过。大钺既是兵器，也是刑具，有象征权力的意义，很多学者已论述过了^②。

戈的几种型式中，引人注目的是三件有胡的。过去传统看法是商代不存在有胡的戈，近年的田野工作已对此做了修正^③。在殷墟四期，有上下阑的一穿、两穿戈和无阑的多穿戈都已存在。我在前文中提到，这两种戈固柲的方式不同，有阑戈的穿与阑一起扎绳固柲，胡不一定很长，无阑戈专以穿扎绳，所以一出现就需要较长的胡^④。两种戈的渊源都不很明了，特别是无阑多穿戈，在殷墟似乎是突然发生的，件数也较少。大洋洲的发现，为这种戈的起源提供了新的线索。大洋洲墓的三穿戈，系在直援戈下加一窄长的胡，便于固柲，援胡之间的联接显得生硬，与殷墟四期的多穿戈援胡间呈圆滑弧线不同，应该是较早的形制。

类似的情况还有一件勾戟（133）。勾戟是戈与刀的复合兵器，不同于一般的戟是戈与矛的复合。藁城台西一期已经有了戟^⑤，但勾戟以往所见都属周初，还没有发现商代的。细看大洋洲墓的这件勾戟，形制与周初的显然不同，乃是直援戈与长条形刀的复

① 李学勤主编：《中国美术全集·工艺美术编4·青铜器（上）》，二二，文物出版社，1985年。

② 陈旭、杨新平：《商周青铜钺》，《中原文物》1984年第4期。

③ 杨新平、陈旭：《试论商代青铜武器的分期》，《中原文物》1983年特刊；陈志达：《殷墟武器概述》，《庆祝苏秉琦考古五十五年论文集》，文物出版社，1989年。

④ 李学勤：《商末周初的多穿戈》，《文博》1991年第6期，即本书第三篇第三节。

⑤ 河北省文物研究所编：《藁城台西商代遗址》，第134页，文物出版社，1985年。

合。本墓中直援无胡的戈很多，长条形刀也有两件（如331）。

长条形刀的出现，很令人发生兴趣。这种兵器以前多见于晋陕之间，年代在殷墟时期偏早，被认为北方青铜器所特有①，如今竟在赣中获得，使我们对于当时的文化传播交流开拓了眼界。由此也可推论上述勾戟的年代。

兵器中的一件短剑（简报称匕首，340）也颇重要。现在知道商代短剑的例子已有不少，在北方，晋陕交界一带所出是柱脊的，在西南，成都地区所出是柳叶形的，都与大洋洲的这件有别。这件短剑基部与茎相联处是平直的，与后世东周时期最常见的剑比较相似。

单翼镞（249）也是罕见的。70年代在纽约拍卖行曾出现一件，形制略有差别，铤已折去，残长10.8厘米，较大洋洲的更大。是否鱼叉，值得考虑。

青铜农具的发现，对我国科技史的影响是很大的。今天对于古代（至少是南方）曾较多地使用青铜农具，不应再有怀疑。1973年，从山东济南东郊来的物品中曾拣选出一件铜犁铧、两件商代铜戈及锛、削等器②。这件犁铧肩宽14.5厘米，我仔细观察过，并与于中航先生等讨论，对其年代疑未敢定。现在与大洋洲的犁铧比较，它很可能也属于商代。这样，当时北方也应有使用铜铧的犁耕了。

附带提到，简报钺中有一件有銎的（338），身部饰牛首纹，不知所用。同类器物见于吴城遗址出土石范③，也属二期。这一类地方性的器物，花纹也富于特点，今后当专门研究。

新干大洋洲大墓出土的玉器，也有许多需要深入探讨的问题。

① 李学勤：《商青铜器对西土的影响》，《殷都学刊》1987年第3期。

② 于中航：《济南市发现青铜犁铧》，《文物》1979年第12期。

③ 彭适凡：《中国南方古代印纹陶》，图二七：4，文物出版社，1987年。

总的说来，这批玉器的工艺相当精良。例如玉羽人顶上掏雕的三联套环①，柄形器长达20厘米的对钻穿孔，都需要很高的技艺。后者堪与殷墟车坑所出长17.8厘米的玉管（所谓"玉马策"）②相比，是稀见的珍品。

玉戈都有中脊和边刃，这种形制在商代晚期玉戈上广泛存在③。台西的一件是较早的例子④，大洋洲墓有一件（663）与之近似。

玉琮可参看殷墟妇好墓的玉琮（1051和1003），特别后者与此更为接近⑤，是典型的商代玉琮⑥。琮上的纹饰，一般称为"蝉纹"，我认为可能是良渚文化玉器（如所谓"蚩尤环"的玉镯）上一种兽面的蜕化型式，与琮本身一样，是良渚文化影响的遗迹。与良渚文化显然有关的，还有笄形坠饰，上端有带孔的榫，下端尖锐，是良渚玉器常见的器形⑦。

大洋洲墓玉器中最饶有兴味的，可能是简报称为"圭"的一件玉饰，作人面形，顶上有高耸的羽冠，两侧有翼状饰，耳下有圆珥，口内有獠牙。这是一些外国学者艳称的所谓"玉鬼神面"（jade

---

① 李缙云：《谈新干商墓的玛瑙套环人形饰》，《中国文物报》1991年1月13日。

② 胡厚宣：《殷墟发掘》，第110页，学习生活出版社，1955年。

③ 杨建芳：《商代玉戈之分期》，《香港中文大学中国文化研究所学报》第13卷，1982年。

④ 河北省文物研究所编：《藁城台西商代遗址》，第140页，文物出版社，1985年。

⑤ 中国社会科学院考古研究所：《殷墟妇好墓》，第116页，文物出版社，1980年。

⑥ 杨建芳：《玉琮之研究》，《考古与文物》1990年第2期。

⑦ 参看文物编辑委员会编：《文物考古工作十年　1979—1989》，第118—119页，文物出版社，1991年。

demonic images），不少博物馆、美术馆藏有类似的物品，已有论著加以搜集研究①，可资比照。

1985年，在陕西长安沣西一座西周早期墓（M17）中，发现了一件这种玉饰②，除没有高冠外，与大洋洲这件大略相似，但质地为青玉。如果举一些海外博物馆、美术馆的藏品对比，与大洋洲所出最接近的是美国史密森宁研究院所藏的一件③。该玉饰也有很高的羽冠，有侧伸的翼状饰，有珥和獠牙，不同的是反面为另一面孔，双眼不作"臣"字形而作圆形，没有獠牙。这种两副面孔的特点，又见于同一研究院收藏的另一没有高冠的玉饰④。

林巳奈夫教授曾论及，类似形状的"鬼神面"见于山东日照两城镇出土的玉锛⑤。该锛（疑应称圭）上有线刻的两副不同的面孔，轮廓颇与上述玉饰有共同之处。因此，他认为这一类玉饰都属山东

---

① 如多伦温德：《古代中国的玉鬼神面》（英文），*Ars Orientalis*，vol. X，1975年；巫鸿：《一组早期的玉石雕刻》，《美术研究》1979年第1期；林巳奈夫：《所谓饕餮纹表现什么》（日文），《东方学报》（京都）第56册，1984年；邓淑苹：《古代玉器上奇异纹饰的研究》，《故宫学术季刊》第4卷第1期，1986年。

② 张长寿：《记沣西新发现的兽面玉饰》，《考古》1987年第5期。

③ 张长寿：《记沣西新发现的兽面玉饰》，图三：8，《考古》1987年第5期。拓本见林巳奈夫：《所谓饕餮纹表现什么》（日文），图54，《东方学报》（京都）第56册，1984年。

④ 张长寿：《记沣西新发现的兽面玉饰》，图三：7，《考古》1987年第5期。拓本见林巳奈夫：《所谓饕餮纹表现什么》（日文），图53，《东方学报》（京都）第56册，1984年。

⑤ 杨伯达主编：《中国美术全集·工艺美术编9·玉器》，一八，文物出版社，1989年。

龙山文化①。从大洋洲和沣西的发现看，这类玉器可能有较长的演变过程，从龙山文化一直传袭到西周，不都属于同一时期和文化。无论如何，大洋洲的这件玉饰确实带有山东龙山文化的影响，这是很有价值的发现。

新干大洋洲商代大墓的发现，意义是多方面的。

1978年，我在一篇小文中说："以前有一种相当流行的观点，认为商人的活动范围只是在很狭窄的圈子里面，具体说，就是以河南、山东、河北三省交界地区为中心的一片不怎么大的地带。这种看法之所以出现，确实也是有历史原因的，因为一直到新中国成立为止，商代遗址的发现不过只是殷墟和距离不远的几个地方。经过二十几年的考古学工作，这个陈旧的框框早已被打破了。现在，我们画一幅商代遗址和青铜器出土的地图，可以看到长城迤北、大江之南，都星罗棋布着不少有重要意义的地点。"②今江西这一地区，前人多以为开发很晚，春秋时期还只有寥寥几个地名传留下来。大洋洲大墓的发掘，充分证明了江西学者所说吴城文化分布的赣西北、赣中一带当时已有相当高的文化水准。这使我们对商代南方文化的发展有了新的认识。

分析大墓出土遗物，我们惊奇地发现中原商文化的影响是这样强烈。吴城文化并不属于典型商文化的范畴，而是一种商文化影响下的地方文化，有许多地方特色，但很多器物与中原同时期遗物十分相似，表明这里与中原的文化交流是迅速而畅通的。应该注意到，在新干、樟树以北，靠近江边的瑞昌铜岭，已发现大规模的铜

---

① 林巳奈夫:《所谓饕餮纹表现什么》（日文），《东方学报》（京都）第56册，1984年。

② 李学勤:《新出青铜器研究》，第27页，文物出版社，1990年。

矿遗址，其采掘年代可早到商代中期①，中原青铜工业的原料很可能部分取资于此②。瑞昌正位于从中原到赣中的交通线上。

大墓遗物还表现出与其他地区的文化联系，如前文所论，包括东方的江浙和西面的两湖。有意思的是，墓中竟出现了以往认为是北方特有的器种。看来当时的赣中一带并不闭塞，而是有着四通八达的交往关系。关于墓中玉器质料的初步鉴定，也可以印证这个问题。赣中如此，作为首都的殷墟自然更与四方有着广泛的往来交流。这与过去有些学者描述的商代社会图景颇不相同。

各地区间的文化影响，彼此有主次之别，如在商代，中原对边远地区的影响是主要的。不过，交流又每每是双向的，边远地区也会对中原有所影响，不注意这一点，就要陷入不符实际的中原中心论。事实上，有些文化因素，甚至是比较重要的，可能是在边远地区起源的。例如大洋洲大墓中青铜器的若干器种，比已知中原的例子要早，考虑到当地靠近重要铜矿，工艺水平也较高，有自己的创造并影响到其他地方，是合乎情理的。当然这一类问题需要更多的材料和研究，不便贸然做出结论。

大洋洲大墓不会是孤立的，它的发现指示我们，在南方还可能有丰富和重要的商代遗存。将这一发现与四川广汉三星堆等发现结合起来，更能发人深思。长期以来，我们对商代文明的理解是比较简单的，没有充分看到在中原商文化以外存在着其他水准也相当高的文化，各种文化彼此交流融会，对文明的演进发展都有其贡献。大洋洲大墓的发掘，促使我们对整个商代文明重加估量，这次发现

---

① 江西省文物考古研究所铜岭遗址发掘队：《江西瑞昌铜岭商周矿冶遗址第一期发掘简报》，《江西文物》1990年第3期。

② 黄石林：《漫谈新干商墓》，《中国文物报》1990年11月29日。

最重要的意义就在于此。

九、丰富多彩的吴文化

最近这些年，区域研究的方法在好多学科中得到日益广泛的应用，其中最富有成效的，可推考古学和文化史。区域研究就中国史学的传统而言，本来有着久远的渊源。早在先秦，与《左传》并称的《国语》一书，即包括周、鲁、齐、晋、郑、楚等语，而以《吴语》《越语》殿后。分别地区记述史事，以此为先声。汉人所编《越绝书》《吴越春秋》，继承这一端绪，成为最早的区域专史。

堪称巧合的是，近代意义的区域历史文化研究，在我国也是由吴越发端的。30年代，一些学者在江浙一带进行考古调查和发掘，1936年在上海组成了吴越史地研究会。正是他们，提出了"吴越文化"这个名词。当时他们所考察的范围，和近来一些论著讲的吴文化地区，即"宁、沪、杭、太湖流域三角地带"，大体上是一致的。由此可见，吴文化的区域研究确是源远流长。

所谓吴地，也就是上述宁、沪、杭、太湖流域一带，位于长江下游要冲，在漫长的历史上从来是形胜之地。过去对这一区域汉、唐以前的古代文化，每每估计甚低，这是由于研究者不能摆脱中原中心论的传统观念，思想受到了束缚局限。大家了解，古代虞、夏、商、周各王朝，统治中心都在中原，都邑不出黄河中下游地带。在其四周的种种民族，或归属于中原王朝，或与王朝为敌，故从王朝的立场看，常被认为地位卑贱。同时，古代的夷夏之别，在很大程度上是以文化的差异划分的。中原以外的民族，文化不同于诸夏，便被斥为蛮夷戎狄，遭到歧视。这种观点，出于历史的原因，又成为儒家经籍的纲领之一，传流长久，根深蒂固。30年代关于吴越文化的讨论，大多囿于中原中心论和江南无文化的成见，原因即在于此。近年的考古研究成果，已经证明以中原为古代文明唯一中心的说法是站不住脚的，长江下游在很古的时候便有了相当高度的文化，这使我们在探讨这一区域文化时能有更广阔的眼界。

下面就试从这样的眼界出发，谈谈有关吴文化的几个问题。

"吴文化"一词，可以有广义、狭义两种理解。狭义的吴文化，是专指周代吴国的文化；广义的吴文化，则泛指吴地的文化，把吴国文化前后的源流，以至后世吴地文化的蓬勃发展都概括在内。无论如何，即使专门研究吴国文化，也必须探索这种文化的基础和背景，这就要追溯当地的史前文化。

自大约公元前5000年开始，太湖流域一带的史前文化序列是马家浜文化—崧泽文化—良渚文化。与之同时，在其西北的宁（南京）镇（镇江）地区，有所谓北阴阳营文化；在其西方的皖南地区，有薛家岗文化；在其南方的宁（宁波）绍（绍兴）平原，有河姆渡文化。这些考古学文化名目纷纭，可是总的说来有其共同的特点。如最近有学者指出，这些文化"如果把它们作为一个整体来考察，也大有共性的东西存在。例如，这一地区作为主要生产工具的石器，普遍有穿孔石斧、有段石锛，造型相仿，演变顺序一致；陶器都以鼎、豆、盉、壶为主；都以璜、玦、佩为主要装饰品。……到崧泽文化期，共性的东西明显增多。到良渚文化，内涵基本趋于一致。自此整个长江下游地区步入文明的门槛"①。

---

① 曾骐、蒋乐平：《长江下游新石器时代文化的考古学编年》，《中国原始文化论集》，文物出版社，1989年。

良渚文化的发掘和研究，是当前考古学的热门课题之一。良渚文化的陶器，普遍使用先进的快轮制造，有些非常精致，有美观的刻划或镂空纹饰。石器磨制精良，其中有耜、犁、耨、镰等成套的农具。有多种多样的竹编器，还有多种丝、麻制品，包括已知最早的丝绸。良渚文化墓葬表现出较明显的贫富贵贱的差异。有的大墓有木椁，有的墓埋在有特殊功能的土台上，有的墓以大量珍贵玉器随葬，个别墓中竟发现了殉人。

精美的玉器，是良渚文化的一项卓越的艺术成就。近年在吴县、上海、余杭等地，先后出土了许多这种文化的玉器，其种类的繁复，造型的优美，雕琢的精细，令人惊叹不已。其实清代以来，良渚文化玉器出现不少，流散于海内外，有些还贡入清廷，不过很少人能想到这种艺术品的时代如此之早。现在经过科学发掘，获得有明确记录的标本，才把这类玉器的性质、年代最后落实。

良渚文化玉器多经过极细心的打磨抛光，呈现玻璃样的光泽。浮雕的纹饰纤细如发，不亚于鬼斧神工。纹饰中最值得注意的是兽面，即传统所称饕餮纹。良渚文化的饕餮纹和商周青铜器上的饕餮纹有不少共同的特征，显然彼此有关，所以这种花纹很可能是在良渚文化兴起，然后传播到中原去的。这种特异的花纹是中国古代文明独有的，有重要的意义，所以良渚文化不但对中原有过强烈的影响，在古代文明的形成中也起着显著的作用。

在良渚文化玉器上面，还发现有不少形体复杂的刻划符号。个别的陶器上，也见有成串的符号。据研究，这些符号很可能是原始的文字，而且好多符号和主要分布在山东一带的大汶口文化陶器的符号相同。大汶口文化陶器上的符号，学术界也多认为是文字。如果这种看法不错的话，良渚文化又对中国古代文字的发展有其重大贡献。这些问题，本书前面已详细讨论过了。

应该说明，良渚文化的年代大约在公元前3300年到前2200年范围内，与同时的其他文化相比，这种文化是颇为先进的。良渚文化和后来的吴国的文化相隔一千来年，还没有直接的联系。接续在良渚文化后面的，是以上海马桥遗址中期为代表的马桥文化。马桥文化已经进入了青铜时代，它除了继承良渚文化的许多因素外，还吸收了附近其他文化的不少特点。这种文化的下限相当于商代晚期，当吴太伯、仲雍来到太湖流域时，他们所面对的应该就是这种马桥文化。

马桥文化虽然也是青铜文化，但与中原的夏代、商代的高度发展的文化相比，显然是相形见绌了。可是，曾经是相当先进的良渚文化时期积蓄的潜力，这时还是存在着，为吴国文化的发展准备了一个很好的基础。

吴国是商代晚期周太王之子太伯、仲雍所建，古籍本有详细记载。《史记·吴太伯世家》："吴太伯、太伯弟仲雍，皆周太王之子而王季历之兄也。季历贤而有圣子昌，太王欲立季历以及昌，于是太伯、仲雍二人乃奔荆蛮，文身断发，示不可用，以避季历。季历果立，是为王季，而昌为文王。太伯之奔荆蛮，自号句吴，荆蛮义之，从而归之千余家，立为吴太伯。"太伯让国的事，孔子曾提到过，并加以赞美。《左传·僖公五年》记载虞国大夫宫之奇的话说："太伯、虞仲，太王之昭也，太伯不从，是以不嗣。"就是说太伯、仲雍是太王之子，太伯让国，不在太王身边，因而未继太王之位。虞国在今山西平陆北，是周初太伯、仲雍的后裔所封，宫之奇讲述本国祖先的事迹，自属可信。因此，司马迁在《史记·吴太伯世家》末写道："余读《春秋》古文，乃知中国之虞与荆蛮句吴兄弟也。"

他所读的，正是《左传》的这段记载。后来有些学者怀疑此事，认为是春秋时吴王寿梦强大后捏造的。岂不想春秋末吴王与晋公在黄池之会歃盟时争长，吴王自称"于周室我为长"，如果不是事实，晋公为什么不揭露他呢？

1954年，江苏丹徒烟墩山出土了宜侯夨簋，有铭文12行，残存118字，现陈列于中国历史博物馆。50年代，唐兰先生已经指出这是一件吴国早期的器物。我们看铭文里叙述作器者虞（即吴，同音通假）侯夨的封土，有"厥川三百……"，即三百余条河流，所指的肯定是太湖一带的水网区。按铭文所记，吴当时迁都到一个叫宜的城市，城市的人口以"王人"即周人为主，至少有六十七"里"。周代的"里"有多少家，古书其说不一，最少有五十家，那么六十七里共三千四百余家。在宜的郊外则为土著人民，有七个官长进行管理，从事农业生产。宜侯夨簋的时代是周康王、昭王之间，那时吴国的规模已经可观。

史书记载和上述簋的铭文都告诉我们，吴国从建立起就是周人和当地土著相结合的。记载称吴的土著为"荆蛮"，和楚人称荆蛮相同，这大概是周人对南方人民的一种泛称，并不意味吴地的土著和楚人同族。这种不同民族相结合的特点，决定了吴国的文化也具有不同的文化来源互相交流融会的特性，这是和多数中原诸侯国不一样的。周代的其他诸侯国，也有像吴国这样，统治者是周人而人民为土著的，如晋国、燕国，境内人民多属戎狄。但吴国的统治者一开始就"文身断发"，在很大程度上采用了土著的文化习俗。吴人一直被贬称蛮夷，原因就在于此。

吴国文化的这种特性，突出地表现在吴国的考古遗存中。吴国的埋葬习俗，有的是土坑竖穴墓，但更多见的是没有墓穴和棺椁的土墩墓。有学者提出，以土墩墓为代表的文化就是吴文化，其来源是宁镇地区的湖熟文化（一种青铜文化）和附近与之类似的文化，后来扩展到太湖以及更南的地区[①]。也有学者认为，吴文化的来源是多元的，其直接渊源兼为湖熟文化和马桥文化，同时中原文化也是促进吴文化发展的重要因素[②]。依我们看来，吴国的文化是复合的，其境内人民文化也不必统一。

青铜器是吴国一项重要的艺术品，其风格也表现出同样的特性。这里既有完全模仿中原的器物（有的可能就是自中原输入的），又有一部分模仿中原、一部分显示本地特色的产品。另外还有一些，是中原完全没有的器种。以礼器而言，器形多模仿中原同类器物，有时则加以修改，在形制上有所变化。至于花纹，当地的特点便更为明显，出现了细密纤丽的种种型式，与中原的风格迥然不同。还需要注意到，中原有些器种，如尊、卣之类酒器，在西周中期之后基本已消失了，在这里却继续保留和发展，并影响到江南各地。总之，青铜器在吴国吸收了几种不同的因素，形成了一种独特的艺术传统，有较薄的器壁，纤丽的花纹，多用镂空的装饰，不同于中原，也有别于长江中游的楚国青铜器。

《周礼·考工记》说："吴粤（越）之剑，迁乎其地而弗能为良。"吴人的剑，春秋时已为各国所艳称，吴季子挂剑的故事，是很多人都熟悉的。长剑的发展，吴国居于领先的地位，这与当时吴人的善于攻战很有关联。同时在学术思想上，兵家在吴国也占据重要的位置，《汉书·艺文志》所载兵家《吴孙子》（即今传《孙子》）

① 李伯谦：《吴文化及其渊源初探》，《考古与文物》1982年第3期。

② 林留根：《试论吴文化的多元性》，《吴文化研究论文集》，中山大学出版社，1988年。

的作者孙武,《伍子胥》的作者伍子胥,都是吴国的名将。近年在湖北江陵张家山发现的竹简《盖庐(阖庐)》一书,也是记述伍子胥军事思想的。伍子胥原为楚臣,孙武则是齐人,均为吴国所用,他们的军事理论得到了实践和发展。实际上,伍子胥是兵阴阳家,主张阴阳五行的数术,孙武则反对数术之说,认为"五行无常胜",但他们都促成了吴国在战争中的胜利。由此可见,吴国的兵家思想也是善于兼容不同学派之长,同样反映了吴国文化的特性。

吴国的兴盛是短暂的。吴被越国兼并后,吴地成为越国的腹地;楚威王败越,吴地又成为楚国的要区。由于楚都郢(今湖北江陵)被秦国攻占,楚国重心东移,吴地的重要性更为突出。吴国虽亡,吴文化却继续传流下去,并在后世的历史中得以延伸和发展。

《昭明文选》收有左思的名作《吴都赋》,以华丽的辞藻,尽情描写了吴地的富庶及其文化的繁荣。赋中说:"子独未闻大吴之巨丽乎?且有吴之开国也,造自太伯,宣于延陵(指吴季子),盖端委之所彰,高节之所兴。建至德以创洪业,世无得而显称;由克让以立风俗,轻脱蹻于千乘。若率土而论都,则非列国之所觖望也。"从秦汉到近代,两千余年之间,吴地的文化自然有复杂的变迁、丰富的内涵,但究其脉络,若干文化特点还是可以上溯到周代的吴国文化。就这一点来说,左思的话确实是有道理的。

谈到历史上的吴地,人们首先会想到鱼米之乡的富饶环境。吴国不仅充分利用江河湖泊的自然条件,而且率先开凿运河,为发展生产创造更优越的基础。吴国又以盛产金锡著名于世,青铜冶铸业达到了很高水平。这说明,吴文化一开始就有着比较发达的经济作为前提和背景。战国时期,吴地入楚之后,楚国的春申君做了进一步的经营。到汉初,汉高祖封兄仲之子濞为吴王,"吴有豫章郡铜山（'豫章'有误，指今江苏江都、仪征附近的大小铜山），即招致天下亡命者盗铸钱，东煮海水为盐，以故无赋，国用饶足"（《汉书·吴王濞传》），经济得到继续增长。因此司马迁在《史记·货殖列传》中说："夫吴自阖庐、春申、王濞三人招致天下之喜游子弟，东有海盐之饶，章山之铜，三江五湖之利，亦江东一都会也。"这和中原内地仅限于农业耕作的经济结构有着很大的差异。到隋唐以后，竟形成朝廷财赋依赖这一区域的局面，如明人丘濬所说："韩愈谓赋出天下而江南居十九，以今观之，浙东、西又居江南十九，而苏、松、常、嘉、湖五郡又居两浙十九也。"

经济的发达，促进了教育的发展和人才的荟萃。东晋和南宋两次偏安之局，中原人物大举南渡，更使吴地成为重要的文化中心。至于宋明以下，吴地文化人才辈出，在全国占有特异的比例，尤其是读史者所熟知的，在这里用不着多说。和吴国的文化善于吸收齐、楚等国之长一样，历代吴地的文化始终是汇集融合其他地区文化的优长，创造出自己独特的流派。这种特点，普遍见于文化的各个领域。

吴地的文化极其丰富多彩，近年有论文专门讨论苏州一带的文化，就列举出吴门书画、文学与吴歌、梨园歌舞、古典园林艺术、美食与工艺等多项[①]，学术思想的许多流派，文中尚未涉及。其实吴地出现过许多在文化史上有重要影响的思想家，即以清代中晚期而论，"乾嘉学派与常州学派如双峰峙立、泾渭分流，至清末不衰"[②]。常州学派庄存与、刘逢禄固然是吴人，乾嘉之学中的吴派惠

---

① 李茂高、廖志豪：《略论吴中文化的形成、发展及其原因》，《东南文化·吴文化研究专刊》，1989年。

② 杨向奎：《清儒学案新编（一）》，缘起，齐鲁书社，1985年。

栋等也是吴人。

吴地扼居长江通海口，为水陆要津。如有的文章所说，秦汉以来，吴地与台湾及日本、朝鲜、南洋诸地，海上丝绸之路相通，输出中华文化。1840年后，吴地首先融合吸收西方科学文化，变为全国最发达的先进地区，进而向内地输送文化[①]。与台湾以及海外的文化往来，每每经过吴地，从而吴地常得风气之先。近年连云港孔望山佛教造像的发现，使很多学者认为东汉至三国间佛教曾由吴地海路传入。此说如能成立，可以作为吴地吸收外来文化一个较早的例子。香港饶宗颐先生有《安荼论与吴晋间之宇宙观》一文，指出"浑天如鸡子"之说虽早见于东汉天文家张衡，但后来主张这种学说的人，如三国吴的徐整、虞耸、王蕃、姚信、杨泉，晋代的葛洪、虞喜，刘宋的何承天，"以上各家，多为吴人……凡此浑天一派，皆盛行于江南，而吴人之著述尤夥"[②]。这种宇宙观，他认为是受印度"安荼论"的影响，安荼（Anda）义即鸡卵，其说起源于《梨俱吠陀》，详见《奥义书》。这也可以作为吴人吸收外来文化的一个例子。

最后还想谈一下吴地艺术风格。吴地山清水秀，风光明丽，影响到艺术上，表现为秀美细腻，与北方的粗犷豪健、中原的淳朴敦厚，殊为不同。不管是诗词书画、戏曲歌舞，以至各种工艺，都有这种风格的反映，是大家在生活中早就熟悉的。前人论及这一问题，大多只上溯到南宋，最多到南朝为止，以为这种艺术风格的形成不会太早。现在我们看到，史前时期良渚文化的玉器，竟然已经

---

① 高燮初、王子庚：《吴文化与吴文化公园》，《东南文化·吴文化研究专刊》，1989年。

② 饶宗颐：《梵学集》，第75页，上海古籍出版社，1993年。

有这一风格的体现。很多这种玉器，质地温润光洁，线条柔和端正，雕琢的精美细致更是出人意表。其给人的美的感受，和其他区域的玉器并不一样。

吴国的青铜器也是如此。上面已经说过，这种器物特点是壁薄质轻，花纹细巧纤丽。特别流行一种细密的纹饰，粗看类似中原春秋末年开始出现的蟠虺纹，而时代更早。仔细观察，这种纹饰犹如丛生的草叶，绵密勾连，为中原所未有。吴地的青铜器还有一些独特的兽面纹，小巧细致，也不像中原饕餮那样神秘威严。由此足见吴地艺术风格至少在某些因素上有非常久远的根源。

作为区域文化的吴文化，涵盖极广，不是在这里讲得完的。好在吴文化的研究方兴未艾，这里谈的姑且作为正戏前面的开场锣鼓罢。

十、宜侯夨簋的人与地

宜侯夨簋铭文是有关吴国古史的最重要的金文，但自1954年发现以来，聚讼纷纭。我在几年前曾有《宜侯夨簋与吴国》（《文物》1985年第7期）小文，申论唐兰先生之说。后来读到刘建国先生在纪念苏州建城2500周年学术讨论会提出的论文《也论宜侯夨簋与吴国》，颇受启迪，再绎读铭文，略有进益。

研究这一金文，重要的问题在于人与地，即作器者是什么人，宜在于何地。经过多年讨论，这两点逐渐显明，分述于下。

作器者原称虞侯，因迁侯于宜，又称宜侯。"虞"字从"吴"省，不能改释为别的字。铭末云"作虞公父丁隣彝"，过去都认为"虞公父丁"是一个人。按金文中文例可与此相比的，有宪鼎、宪盉、穌爵的"召伯父辛"，以往也以为是一个人，但在爵称之下加以日名，实在不合体例。最近由于北京房山琉璃河出土克罍、克盉，经研究知道召伯、父辛其实是两代，召伯即召康公奭，而父辛是其子第一代燕侯，名克[①]。由之类推，虞公、父丁也应该是两代，前文已略论及。

查《史记·吴太伯世家》，太伯、仲雍在太王时奔荆蛮，自号句吴："太伯卒，无子，弟仲雍立，是为吴仲雍。仲雍卒，子季简立。季简卒，子叔达立。叔达卒，子周章立。"是时周武王克殷，求太伯、仲雍之后，得周章。周章已君吴，因而封之。《史记·吴太伯世家》又称："自太伯作吴，五世而武王克殷。"可知周章在武王时受封，而其辈分则晚于武王一辈。他是吴国始封之君，当即铭中的虞（吴）公，父丁是他的儿子熊遂，作器者就该是熊遂之子柯相。

周章在武王时，则熊遂略当成王时，柯相略当康王时。从形制纹饰看，这件簋是康王时的，我过去已论述过。它最像康王时的荣簋，后者耳下有珥，这件簋也应当有珥。听说修复时曾复原了珥，由于有学者反对，又去掉了。无论如何，作器者推为康王时的柯相是最合适的。我以前认为是熊遂，并不妥当。

再看铭文中宜的所在。如我在几年前那篇小文中所说，铭文已表明了宜的地理背景。近读《南京博物院建院60周年纪念文集》所收陈直先生《读金日札》遗稿，其中录有陈邦福先生函，记述1954年10月这件簋出土后，"当时江苏省博物馆，将出土铜器若干

---

① 李学勤：《克罍克盉的几个问题》，《第二届国际中国古文字学研讨会论文集》，香港中文大学中文系，1993年，即本书第三篇第四节。

件，带回苏州，此器底部独残破有字，一日予偶过该馆，见此器遗弃地上，亟为拼合通读，知为西周重器"。陈邦福先生不仅最早作了释文，而且正确地定为康王时物。释文"锡土：厥川三百……"，"川"字也是正确的，并未作其他字解。

此处为什么要读"川"？原来周王封国，必锡以山川，只有"名山大泽不以封"（《礼记·王制》）。《诗·闷宫》云："王曰：叔父，建尔元子，俾侯于鲁，大启尔宇，为周室辅。乃命鲁公，俾侯于东，锡之山川，土田附庸。"这是咏成王封鲁，其根据为当时诰词。封国包括山川，而簋铭先讲"厥川三百……"，可见所封国土多有河流，而没有值得称道的山。这正是苏南一带水道纵横的自然景观，为其他地区，特别是中原所不能有。

虞侯"迁侯于宜"，是徙封迁国。吴国早期屡有迁徙，《史记》三家注已有叙述。太伯居梅里，即句吴，《史记正义》云在无锡东南。仲雍即孰哉则居蕃离，见《世本》，宋忠注云在余暨，今浙江萧山西。此后直到寿梦即孰姑，才徙回句吴。其间是否再有迁徙，史无明文。柯相曾被康王指定，迁到一个叫宜的地方，不足为异。梅里、蕃离的位置都很南，宜恐怕也不会太靠北。

铭文中锡土的范围是很大的，除"厥川三百……"外，还有"厥……百又……，厥宅邑卅又五，［厥］……百又卌（四十）"，这些应均指土田居邑而言。从文字保存完整的"厥宅邑卅又五"看，国中城邑分布于广大的疆域。我们知道，战国时代的中山王鼎铭文称，中山伐燕，"辟启封疆，方数百里，列城数十，克敌大邦"。中山新得的燕国领土有城邑数十，相当一个大国，那是在虞侯徙封的几百年后。虞侯当时的城邑一定会比后来的燕国稀疏，三十五个宅邑也就可说是大邦了。

因此，宜这个都邑在哪里，目前固然难于肯定，但所封国土应当包括苏南地区，簋铭已对吴国的规模有了足够的反映。

十分遗憾的是，这件极其珍贵的青铜器出土时已残碎了，文字不能完全。由此造成的欠缺，也许是永远无法弥补的。

在相当长的时期里，流行一种观点，认为古人的活动范围很小，周人不能远来吴地，西周的吴也不会很大。这种看法究竟对不对，应以文献与考古的研究加以验证，而不能作为论断的前提来援引。我们研究宜侯矢簋，需要破除成见，实事求是，这样，各种不同的意见便易于求得统一。

十一、安徽南部的青铜文化

近来我看到两件安徽省南部出土的青铜器，时代都比较早，觉得对研究这一地区的古代历史文化很有意义。

我说的这两件古代青铜器，均出自安庆附近的长江沿岸地区。大家知道，过去很长一个时期里，研究古代史和考古学的学者总是把眼光集中在黄河中下游的中原一带。中原地区是虞、夏、商、周历朝都邑所在，是当时政治、经济的中心，从而传统上以中原为古代文明的荟萃，是有道理的。同时，我国的田野考古工作，开始也是在中原地区入手，若干重要发现更增加了当地的重要性。这种情形，到近年已经有了很大的变化。各地的考古发掘和调查迅速开展，逐渐揭示出中原以外的地区在古代文明史上也具有相当大的意义，很多地方的文化发展不逊于中原，而且有着丰富多彩的特色。大家进一步认识到，中国文明从来是多民族多地区的，中原和边远地区的人民都对这一伟大文明的缔造有所贡献。这个认识是很重要的，对大家的工作起着指引和促进的作用。

在古代文明的研究上，迄今还有一些地区是空白或近于空白的。就商至西周这一段时期而言，我们对安徽南部这个地区所知便很少，不要讲更南的江西与浙西一带了。最近十几年，在这一范围陆续有一些考古发现，比如江西清江的吴城商代遗址，打开了人们的眼界。1989年秋，在清江南面的新干大洋洲，发掘出一座商代大墓①，年代相当殷墟早期，内涵的丰富竟接近殷墟著名的妇好墓②，前面已有论述。这更使我们相信，安徽南部在商至西周也不会是蛮荒无文化的地域。

事实上，安徽南部已经有过一些属于这一段的发现。例如1983年在铜陵的西湖乡童墩村曾出土铜器爵、斝，纹饰朴质，据研究器物的"作法均为商代中期的特点，与中原地区的造型和铸造工艺是一致的"③。在潜山也出有破碎的铜器，应属西周，其花纹"颇似中原地区同时期青铜器上的饕餮纹图像"④。尤为重要的，是1959年以来在屯溪弈棋先后发掘的一批墓葬，出土了大量铜器等文物。

屯溪墓葬的发现，引起了学术界热烈的讨论。墓葬所出器物，有的显示了强烈的中原文化影响（个别的还可能是中原传来的），有的则具有明显地方特色。中原风格的几件青铜器，有一些铭文，包括一件卣铭，作器者是"公"，标志出诸侯的身份。这项发现，

---

① 《中国文物报》1990年11月15日第一、四版报道。

② 李学勤：《发现新干商墓的重大意义》，《中国文物报》1990年11月29日。

③ 李国梁：《皖南出土的青铜器》，《文物研究》第4期，1988年。

④ 文物编辑委员会编：《文物考古工作三十年 1949—1979》，第230页，文物出版社，1979年。

无疑对研究安徽南部古代史价值很大。不过，对这些墓葬的年代目前学术界尚有不同见解[①]，有必要深入探讨，更需要较多的考古材料来作印证。无论如何，墓葬中几件有铭青铜器本身是西周的，而且属于西周穆王或更早一些的时期。

现在要谈的两件青铜器，本身的年代也是确定的，并比屯溪那几件有铭器更早。下边就分别做一讨论。

第一件是1975年于东至县尧渡河的赤头段出土的[②]。这是一件很精美的罍，高37.5厘米。它的形制是小口卷唇，短颈。圜肩，肩上有双耳，耳的上部有牛首形饰。腹上部有一道凹弦纹，下部收敛，前面有一个系鼻，也饰有牛首形。腹下有小圈足。罍的主要花纹在肩部，有穴处突起的大涡纹，其间有衬细雷纹地的夔纹，颇为美观。

这种形制的罍，流行的时期在商末周初。出土品如辽宁喀左北洞、山东长清兴复河的，都属于商末；陕西岐山贺家村、武功浮沱村的，则属于周初。形制相同，肩上又有类似花纹的，如上海博物馆和日本宁乐美术馆、泉屋博古馆所藏（腹部也有花纹），由铭文看都是商末器。东至这一件，特点是耳上的牛首，这是周初最盛行的纹饰，所以排在西周初年是合适的。

东至县从来没有出土青铜器的记录，这件罍的出现，很值得注意。

第二件是1990年秋在北京举行的"中国文物精华展"中展出的，但未收入文物出版社印行的《中国文物精华》一书。这是一件

---

① 李国梁：《皖南出土的青铜器》，《文物研究》第4期，1988年；马承源：《长江下游土墩墓出土青铜器的研究》，《上海博物馆集刊》第4期，1987年。

② 张北进：《安徽省东至县发现一件青铜罍》，《文物》1990年第11期。

奇特的方彝，出土于枞阳县汤家墩遗址。它是有扉棱的方彝，而且在其圈足里面的内底上有一个小悬铃，见《文物》1991年第6期方国祥文。

这件方彝是直体的，盖很像四阿的屋顶，中央有钮，器体上大下小，边线是直的，商代很多方彝都是这个样子。不过，这件方彝有断续的云形扉棱，非常美观。过去发现的，只有现藏于美国福格艺术博物馆的一件方彝有这样的扉棱①。不同的是那件器上有几处长的突起装饰，其余的部分作风都是相似的。那件方彝可能是在陕西宝鸡戴家湾出土的，系周初器物。

枞阳方彝还有一些因素酷似宝鸡的青铜器，如鸟纹的形状同于宝鸡斗鸡台出土的"柉禁"组酒器的两件卣②，夔纹的形状同于宝鸡纸坊头1号墓出土的四耳簋③。宝鸡这几件器物上的直线纹，也见于枞阳的方彝。这些花纹结合在一起，正是周初青铜器的特征。

方彝的花纹，和纸坊头1号墓的器物最为相似。后者的一件双耳簋上面，也有上面讲的鸟纹和直线纹。据发掘者研究，纸坊头墓的年代应在成王前期，墓中青铜器的制作时间自不晚于此。由此推论，枞阳方彝的年代也应是周初。这和上述可能出于宝鸡戴家湾的方彝的年代也是一致的。

枞阳以往也没有发现青铜器的记录，这个县在安庆东北，长江的北岸，正好和东至县隔江相望。

---

① 容庚、张维持：《殷周青铜器通论》，163，文物出版社，1984年。

② 容庚、张维持：《殷周青铜器通论》，174，文物出版社，1984年。

③ 卢连成、胡智生：《宝鸡㚣国墓地》上册，图二四、二五，文物出版社，1988年。

东至、枞阳这两件青铜器是不是从周朝的中心地区传来的呢？从一些现象看，恐怕不是这样。它们的形制和作风确乎和中原以至陕西所出相近，可是仔细考察，还是有自己的特殊之处。例如罍上的夔纹形象很别致，躯体较粗，有前卷的角。方彝的特色是，以鸟纹、夔纹独立地装饰器物上的一些部分，而且是单个的鸟或夔，不成双成对。我们知道，在中原以及陕西的器物上，鸟纹、夔纹是从不这样使用的。另外，方彝腹部用牛首纹为饰，也是罕见的。由此可以揣想，这罍和方彝两件应该是在本地区铸作的，不是自北面来的输入品。

这两件青铜器的发现，表明商周间的今安徽南部已经受到中原文化的影响，而且当地的文化教育水平也较发达。

今安徽省境的北、中部，商周之间为淮夷所居。所谓淮夷，泛指淮水流域的部族，也包括今江苏的一部分。以春秋时代地理而言，这一范围内的诸侯国，如嬴姓的徐、钟离，偃姓的英、六、桐、巢、蓼和群舒等，都在广义的淮夷范畴内。

淮夷很早就与商朝有某种关系，安徽北、中部不少地点都有商代青铜器出土，就是很好的证据。青铜器中包括有相当商文化二里岗期的，如六安发现的斝、瓿[1]，应为六国所有。前文提到的铜陵的爵、斝，也属这个时期，更说明商代前期中原文化已影响及于皖南。

商朝灭亡后不久，周武王逝世，出现了三监之乱，淮夷参加了叛周的活动。此事见于《尚书序》：

---

[1] 李学勤主编：《中国美术全集·工艺美术编4·青铜器（上）》，一六、一七，文物出版社，1985年。

> 武王崩，三监及淮夷叛，周公相成王，将黜殷，……
>
> 成王东伐淮夷，遂践奄，……
>
> 成王既黜殷命，灭淮夷，还归在丰，……

《史记·鲁周公世家》综括其说，云：

> 管、蔡、武庚等果率淮夷而反，周公乃奉成王命，兴师东伐，……遂诛管叔，杀武庚，放蔡叔，收殷余民以封康叔于卫，封微子于宋以奉殷祀；宁淮夷东土，二年而毕定，诸侯咸服宗周。

《逸周书·作雒》也有类似记载：

> 周公立，相天子，三叔及殷、东、徐、奄及熊、盈以畔。……二年，又作师旅，临卫攻殷，殷大震溃。降辟三叔，王子禄父北奔，管叔经而卒，乃囚蔡叔于郭凌。凡所征熊、盈族十有七国，俘维九邑。俘殷献民，迁于九毕。俾康叔宇于殷，俾中旄父宇于东。

文中提到的徐，是淮水流域最大的一个诸侯国。熊、盈的盈，前人多以为即徐以外淮夷中的嬴姓国。

从这些文献可以知道，经过周公东征，周朝的势力业已深入淮夷地区。由那里再向南伸展，影响到安徽南部，是很自然的。

周穆王时的青铜器班簋，记王命毛公"秉繁蜀巢"，巢如果像一些学者说的是巢国，已到巢湖一带，也证明中原势力在当地的深入。

上面讲到的可能列于淮夷范围内的各国，最偏南的也只到庐江、桐城一线。实际上，偃姓群舒等能否与嬴姓的几国一同划归广义的淮夷，仍有讨论的余地。即使能够划入，再往南的枞阳、东至等安徽南部各地，已在大江南北，必与淮夷有所区别。那里的民众族属如何，值得探讨。

根据近些年考古工作取得的认识，屯溪的那些墓葬已确定为土墩墓，与吴城地区有密切联系。江西西北到中部的清江、新干一带所分布的吴城文化，已被学者认为是越人系统的。安徽的考古学者曾提出："我国古代东南地区居住民族有越族。江西吴城商文化与安徽屯溪西周文化，应为越文化，但受到商周文化的浸润，因之，既有中原地区文化的统一性，又有很多地方的特点。"[1]

这里，还可举出一个有意思的线索。前面已经提到，中国历史博物馆藏有一件青铜大铙，高41厘米，因甬部已断，原来的高度还要大些。这件铙原为安徽博物馆收藏，传为潜山出土[2]。铙上面饰由云纹构成的饕餮纹，以细圆圈形的联珠纹衬地。它和1974年江苏江宁塘东村出土的大铙（高46厘米）十分相似，和1963年浙江余杭石濑出土的一件也颇接近[3]。假如出土地点不误，这个线索指示我们，安徽南部一带确有越人系统的文化存在。如果从潜山到屯溪画一条弧线，那么枞阳、东至也就包括在其中了。

在《中国美术全集·青铜器（上）》所收江宁大铙的说明中，

---

[1] 文物编辑委员会编：《文物考古工作三十年 1949—1979》，第231页，文物出版社，1979年。

[2] 陈梦家：《西周铜器断代（五）》，《考古学报》1956年第3期。

[3] 高至喜：《中国南方出土商周铜铙概论》，《湖南考古辑刊》第2集，1984年。

我曾以其饕餮纹与丹徒母子墩的鸟盖壶纹饰比较，推想铙的时代为西周早期。高至喜先生所著《中国南方出土商周铜铙概论》一文则把这一类型的大铙排在商代末期。总而言之，潜山大铙的年代不出商周之间这一范围，和枞阳、东至两件青铜器在时代上是接近的。

本节所论，虽限于材料，有一定的推测性质，但种种现象都告诉我们，从商代晚期到西周，今安徽南部存在着颇具特色的青铜文化。我相信，随着这个地带考古工作的进展，还会有新的更重大的发现。

十二、论擂鼓墩尊盘的性质

1978年湖北随县擂鼓墩1号曾侯大墓的发掘，在学术界引起了很大的反响。这次发现揭示出一系列前所未见的现象，有许多珍异文物出土，提出了不少有待长期研究的问题。墓中有些器物极其重要，已有展览和简报、图录多次介绍，但其性质和意义还不很清楚，著名的尊盘即为一例。

尊盘以一尊、一盘成组，出土时尊原置在盘内。简报所附图片已显示尊盘套放的情形[1]，《中国美术全集·青铜器》有其彩色版[2]。大家容易看出，尊盘相套时，两器的大小适相配合，各种繁缛的装饰也互相呼应。这表明，尊和盘本来就应该是上下套放的，并不是在埋葬时临时这样堆置。

---

[1] 随县擂鼓墩一号墓考古发掘队：《湖北随县曾侯乙墓发掘简报》，《文物》1979年第7期。

[2] 李学勤主编：《中国美术全集·工艺美术编5·青铜器（下）》，七六至七八，文物出版社，1986年。

这组尊盘是十分精美的宝物，制作工艺的精巧已达到先秦青铜器的极诣。我曾有幸在发掘现场长时间观察，叹为鬼斧神工，推想只有以失蜡法才能铸造，不少朋友也有同样看法，后来经科学鉴定得以证实①。当时失蜡法并不普遍，恐只有少数匠师能够运用，可见尊盘是非常珍贵的，有很高的经济价值和美术价值。这样特殊的器物，用途也一定不比寻常。

青铜器的用途性质，与其定名有直接联系。称擂鼓墩这组器物为尊和盘，就形制而言是无可非议的。不过，一般称为尊的青铜器，在中原地区早在西周中期就归于消失了，而且总是和卣或者方彝成组的。至于盘，早期与盂成组，西周中期末起与匜成组，乃是盥洗用的水器，未见与作为酒器的尊相配的。尊盘结合，应有其特别的意义。

还须注意到，擂鼓墩这件尊形制有其特点，其腹部扁而凸出，实属于长江中下游一带特有的扁腹尊一类，同型器屡见于安徽、江苏、上海等地②。因此，擂鼓墩尊盘的性质只能从与同型器物的比较中去探索。

尊盘成组的现象，曾见于1955年在安徽寿县西门发掘的蔡昭侯墓③。据报告，墓中共出有尊三件、"盘"（原加引号，在命名上是矜慎的）四件，仔细考察，可能有三组尊盘，即：

---

① 华觉明：《失蜡法的起源和发展》，《科技史文集》第13辑，上海科学技术出版社，1985年；华觉明等：《中国冶铸史论集》，文物出版社，1986年。

② 李学勤：《吴国地区的尊、卣及其他》，《吴文化研究论文集》，中山大学出版社，1988年。

③ 安徽省文物管理委员会、安徽省博物馆：《寿县蔡侯墓出土遗物》，科学出版社，1956年。

第一组　　尊16：1，盘25：1。

第二组　　尊16：2，盘25：3。

第三组　　尊16：3，盘25：2。

第一组的配合是肯定无疑的。尊16：1是典型的扁腹尊，腹部的花纹，报告云为兽面，谛视疑是蟠螭纹；有铭92字，中有"……用酢（作）大孟姬媵彝□，禋享是台（以），祗盟（明）尝禘，……"等语。盘25：1浅腹，腹外饰蟠螭纹，有四伏兽，圈足；有铭92字，与尊铭相同，唯"彝"字下为"盥"字。此组尊盘系蔡昭侯元年（前518）为大孟姬嫁于吴王而制。

第二组尊16：2也是扁腹，素面，唇上有嵌铜三角形花纹；有铭存9字："蔡侯申作大孟姬簿……"盘25：3已残，仅存二环耳。报告云腹、足有花纹，但无图片，是否与上尊相配不能完全确定。尊铭也是蔡昭侯为大孟姬作，唯与第一组不同时，恐非媵嫁所用。

第三组尊16：3扁腹，腹上饰"浪花"形蟠螭纹，唇、颈及圈足均有嵌铜花纹。盘25：2浅腹，有嵌铜花纹，四环耳，圈足；有铭6字，"蔡侯申之簿盥"。此组配合较肯定，系蔡昭侯自用之器。

蔡昭侯生活于春秋晚期，公元前518年至前491年在位，而擂鼓墩1号墓墓主曾侯卒于公元前433年，在战国早期，两者相距50余年。曾侯的尊盘比蔡昭侯所制华丽，形制最近于蔡器的第一组尊盘。蔡器三组尊盘，铭文或明记祭祀，或称"簿"，可知均为祭器，曾器尊盘的用途应该是一样的。

附带说一下，蔡器第四件盘系圜底，大约是与匜成组的水器，与其他三件有区别。

蔡器尊盘的宝贵之处，是铭文有器的自名。尊16：1的器名，字左上从"金"，下从"皿"，因中段磨损，右上是否从"余"，难于论定。陈梦家先生说"其字待考"[1]，态度是慎重的。盘25：1、25：2的器名，字都很清楚，都是从"酉"从"皿"，表示属于酒器，声符一从"酉"声，一从"舟"声。按上古音"酉"为从母幽部，"舟"为章母幽部，彼此极近，故实为一字的不同写法。这个器名，我认为就是文献中的舟。

舟这个器名，见于《周礼·司尊彝》：

> 司尊彝掌六尊六彝之位，诏其酌，辨其用与其实。春祠夏禴，祼用鸡彝、鸟彝，皆有舟；其朝践用两献尊，其再献用两象尊，皆有罍，诸臣之所昨（酢）也。秋尝冬烝，祼用斝彝、黄彝，皆有舟；其朝献用两著尊，其馈献用两壶尊，皆有罍，诸臣之所昨也。凡四时之间祀追享、朝享，祼用虎彝、蜼彝，皆有舟；其朝践用两大尊，其再献用两山尊，皆有罍，诸臣之所昨也。

此文应参看同书《郁人》："郁人掌祼器，凡祭祀、宾客之祼事，和郁鬯，以实彝而陈之。"郑注："祼器，谓彝及舟与瓒。"

古代把名叫郁金的香草捣碎煮汁，掺和在鬯酒里，称为郁鬯，祭祀时酌以献尸，宾礼时酌以饮客，有一套隆重的仪节，就是祼。祼器是祼的用具，有彝、舟、瓒三种，互相配合。

彝，《司尊彝》序官注云"亦尊也，郁鬯曰彝"，是盛贮郁鬯的容器，据职文有六彝之别。

舟，《司尊彝》职文注云"郑司农云：舟，尊下台，若今时承槃"，是用来托彝的器具，因其载物，故名为舟。

瓒，是挹取郁鬯所用，其形以黄金为勺，以玉为柄。

这三种东西是成组的，行裸时彝放在舟上，用瓒从彝中酌取郁鬯。

历代学者对舟有过误解，《三礼图》一类书曾将舟绘成瓶罐形，某些青铜器著录又把形制各异的若干物题名为舟[①]，都不符合《周礼》经注。上引先郑所说舟为"尊下台，若今时承槃"，系以东汉器物为喻。汉代的酒樽确有附托盘的，有学者用以印证注文[②]，是贴切的，盘的形状没有可疑之处。

还有人如清李调元《卍斋璅录》，怀疑舟形如盘，彝居其上的说法，认为舟也是容器，这更是错误的，张舜徽先生作过驳正[③]，这里不再赘论。

《说文》："槃，承槃也。"段玉裁注："承槃者，承水器也。……槃引申之义为凡承受者之偁（称），如《周礼》珠槃、夷槃是也。""盘"则为字的籀文。由此可知，所谓舟乃是盛放尊的一种盘形器。

蔡昭侯尊16：1、盘25：1的铭文，分别自名为"彝某"和"彝舟"，并说用于禋享尝褅，与文献所说适相符合。这种成组的尊盘，就是裸器。当然，它们的形制不全同于《周礼》所述，这可能是由于有时代和地域的差别，但其用途性质是可以推定的。希望将来会有更多实物，对这一看法做出验证。

---

① 福开森：《历代著录吉金目》，第449—450页，商务印书馆，1939年。

② 林巳奈夫：《〈周礼〉六尊六彝与考古学遗物》（日文），《东方学报》（京都）第52册，1980年。

③ 张舜徽：《清人笔记条辨》卷三，第110—111页，中华书局，1986年。

第五篇　海外文物拾珍

一、针刻纹三角援戈及其他

本节所要讨论的，是一件中国古代大型的三角援铜戈，其形制与众不同，纹饰精美而且采用了特殊的技艺，对考古学、科技史以及美术史的研究都很有意义，因此试加介绍，希读者指正。

在论介这件铜戈以前，有必要先谈一下在形制上相类似的另一件戈，作为对比。我们所谈的是瑞典斯德哥尔摩远东古物博物馆的一件藏品，原属该国赫勒斯特洛姆（Anders Hellström）氏，1933年曾于第十三届国际美术史大会"中国古代青铜器展览"上展出，1946年归入馆藏。它的照片先收入《远东古物博物馆馆刊》第6期上述展览的图录[1]，后来又见于同刊第20期高本汉所编《赫勒斯特洛姆所藏青铜器》[2]，两幅照片分别是该戈的两面。

收藏在瑞典的这件戈，虽然内部已经齐根断去，其残长仍达28厘米。其援呈三角形，上刃接近平直，仔细看微微向里弯曲，

---

[1] "The Exhibition of Early Chinese Bronzes", pl.XIII, *BMFEA*, no.6, 1934.

[2] Bernhard Karlgren, "Bronzes in the Hellström Collection", pl.17 (2), *BMFEA*, no.20, 1948.

下刃则凹曲较甚，援锋为舌尖状。援的中央起脊，脊上近本处有一个半方半圆的穿孔。援本有两个长穿，穿间有一对桃形小翼，向后侧伸出，翼彼此成45度角。戈上有精细的花纹，援面近本处为一轮廓作半圆形的饕餮纹，双角突起而下卷，目下又有尖端向内的一对小"角"，顶上和目外侧加饰羽状纹。整个饕餮以雷纹填地，口部吐出长舌，形成戈的脊纹，其中则填以几何化的云纹。桃形小翼上也饰以饕餮纹，方向与援面的相反，同样以雷纹填地，饕餮顶上亦有羽状纹。这件戈可以说是三角援戈中最大、最奇特的一个例子。

现在我们要介绍的戈，照片见《文物》1991年第1期第21—22页，收藏于比利时布鲁塞尔的皇家美术与历史博物馆。感谢该馆的帮助，1986年我们有机会对原件做过长时间的观察。比利时的这件戈也没有了内，形制和尺寸都与瑞典的那件相似，残长27厘米。这件戈传流情况不明，据我们所知，只在布鲁塞尔艺术宫1976年秋季的展览图册《皇家美术与历史博物馆所藏珍品：人类的神秘，器物的魔力》(*Mystère de l'Homme, Magie de l'Objet*) 中印有照片，云其年代为"商末周初"，并说传得于中国河南洛阳。其三角援的上刃基本平直，下刃向里凹曲，援锋亦系舌尖状，戈援中央起脊，比瑞典那件更为明显易见。援本的长穿和脊上近本处的半方半圆形穿孔，以及桃形小翼，都同于瑞典的戈。两戈的纹饰大体一致，但细看还是有若干差别。比利时戈援面饕餮的角比较细，顶上的羽状纹比较少，而且是由线条构成的，与瑞典戈这部分羽状纹填实不同，而且在羽状纹两旁有目形，实际形成一个小的饕餮面。援面饕餮也吐出长舌，作为戈的脊纹，不同处是所填花纹加饰云纹边缘，桃形小翼的边上也加饰直线纹，都是瑞典的戈所没有的。由此可见，比利时收藏的这件戈和瑞典那件应该是同时期的产品，但前者比后者更为精致。

比利时皇家美术与历史博物馆收藏的戈还有一种重要的特色。瑞典的那件戈，如高本汉所形容，覆有"暗绿色锈并有青和棕色斑块"。比利时的戈的锈色与之近似，其表面大部分覆盖着暗绿色锈，表现出生坑的特点。用放大镜观察，不难注意到，戈援靠近尖端的部分，一面有席痕，另一面有小片木痕，这一点照片上虽不够清晰，还是可以看见一些痕迹。特别要指出的是，援面近本处邻近饕餮纹的部分，大多无锈，露出金色的金属地，可以清楚地看到上面有针刻的花纹。由于只有部分裸露在锈外，不能知道纹饰的整个形状，但近援本处的花纹有似鸟纹，近援脊处的花纹有似夔纹，靠刃边还有成行的羽纹。这些针刻纹的风格，与戈上铸成的几何化云纹互相谐和，所以一定是原有的，不能认为是后刻的。

迄今为止，还没有发现过其他先秦时期兵器具有这样的针刻纹，这件三角援戈实在是绝无仅有。

和上述两戈类似的还有1934年法国奥朗日博物馆"中国周、秦、汉代青铜器展览"上陈列过的一件戈。该戈见于那次展览的图录，70年代初又在伦敦拍卖行出现，现藏于法国巴黎的色努施奇博物馆（是否同件尚有待核实）。这件戈锋端卷曲，但长度仍达28厘米。其形制、纹饰均与上述两戈近似，而内部完好无缺。内上有一穿，饰变形夔纹，环以放射的直线纹，间加密点。内端为弧形，有内缺。

以上三件戈不是科学发掘品，且出土地不详，它们究竟属于什么时代和什么文化，只能通过与有出土记录的一些类似兵器对比来说明。

让我们首先从戈的形制进行探讨。三角援戈在商代已经出现。

关于这种特殊类型兵器的发展和分布，最近曾有一些论著做过很好的研究①。如这些论著所指出，三角援戈的出土多数是在四个地区，即：一、河南北部的安阳、郑州；二、陕西、甘肃间的泾渭流域；三、陕西汉中的城固、洋县；四、四川蜀文化分布地区。三角援戈已知最早的例子属于商代二里岗到殷墟的过渡时期，当时上述一、二、三地区都已有这种兵器存在，目前还难于确定其究竟发源在哪里。总的来说，上述第一地区即河南北部商文化中心区发现这种戈较少，有些带纹饰的，风格也与当地其他青铜器花纹有一定差异，二、三两地区则发现甚多。这样看来，这种器物的中心是在泾渭、汉中一带。到西周中期，第一、二、三地区的三角援戈都归于消失；只有第四地区即蜀地，这种兵器还在继续使用，并且数量不少，成为新的中心。

在殷墟，科学发掘出土的三角援戈约有8件②，出于第一期墓的内部偏上，出于第二、三、四期墓的则内部下移到中间，后者数量较多，且集中在殷墟西区③。尤其值得我们注意的是西区第279号墓出土的一件④。第279号墓属殷墟四期，年代为商末。这件戈形制是直内，三角援，上刃平直，下刃向里凹曲。援近本处有一圆形穿

---

① 杨锡璋：《关于商代青铜戈矛的一些问题》，《考古与文物》1986年第3期；霍巍、黄伟：《试论无胡蜀式戈的几个问题》，《考古》1989年第3期。

② 陈志达：《殷墟武器概述》，《庆祝苏秉琦考古五十五年论文集》，文物出版社，1989年。

③ 中国社会科学院考古研究所安阳工作队：《1969—1977年殷墟西区墓葬发掘报告》，《考古学报》1979年第1期。

④ 中国社会科学院考古研究所安阳工作队：《1969—1977年殷墟西区墓葬发掘报告》，图六四：2，《考古学报》1979年第1期；陈志达：《殷墟武器概述》，图二：2，《庆祝苏秉琦考古五十五年论文集》，文物出版社，1989年。

孔，饰轮廓为半圆形的饕餮纹，有下卷的角，以雷纹填地，其口部吐出由三道凸弦纹构成的长舌，作为戈的脊纹。援本有两长穿，穿间"有两弧形夹面，是夹柲用的"。内后端有长方缺凹，内上饰长方形花纹，框中用直线分为四格，分别填以饕餮及雷纹。这种戈和前面提到的瑞典、比利时两戈，除有内、失内是主要差别外，类似的地方颇为不少，如纹饰的形状和布局、穿孔的位置、援刃的轮廓，都很明显。所谓"弧形夹面"，很可能是小翼的雏形。

1957 年，在山西洪赵县永凝东堡（今属洪洞县）一座古墓中发现一件三角援戈[①]，形制为直内，援上刃平直，下刃凹曲，近本处有圆形穿孔，饰轮廓为桃形的饕餮纹，双角下卷，目下有尖端向内的小"角"，角间加饰夔纹，以雷纹填地。饕餮口部吐出较宽的舌，构成脊纹，填有斜角云纹，援本有两长穿。内后端作连弧形缺凹，内上饰以长方形花纹，填斜角云纹。从同出器物，特别是礼器及其铭文看，简报定为"西周早期的遗物"是没有疑问的。

1927 年，党玉琨在陕西宝鸡戴家湾盗掘的青铜器中有一件三角援戈，内部断失，援形与上述各件近似，起脊，但无花纹，援本两长穿间有桃形小翼。戴家湾青铜器的年代都在商末至西周早期范围内（也有个别后世遗物，但易于辨别），这件戈也不会例外。

以上举出的三件三角援戈，都与比利时以及瑞典所藏的戈有相似之处。后者的形制特点，与宝鸡戴家湾的戈最为接近，纹饰则类于殷墟西区与洪赵永凝东堡的戈。饕餮纹目下有小"角"，这一罕见的特点，尤与永凝东堡戈相同。

---

① 解希恭：《山西洪赵县永凝东堡出土的铜器》，《文物参考资料》1957 年第 8 期。

　　还应当说明，有锋刃兵器上附加桃形小翼，在西周早期是屡见的。例如陕西扶风唐西原古墓出土的无胡戈，同县发现的短胡戈①，都有这样的装饰。日本白鹤美术馆收藏的一件钺②，则有两对桃形小翼。该钺与陕西宝鸡竹园沟13号墓所出非常接近③，竹园沟8、18、19、20等墓出土的戈上也有不同型式的小翼。这些都属于西周早期。

　　从上面的论述看，比利时以及瑞典所藏的这两件三角援戈，可能推定为商末周初的遗物了。如果这是事实，势必影响到我们对铜器针刻纹出现年代的估计。按照公认的说法，针刻纹是在春秋战国之际才出现的，当时的捶制薄胎铜器，质地多为红铜，每每以针刻纹为装饰，"其原因当是由于器胎是较软的红铜，便于用利器刻划，另一方面也可能是由于这时已有坚硬锋锐的铁质工具"④。假如商末周初已经有了针刻纹，而且是出现在质地较硬的兵器上，那么当时就应该存在非常尖锐的工具，因为要在这样的兵器表面上刻画美术性的花纹，没有尖利的锋刃器是不能做到的。

　　我们把目光所及放远一点，不难发现，在中国南方也出有类似比利时、瑞典、法国这三件戈的兵器。

　　1977年，湖南益阳地区出土一件残戈，发现时已锈腐不堪⑤。

---

　　① 罗西章：《扶风出土西周兵器浅识》，图一：3、7，《考古与文物》1985年第1期。

　　② 林巳奈夫：《中国殷周时代的武器》（日文），图一八三，京都大学人文科学研究所，1972年。

　　③ 卢连成、胡智生：《宝鸡强国墓地》下册，图版二六：2，文物出版社，1988年。

　　④ 李学勤：《东周与秦代文明》，第229页，文物出版社，1984年。

　　⑤ 胡家喜、丁国荣：《古代青铜器腐蚀后的加固和修复》，《江汉考古》1987年第3期。照片见该期封底。

经过精心修复，内至近援本的部分得以恢复原状。这件戈本来也应当是三角援，其近本处有半圆半方形穿孔，饰有轮廓为半圆形的饕餮纹。饕餮的顶上和目外侧都有羽状纹，口部吐舌下伸，成为援的中脊，填有斜角云纹。援本两长穿间有桃形小翼。直内，内上有长方形花纹，以直线分为四格，内填细纹（不清晰）。这件戈的形制、纹饰，除有内外，都与比利时等戈相似，而内上的花纹又近于殷墟西区出土的商代戈。原报道称其年代为商代。

湖南还有一件采集品三角援戈^①，其形制、纹饰与益阳残戈差不多完全相同，只是援近本处饕餮纹不见羽状纹，而有很小的下卷角，内后端是有弧凹的。周世荣先生认为其年代相当"商周（按：指西周）时期"，"相对年代也可能延续至西周以后"。这件戈的援部长17厘米，不如瑞典、比利时藏戈之大。

周世荣先生推断湖南采集的戈一类的三角援戈年代"可能延续至西周以后"，延续到什么时候呢？杨锡璋先生指出，在四川的蜀文化分布地区，三角援戈沿用到战国时期。1980年发现的四川新都九联墩大墓，年代是战国中期偏早^②，所出三角援戈开拓了我们的眼界。这座墓出土了几种型式的三角援戈。简报所分Ⅰ式铜戈的援较宽的一种，与湖南的两件相近，只是没有桃形小翼。这种戈共有五件，出土时光洁无锈。其援上刃平直，下刃微向里凹曲，舌尖形锋。援面有经处理而成的斑点，近本处有圆形穿孔，饰饕餮纹，双角突起而上卷，目下有尖端向内的小"角"，以雷纹填地，口吐舌成为脊纹，也填有斜角云纹。援本有两小长穿，直内上有一梭形

---

① 周世荣：《湖南商周秦汉兵器研究（之一）》，插图十：6，《湖南考古辑刊》第4集，1987年。

② 李学勤：《东周与秦代文明》，第166页，文物出版社，1984年。

穿。内后端为连弧形凹曲，饰长方形花纹，内以直线分为四格，填以云纹、羽状纹。在援面靠近上刃一侧，有一巴蜀文字铭文。戈较大，通长29.5厘米，援部长20.2厘米。

与新都九联墩戈近似的器物，在四川其他地点也发现过[①]。特别要举出的是成都羊子山172号墓出土的一件三角援戈，冯汉骥曾讨论过[②]。其近援本处的穿孔作半圆半方形，饕餮纹双角下卷，目下有下卷的小"角"，口部不吐舌。援本两小长穿，内上一有棱角的棱形穿。内后端圆而有小的内缺，饰云纹，边缘饰直线纹。羊子山172号墓年代很晚，宋治民先生推定为秦代[③]。这件戈虽然继承了新都九联墩戈的若干因素，但内部已趋近于战国戈的一般型式。

与羊子山的戈最相似的，是湖南宁乡宋家冲石仑1975年收集的一件，长20.6厘米[④]，其形制、花纹与羊子山戈都非常相近，只是内上的花纹还很像商代的简化夔纹。

新都九联墩和成都羊子山的例子告诉我们，南方湖南、四川发现的这种三角援戈虽很像商至周初的产品，实际上年代可能很晚。

经过对比，不难看出比利时以及瑞典、法国收藏的三角援戈与上引南方出土品的共同点：

（一）戈的形制，包括穿孔的形状，基本同于湖南益阳戈及与之类似的湖南采集品。

（二）戈的纹饰，特别是浮雕状的铸作风格，同于四川新都九

---

① 刘瑛：《巴蜀兵器及其纹饰符号》，图二：16，《文物资料丛刊》7，1983年。

② 冯汉骥：《冯汉骥考古学论文集》，第29页，文物出版社，1985年。

③ 宋治民：《略论四川战国秦墓葬的分期》，《中国考古学会第一次年会论文集1979》，文物出版社，1980年。

④ 熊传薪：《湖南宁乡新发现一批商周青铜器》，图五、六，《文物》1983年第10期。

联墩所出。

（三）戈的尺寸较大，援部平薄，有明显刃缘，接近新都九联墩戈。

（四）戈的桃形小翼有宽缘，同于湖南益阳等戈，翼缘上加饰直线纹，则类似四川成都羊子山、湖南宁乡宋家冲石仑戈的内部。

那么，这三件戈究竟是哪个时代的遗物呢？

比利时等国收藏的三件戈的时代问题，最近终于由新的考古发现解决了。

《文物》1992年第6期发表了庞文龙、刘少敏的《岐山县北郭乡樊村新出土青铜器等文物》。陕西岐山樊村这次发现，有青铜罍、戈各一件，陶鬲（已残碎）两件。罍由形制、铭文可定于商末周初。戈与上述三件，特别是法国一件，极为相似[①]。这样，我们就得以确定上述三件三角援戈确实都是商末周初的遗物。

本节的讨论提供了中国古代青铜器发展史上的一个特例。如前所述，三角援戈早在商代即已出现，就其他地区而言，这种戈到西周中期便消失了，但是在四川及湖南，这种戈不仅继续使用下去，而且在一定程度上保存着商末周初的许多特点。这进一步说明，非中原地区的青铜器往往有其自己的发展序列，需要具体研究，不能以中原青铜器的序列作为标尺。

二、鲜簋的初步研究

我们在这里要向大家介绍一件西周时期的青铜器，在学术上有

---

① 李学勤：《海外访古续记（二）》，《文物天地》1992年第6期。

特别值得讨论的特点。它早已流出中国，而且不为人所知。为了找到它，我们曾费了不少时间和力量。

早就著录这件器物的，是澳大利亚国立大学巴纳和现执教于香港中文大学的张光裕两位先生。他们长时期奔走世界各地，访求金文材料，编著成《中日欧美澳纽所见所拓所摹金文汇编》一书，于1978年出版。书中收有这件青铜器的铭文拓本，列为第156号。由于铭文内容重要，引起学者注意，而铭文体例的特异又使不少人疑为伪器。

为了对原件做一鉴定，1983年我们曾趁在美国参加学术会议的机会，再三访求，未能获得其下落的讯息。到1986年春天，我们合作研究欧洲收藏的中国青铜器期间，竟在英国伦敦埃斯肯纳齐商行见到这件寻访了好几年的青铜器，并获得有关资料。通过对原件和照片的反复观察，认为是真器真铭。对友人给予的帮助，谨表谢意。

这件器物，《汇编》称为鲜盘，现知是簋，应名鲜簋。它是一件无盖的双耳簋，卷唇。腹饰顾首龙纹，以雷纹衬地。口沿下前后有小兽首，其下有扉棱。双耳上有尖耳的兽首，下有垂珥。圈足饰目雷纹，四面有小扉棱。

簋通身覆有光润的青绿色锈，布有红褐色锈斑。铭文共五行，四十四字，在内底。以放大镜审视字口，确系铸成。内底还可以看到几处铸造时用的垫片。铭文第五行第三字的左上角，竖笔向内弯断，是铸范凸起处受损移动所致。这些现象，都是此器不伪的证据。

簋腹上面的龙纹，非常美观，是不多见的。这种纹饰是一对相向的大龙，龙头向后回顾，头顶有下垂的花冠。细看，花冠本身又成为头朝下的吐舌龙纹。与此近似龙纹，曾见于著名的青铜器麦尊和燕侯盂。大家知道，麦尊是周成王时器，燕侯盂大约是康王时的，所以鲜簋的花纹粗看起来给人以年代很早的感觉，似乎是周初的古典形式。可是进一步考察，鲜簋的龙纹和麦尊等有所不同，就是龙纹的几部分分解了，尤其明显的是花冠已与头部断开。这和鸟纹的尾羽和躯体断开一样，是较晚时期出现的新变化。因此，簋的年代不能早到成康，一定要晚上一个阶段。

再看鲜簋的形制，它的腹壁斜而且直，下部膨出，最大径在腹底。用陈梦家先生创造的词来说，是"倾垂"，也是年代较晚的标志。像这种样子的簋，可以举出静簋、郭伯簋、伯盄簋、长思簋等（后两件有盖）。这几件簋，多数学者认为是周穆王时期的。

静簋等器除形制以外，还有一点与鲜簋接近，这就是铭文的字体。它们的字体，如日本学者白川静氏所说，特点是"整齐紧凑"，不像早期铭文那么笔意雄肆，疏密有致。早期铭文笔画的所谓"波磔"至此也归于消失了。鲜簋的文字也正是这样。

下面按鲜簋铭文的释文写出来（尽量用通行字）：

> 惟王卅又四祀，唯五月
> 既望戊午，王在蒡京，禘
> 于昭王。鲜蔑暦，祼，王虢（赏）
> 祼玉三品、贝廿朋，对王
> 休，用作，子孙其永宝。

铭文特殊的地方有三点。第一是"昭"字从"邵"从"王"，和盂鼎、利簋等"文""武"从"王"同例，都专用于周王。第二是"赏"

字从"章",同于庚嬴鼎,和常见的"商"同理,因为"章""商"音通。第三是"用作"下省掉器名,这在金文中是罕见的。

这篇铭文的大意是,在王的三十四年,五月既望戊午这一天,王在菳京(宗周宗庙所在)向昭王进行禘祀。鲜受到王的褒奖,饮了鬯酒,王赏赐他三种裸礼用的玉器(裸用瓒挹取鬯酒,瓒系金勺玉柄,其柄属于圭、璋之类)和二十串贝。他感激王的恩惠,乃作此器,使子孙长期珍藏纪念。

当时的周王既然祭祀昭王,自然比昭王更晚。考虑到鲜簋的形制、纹饰尚有西周早期遗风,它的年代不会太迟,唯一的可能便是穆王三十四年。

和簋铭字体风格一致的,还可以举出这样几件青铜器:

剌鼎	铭文有"禘昭王"
吕方鼎	铭文有"昭太室"
遹簋	铭文有"穆王"
长思盉	铭文有"穆王"

吕方鼎的"昭"字正好位于腹壁和内底转折处,为锈所掩,但由残笔疑当作"卲",是否从"王"则无法判断。它和剌鼎,公认是穆王时物。后两器都记穆王活动,而有"穆"字谥法,可能是在穆王死后不久追述。由此可见,这一类字体的器物都作于穆王晚期或再晚一点的时候。这和鲜簋的纪年刚好是相呼应的。

在这些器物里,字体最接近鲜簋的可推吕方鼎和剌鼎,有好多字彼此酷肖。它们都记祭祀之事,又都作于五月。鲜簋是五月戊午,吕方鼎是五月壬戌,相距五天;剌鼎是五月丁卯,距壬戌六天。这三件青铜器颇有可能是同时的东西。

鲜簋的重要性，在于它是周穆王时的标准器，铭文年、月、月相、日俱全，实在不可多得。这对西周青铜器以及年代学的研究，都是很宝贵的。

簋铭所记"卅又四祀"，本身就甚重要。

《史记·周本纪》载："穆王立五十五年，崩。"后世史籍均从此说。但是近年以金文推算西周年历的论著，多以为穆王在位不及55年，甚至连34年也不到。鲜簋的出现，使把穆王年数估计过短的各种学说有修正的必要。

《尚书·吕刑》是穆王时书，篇中说："惟吕命，王享国百年，耄荒。"据此穆王享高寿，而《吕刑》是他末年所作。篇内的"吕"，郭沫若先生以为即吕方鼎的器主。如果吕方鼎作于穆王三十四年，到穆王末年他仍可在朝，情形是合理的。

上面已经说过，鲜簋、吕方鼎、剌鼎三器有可能是同时的。假设这是对的，可以导出一些有意义的推论。首先是金文月相的解释。研究金文的人都知道，自王国维先生以来，月相的解释一直有"四分一月说"和"定点月相说"的争论，由于材料限制，迄今无定说。鲜簋是五月既望戊午，吕方鼎是五月既死霸壬戌，这适用"四分一月说"，而不合于"定点月相说"。其次，把三器的历日排在一起，五月的朔日只能是三天里的一天，即：

	戊午	壬戌	丁卯
庚子朔	十九日	二十三日	二十八日
己亥朔	二十日	二十四日	二十九日
戊戌朔	二十一日	二十五日	三十日

一般都同意穆王时期在公元前10世纪范围内，而依张培瑜《中国先秦史历表》该范围能符合上述历朔的，只有三个年份：

公元前999年　　　五月戊戌朔

公元前989年　　　五月庚子朔

公元前963年　　　五月己亥朔

迄今为止，只有日本学者浅原达郎的《西周金文与历》（《东方学报》第58册）引用过鲜簋的铭文。这件青铜器已有不少争议，今后一定还会在学术界带来进一步的讨论。

三、楚王盦审盏及有关问题

1986年，在美国纽约的克里斯蒂商行出现了一件十分重要的中国古代青铜器，见该行当年6月图录54。这件器物现藏于美国大都会博物馆，其制作精美，时代与国别清楚，对青铜器研究具有很高的价值，同时又从未见于著录，因而迅即引起外国一些有心学者的注意。大家了解，由于种种历史原因，我国古代青铜器流散海外的数量甚多，尚未著录的珍品也有不少，但有重要铭文的，绝大多数已经发表了。像本节所要介绍的这一件，可谓之凤毛麟角。

这件器物，克里斯蒂商行的图录称为"鼎"，实际是一件楚国的盏。盏有盖，整体作扁球形，通高20厘米，径24厘米。盖上有镂空捉手，作虺蛇蟠结之形，周围有钮四个，分为二组，两两相对，一组作半环形，饰直线纹，一组作环形，有虺蛇形装饰。盖面满布细密的蟠虺纹，并有三道绳纹。盖缘与盖面的折角呈圆形，缘上饰蟠虺纹，有四个兽面形的边卡。器颈饰蟠虺纹，微束；腹部也是蟠虺纹，有两道粗绳纹。腹侧有一对环形耳，耳上有镂空的虺蛇形装饰；又有一对短柱形突起。腹底近平，有三个镂空蹄足，也作虺蛇纠结之形。

盏的铭文在器内，共两行六字（图16），依原行款释为：

楚王畬

审之盏

"畬"字相当文献楚王名常见的"熊"字，是大家熟悉的。"审"字的写法，和西周时期的五祀卫鼎相同，只是把从"口"改成从"曰"了。

楚王熊审就是楚共王。据《春秋》经传、《史记·楚世家》等书记载，共王系庄王之子，生十一年立，在位三十一年而卒。他的在位年是鲁成公元年到襄公十三年，也即公元前590年至前560年。共王之名，《春秋》经襄公十三年、《史记·十二诸侯年表》及《楚世家》都作"审"，只有《国语·楚语上》作"箴"（或"蒇"）。"审"字古音为书母侵部，"箴"字为章母侵部，互相接近。从铭文可知，共王名本字是"审"，"箴"则是假借。

过去著录有楚王领钟，陈梦家先生为商承祚先生《长沙古物闻见记》所撰序云即楚共王，"今、咸古音同"，周法高氏《金文零释》说同，不少著作均从其说。现在有盏铭

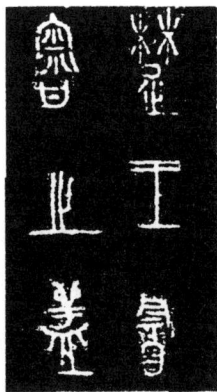

图16

的发现，这个说法便只好否定了。

盏铭的最末一字曾见王子申盏盖等，方濬益已释为"盂之别体异文"。字上部所从，日本高田忠周认为"即茉字，茉又作钎"，是有道理的，它可能是"茉"字的别构。

大家知道，王子申盏盖也是楚器，其铭文是：

> 王子申作嘉半盏盖，其眉寿无期，永保用之。

清代收藏该器的阮元业已指出："此器形如敦盖，铭曰盏。……《玉篇》云：'盉錂，大盂也。'《广雅》案錂与敦、椀同释为盂，此即錂字。"据此，盏即盉錂，和盂是同物异名，所以在楚器铭文中或称盏，或称盂，也可结合而称盏盂。1976年，湖北随县义地岗出土的盏，就自名为"行盏"。由于青铜器中的盂包括几种形制和用途不同的器物，对于这一器种仍以称盏为好。

关于盏的形制特点，程欣人、刘彬徽同志《古盏小议》一文（《江汉考古》1983年第1期）做过详细描述，并举出江陵岳山、宜城骆家山、当阳赵家湖、襄阳余岗、淅川下寺、潢川高稻场等地所出没有铭文的实例。它们大都出于楚墓，或在楚文化的影响下。

对楚王酓审盏的年代，还可通过与王子申盏盖对比，做进一步精确的估计。

王子申盏盖的器主，自阮元《积古斋钟鼎彝器款识》起，多以为是楚平王子令尹子西。阮书云："楚王子名申见于《左传》者有二，一为共王右司马，成六年以申、息之师救蔡者；一为平王长庶子，字子西，逊楚国立昭王而为令尹者。此篆文工秀，结体较长，同于楚曾侯钟。曾侯钟楚惠王器，子西历相昭王、惠王，此可直断为子西器也。"① 近年，李零认为："阮元将此器断为后一个王子申的器物，时代似乎偏晚，此器所饰垂叶纹是春秋中期流行的纹饰，字体与下寺M2出土王孙袁钟相似，以纹饰、字体论，定在共王时更为合适。"②

细看《两罍轩彝器图释》所载王子申盏盖的形制，和楚王酓审盏的盖有所差异。王子申盏盖比较简朴，捉手只有少数镂孔，没有钮，盖缘和盖面有明显折角。和它最接近的，是当阳赵家湖所出，其次是江陵岳山的，后者盖上已出现有钮。那两件盏都定于春秋中期，特别是赵家湖一件在分期上位置明确。因此，王子申盏盖只能属于楚共王时任右司马的那个人。

按楚共王时的公子申，《春秋》经传凡六见，他的活动时期是在楚共王的前期。由此不难推知，形制显然比王子申盏要迟的楚王酓审盏应作于共王晚年。

特别值得重视的，是楚王酓审盏的形制风格同淅川下寺1号墓出土的盏（M1：48）十分近似。这一点对估计淅川下寺墓葬群的年代颇为关键，足以解决当前争论的问题。

大家记得，淅川下寺的春秋楚墓共有五组，其中规模最大的是第三组。此组以2号墓为主墓，其南北两面有大型陪葬墓1号、3号墓和中型陪葬墓4号墓，还有15座小型陪葬墓，西方有一大型车马坑。主墓2号墓所出最重要的青铜器，是一组王子午鼎，鼎盖另有"倗"的铭文，李零认为即蒍子冯。

下寺1号墓的青铜器，除个别外，风格相同，是成组的，而且好

---

① 阮元：《积古斋钟鼎彝器款识》卷七，《丛书集成初编》本，商务印书馆，1937年。

② 李零：《楚国铜器铭文编年汇释》，《古文字研究》第13辑，第365页，中华书局，1986年。

几件有"佣"的铭文。墓中的玉器，也有和青铜器类似的繁缛纹饰。这说明，这套殉葬物品基本上是同一年代的，盏不过是其中的一件。令尹子庚之卒，距共王卒只有八年，蒍子冯之卒距共王卒也仅十二年。他们的器物与共王器风格一致，是合乎情理的。为他们陪葬的家属，自可有他们所拥有的器物，所以不仅下寺1号墓，3号墓也出了类似的盏。就已知材料看，以"佣"为蒍子冯仍是最合理的说法。

下寺青铜器的特色之一，是采用了失蜡法铸造的技术。据报道，2号墓的禁，1号墓的鼎（M1：55），1号、3号墓的盏，经鉴定都使用过失蜡法。其中盏的耳、足和捉手，系以失蜡法预铸的附件。楚王酓审盏捉手、耳、足的形制复杂，与上述两盏全然相同，不难推想也是以失蜡法铸造的。下寺的这几件青铜器早已被认为我国现已发现的最早的失蜡法铸件，然而由于器本身没有铭文，墓葬的主人又有争论，其绝对年代迄今无定说。如今有了楚王酓审盏，问题得以澄清，我们可以放心地讲，至迟在公元前560年，已能熟练地运用失蜡法铸造技术。

四、古镜因缘

中国古镜在域外的出土，是古代中外文化传播交流的一项重要见证，历来为学术界所重视。最近香港中文大学饶宗颐先生提出，大家习惯讲丝绸之路，其实以某种特产的流传来代表文化交流，铜镜之路也同样重要。

以发现中国古镜的数量而言，日本位居首要。我在小著《比较考古学随笔》中曾经谈到，日本出土中国古镜的地点，仅以西汉镜计算，已超过50处。这些地点大多在九州，少数在本州和四国，最北可达到本州的中部。出土地点最密集的，是九州西北部的福冈、佐贺两县，其中发现西汉镜件数最多的三个地点，都在福冈县，即系岛郡前原町三云南小路、须玖冈本町 D 地点和饭塚市立岩堀田。立岩堀田发掘较晚，报告详明，且与中日学术交流很有关系，值得在这里仔细介绍讨论。

饭塚市刚好在福冈县境的中央，嘉麻川、穗波川两条河流在此汇合为远贺川，立岩在市以北。当地为低平的丘陵地形，绳文时代已有人居处，弥生时代的文化遗存尤为丰富。早在 1933 年，在立岩堀田东面不远的市立运动场便发现了弥生时代的瓮棺墓。随后，又在这一带找到同时代的石器作坊遗址，使这里成为有名的考古地点。

1959 年，在堀田的太田种鸡场西南部取土施工，发现了两座石盖瓮棺墓。后来知道，这实际是一处规模较大的瓮棺墓群的一部分。1963 年 5 月，在种鸡场西施工，又在崖面露出瓮棺，当即由考古学者进行清理。这就是闻名于世的 10 号瓮棺墓，墓内出土了异常精美的西汉镜六面之多。继之，在 6 月上旬的第一次发掘中，又有 28 号瓮棺墓出土了西汉镜一面。

那时，正好有一个中国学者的代表团在九州访问，其间有张友渔、江隆基、侯外庐、夏鼐、游国恩等先生。他们在九州大学文学部，和该校考古学研究室、中国文学研究室的学者一道，对上述七面镜的铭文进行释读，经过目加田诚教授校订，以 “福冈县饭塚市立岩遗迹发现的前汉镜及其铭文” 为题，印成小册问世。

日本学者在 1963 年 6 月中旬展开了第二次发掘，1965 年 3 月下旬又开始第三次发掘。最后在 1977 年，出版了发掘报告《立岩遗迹》。据报告，共计发掘瓮棺墓 40 座、土圹墓 2 座、袋状竖穴 26 座。1979 年以后，还对立岩周围遗迹进行调查，并发掘了一些时代相近的遗址。

1978年起，饭塚市多次派团访问西汉古都所在的西安市。1981年，饭塚市历史资料馆建成，展出了以西汉铜镜为重点的立岩堀田发掘成果。作为开馆纪念，特别举办了"中华人民共和国西安出土汉代文物展"，建立了西安市市长所题诗碑。

总的说来，立岩堀田瓮棺墓群一共发现了十面西汉镜。在10号瓮棺墓所出六面之外，28、34、35、39号瓮棺墓各出一面。这五座墓都是石盖单瓮棺，属同一时期。具体情况，扼要叙述如下：

10号瓮棺墓最为重要，人骨无存，随葬品有铜矛、铁矛、铁铊各一件，推测墓主原为男性。另外，在棺近底处有两块砥石。六面铜镜分别陈放在左右两侧。右侧是1号连弧日有喜镜、2号重圈精（清）白镜、3号重圈清白镜；左侧是4号连弧日有喜镜、5号连弧清白镜、6号重圈皎光镜。出土时镜面都向上，显然有着某种葬俗的含义。

1号、4号两面连弧日有喜镜酷似，可是1号镜较小，径15.6厘米，保存完好；4号镜则是六面中最大的，径18.2厘米，业已破碎，经拼对复原。1号镜的铭文是：

> 日有喜，月有富，乐毋事，常得［意］，美人会，芋（竽）瑟侍。贾市程，万物正，老复丁，死复生，醉不知，醒旦星（醒）。（图17）

"意"字原来缺了，据4号镜补上。4号镜铭文基本一样，只是铭末有省略，作"醉不知乎程（醒）"。

日有喜镜在过去著录中并不少见，不过铭文和立岩的都有些差别。例如罗振玉《古镜图录》的一面：

> 日有憙（喜），月有富，乐毋事，宜酒食。居必安，毋忧
> 患，芋（竽）瑟侍，心志骧，乐已茂，固常然。

也是三字一句，但与立岩镜相同的只有四句。

2号镜、3号镜都是重圈清白镜，前者径17.8厘米，后者径
15.4厘米，均经拼复。3号镜的铭文是：

> （外圈）絜清白而事君，惋（怨）污骧之弇明，㥦（焕）
> 玄锡之流泽，忘（应为恐）〔疏〕远而日忘，慎糜美之穷嘻，
> 外承骧之可睨（悦），慕窫（窈）兆（窕）之灵景，愿永思而
> 毋绝。
>
> （内圈）内清质以昭明，光辉象夫日月，心忽穆而愿
> 〔忠〕，然雍（壅）塞而不泄。（图18）

图17　　　　　　　　　　图18

字体较大。2号镜的文字则较纤小，外圈铭文有不少省略，脱去"焕"字，后一半又省成"美，外承之可兑，交景，而毋绝"，难于属读。这在此类镜铭中，乃是常见的现象。另外内圈铭文的末一字"泄"，2号镜作"曳"，是用了通假字。

5号镜铭文同于2、3号镜的外圈，而在"怨污"下多了一个从"心"的字，"焕"错成"之"字，后一半也有较大省略。铭文末尾，增加了"清光咸宜"四个字。这面连弧清白镜径18厘米，形制较大，曾碎裂为两片。

6号镜是重圈皎光镜，径15.9厘米，也经修复。其铭文内圈仍同2、3号镜内圈，外圈则作：

> 姚皎光而燿美，挟佳都而承间，怀骧察而惟予，爱存神而不迁，得乎并埶而不衰，清照析（晰）分。

这样的镜在过去著录中罕见，但近年屡有出土。饭塚市历史资料馆所编《西安出土汉代文物展》图录引用了西安红庆村出土的一面。我们还可以举出1975年湖南长沙火车站（《古文字研究》第14辑周世荣文附图卅二）和1985年山东诸城杨家庄子（《考古》1987年第9期诸城博物馆文图五）的发掘品。几面互相对照，可知铭文末一句的完整形式是"清照晰而侍君"。

立岩堀田28号瓮棺墓有由大量琉璃珠、管串成的发饰，推想墓主应该是女子。随葬品没有兵器，只有一柄环首小刀。所出7号镜为重圈昭明镜，径9.8厘米，铭文同于2、3号镜的内圈，唯脱去"穆""然"二字。

34号瓮棺墓的人骨保存最好，系成年男性，仰卧屈肢，右臂套有十四枚具轮，腹上横置铁戈。所出9号镜为连弧日光镜，形制很小，径4.9厘米，铭文为"见日之光，天下大明"，字体相当苟简。

35号瓮棺墓的墓主为成年男性，右侧有铁戈、铁剑各一。左臂旁出8号镜，是连弧清白镜，径18.05厘米，铭文同于2、3号镜外圈，省脱较多。

39号瓮棺墓墓主也是成年男子，仰卧屈肢，其右侧有铁剑一柄。10号镜出头部右侧，系重圈久不相见镜，径7.2厘米，铭文为"久不相见，长毋相忘"，文字也很草率。

立岩这十面铜镜，各方面特征都和中国境内出土的西汉晚期镜一致，无疑是自中国传去的。同出于这一瓮棺墓群的琉璃器物，据分析是铅钡琉璃，具有中国琉璃的特点。日本学者因此认为，铜镜和琉璃原料均系由中国输入。

铜镜究竟自中国什么地区传去，是一个饶有兴味的问题。有学者主张源于汉都长安，这似乎没有明显的证据，至少从铜镜本身还不能推知这一点。比如重圈皎光镜是不多见的，然而如上面所说，在西安以外，长沙、诸城都有发现，可见分布甚广。立岩铜镜只有连弧日有喜镜最有特色，假如在中国某个地点出土完全同样的镜，会给立岩古镜的来源问题提供解决的线索。

立岩堀田十面古镜的发现，有力地证明西汉晚期中日文化交流的道路已经畅通。在这些古镜出土后，中日两国学者曾共同释读镜铭，在陈列古镜的饭塚市历史资料馆揭幕时，又举行了西安汉代文物的展览，这表明两国的文化交流正在继续发扬光大。两千年间的这段古镜因缘，堪称中日人民关系史上的佳话。

五、阿富汗席巴尔甘出土的一面汉镜

1978年，阿富汗、苏联学者联合组成的考古队在阿富汗北部席巴尔甘发掘了一批墓葬，出土大量珍贵文物，最突出的是黄金制品。有关讯息在1979年开始披露，引起国际上许多学者的注意和讨论。据报道，墓葬所在遗址名为Tillya Tepe，位于席巴尔甘东北约五公里处，墓葬的年代在公元前1世纪至公元1世纪间，即相当中国的两汉之际，可能属于贵霜，这对于研究古代的中外关系，显然非常重要，特别是墓葬内出有中国的铜镜，极有价值。近来已有学者对这批墓葬的情况做了很好的介绍①。

关于席巴尔甘墓葬的介绍说："二号墓、三号墓和六号墓都发现了铜镜和银镜，一般都放在墓主的胸前，可以想像当初一定有一种宗教上的意义。"还提到铜镜"上有汉字铭文，从形制来看，亦与汉镜一样，当为从我国输入的工艺品"②。《文物天地》1991年第6期封二图版中有3号墓所出铜镜的照片，称之为"西汉昭明镜"。过去我曾根据这面铜镜的彩色图片③，企图释读镜上的铭文，反复观察，不能辨识④。后来以不同图片互相参照，才悟出这原来是一种非

---

① 吴焯：《西伯尔罕的宝藏及其在中亚史研究中的地位》，《考古与文物》1987年第4期；梅村：《大夏黄金宝藏的发现（上）》，《文物天地》1991年第6期。

② 吴焯：《西伯尔罕的宝藏及其在中亚史研究中的地位》，《考古与文物》1987年第4期。

③ Viktor Ivanovich Sarianidi, "The Golden Hoard of Bactria", *National Geographic*, vol.177, no.3, 1990.

④ 李学勤：《续论中国铜镜的传播》，《比较考古学随笔》，中华书局（香港）有限公司，1991年。

常罕见的镜铭。现在把意见写出来，供关心这一发现的读者参考。

这面铜镜径17厘米，半球形钮，圆钮座上饰十二连珠纹，绕以八连弧，平缘；有铭文一圈，共34字。镜的类型属于连弧纹铭文镜[1]；铭文的字体属于一种方正的书体，即日本樋口隆康教授所说的"黑体字"（Gothic）。具有这样类型和字体的铜镜，流行于西汉晚期。所谓昭明镜，就是铭文以"内清质以昭明"起句的铜镜，确有与此形制相同的，但这面镜的铭文并无"昭明"字样。

镜上的铭文，专论镜铭的诸家，如罗振玉《汉两京以来镜铭集录》[2]，都没有收录，大概是由于有这样的铭文的镜太少，又难于释读。我能找到的同样铭文的只有一面，见清廷所编《宁寿鉴古》第十五卷十五至十六页[3]，称之为"汉明光鉴一"，形制和席巴尔甘所出者相同。书中云：

> 径五寸八分，重二十一两有半。背作菱花形，中列十二乳，素边素鼻。铭三十六字，文不可尽识，其义亦多难晓。

此书不仅有此镜的图形，还专附了铭文摹本。有几个字大约已经锈结或漫漶，没有摹出。所作释文是：

> 心污结而捐愁明知非不可久□□所□不能□君忘忘而光志兮□使心□者其不可尽行

---

① 孔祥星、刘一曼：《中国古代铜镜》，三，文物出版社，1984年。

② 罗振玉：《辽居杂著》，1929年。

③《宁寿鉴古》，涵芬楼石印本，1913年。

比席巴尔甘镜多两个字。《宁寿鉴古》的释文，已经有了较好的基础，以其镜与席巴尔甘的一面互相比较，铭文文字可以补充校正。

镜铭确是从"心污结"句开始的。"污"读为"阙"，"阙结"意思同于"郁结"。

"捐"字应释为"挹"，读为"悒"，《说文》云："不安也。"《大戴礼记·曾子立事》注释"悒悒"为"忧念也"。所以"悒愁"意思就是"忧愁"。

"明知非不可久"句，席巴尔甘镜作"明知非而可久"。疑两镜各省一字，原应为"明知非而不可久"。

"□□所□不能□"句，《宁寿鉴古》镜首字似"更"，第二字缺；席巴尔甘镜在这两字位置只有一字，笔画不清。"所"字下《宁寿鉴古》镜为"骧"字，席巴尔甘镜则缺。句末一字，席巴尔甘镜很清楚，是"已"字。

"光志"，"光"字据席巴尔甘镜应释为"失"，与上"忘忘"意义呼应。

"兮"下一字似"爱"；"心"下一字似"央"，读为"怏"，《苍颉篇》云"怼也"。

根据以上所论，镜铭可释读如下。席巴尔甘镜没有的字，加方括弧表示：

> 心污（阙）结而挹（悒）愁，明知非而［不］可久，［更］□所［骧（欢）］不能已，君忘忘而失志兮。爱使心央（怏）者，其不可尽行。

铭文是有韵的，"久""已""志"为之部韵，"央""行"为阳部韵。

由于现已看到的镜铭仅有两例，文字尚有模糊不清之处，释文未必完全妥当，不过大意已经明了，是一首女子口吻的相思诗，表达出愁思悱恻，怀念所欢的柔情。至于镜上有减字的现象，在汉镜上是常见的。

这面连弧纹铭文镜的发现，不是孤立的。类似的汉镜向西方、北方传播的例证，过去已著录过不少。专以与这面镜类型一致的而论，最早的例子是在1692年（清康熙三十一年）荷兰人威岑的《东北鞑靼》书中记载的，是减字清白镜[①]。该镜出自西伯利亚离维加图利亚（Vergaturia）不远的一座墓中。日本梅原末治在《从考古学看汉代文物的西渐》文中，记录了外高加索符拉第卡夫卡斯博物馆收藏的一面铅华镜[②]，是1923年在当地泰米尔-坎-斯拉（Temir-Khan-Shura）出土的。樋口隆康的《古镜》则录有乌兹别克斯坦的孟察克-特培出土的日有喜残镜[③]。

这一类型的连弧纹镜，在东方的传播也引人注目。例如上节所论，1963年，日本福冈县饭塚立岩10号瓮棺墓出土汉镜六面，其中1号镜、4号镜都是日有喜镜。

上述现象说明，这一类型的连弧纹镜对外传播相当广泛。其原因应该是，流行这种铜镜的时期，中外文化交流相当频繁。阿富汗席巴尔甘出土汉镜，是当时交流的又一证据。相信这样的文物将来还会有更多发现。

---

① 李学勤：《论西伯利亚出土的两面汉镜》，《纪念顾颉刚学术论文集》上册，巴蜀书社，1990年。

② 梅原末治：《古代北方系文物的研究》（日文），星野书店，1938年。

③ 樋口隆康：《古镜》（日文），第四章图53，新潮社，1979年。

六、韩国金海出土的西汉铜鼎

最近，韩国釜山的东义大学博物馆伽倻古墓考察团发掘获得大量文物，其中有一件刻有铭文的汉代铜鼎。这是一项非常重要的发现，现在依我所见及韩国汉城《东亚日报》1994年1月28日新闻与附印照片，略加论述，想能引起大家的注意。

东义大学发掘的，是在釜山西北不远的金海的伽倻时代墓葬群。出土遗物1000余件，颇多珍异，例如水晶串饰，极为精美。铜鼎失盖，有子口，附耳，腹上方饰一道弦纹，圜底，蹄足，是西汉鼎的典型形制①。铭文在器口沿下外壁，横向一行直刻。承韩国友人见示材料，我有幸对鼎的铭文做了初步研究。

鼎上文字一部分尚被锈覆，很不清楚。我仔细观察照片，仍不能完全辨识，试释为：

西□宫鼎，容一斗，并重十七斤七两，七。

必须说明，这里面只有"鼎，容一斗，并重"和"七两，七"是确切的。其余各字，都有待进一步论定。

鼎铭的格式，在西汉铭文中是常见的。比如：

南皮侯家鼎，容一斗，重七斤三两，第二。（《汉金文录》

---

① 齐东方：《韩国庆尚南道金海郡发掘伽倻墓群并出土重要文物》，《中国文物报》1994年2月27日。

1，22）

卫少主菅邑家鼎，容五升，重六斤，第一。（同上）

蔺川金鼎，容一斗，并盖重十六斤，第六。（同上1，23

器铭）

可知金海这件鼎铭文开头三字应为鼎的所有者，"容一斗"是鼎的容积，"并重……七两"是鼎（连盖）的重量，末尾"七"则是器物编号。这头三字最重要，考定之后可能说明鼎的来源。

这件鼎文颇含篆意，表明鼎的年代较早，排在西汉早期到中期前段是比较合宜的。当然，详细的研究要等到材料正式发表以后。

金海属庆尚南道，在韩国东南端洛东江口附近，隔对马海峡与日本九州福冈相望。过去，在韩国东南部曾出土西汉铜镜，如庆尚南道昌原郡茶户里1号坟出有西汉中期流行的星云镜，与日本福冈春日市须玖冈本町所出星云镜残片相呼应[1]。另外，在庆州西北的永川的一处丘陵上，发现有3面汉镜和11面仿制镜，汉镜中有连弧纹日光镜，铭文为"见日之光，天下大明"[2]。日本九州出西汉镜的地点，正密集于福冈、佐贺一带[3]。可是，无论是在韩国，还是日本，以往都没发现过这样的西汉有铭青铜礼器。金海的这项发现，无疑是关于东亚各国古代文化交流研究的重要线索。

---

① 东京国立博物馆编集：《伽耶文化展》（日文），3—5，朝日新闻社，1992年。

② 东潮、田中俊明：《韩国的古代遗迹　1　新罗篇（庆州）》（日文），中央公论社，1988年。

③ 李学勤：《中国铜镜的起源及传播》，《比较考古学随笔》，中华书局（香港）有限公司，1991年。

七、力、耒和踏锄

前些时候在《古文字研究》上读到中央民族学院王恒杰先生的论文《"耒""力"一器考》[①]，感到很大的兴趣。文中根据在云南怒江和德宏地区的实际调查，列举所亲见的若干木制原始农具，以印证于省吾先生"耒""力"为同一种农业工具之说，并提出"力"先"耒"后，"耒"后来又分别发展为耜和犁的观点。这样将民族调查与考古学、古文字学熔为一炉，颇能发人深思。

"力"字本象耒形之说，始于徐中舒先生60年前发表的名文《耒耜考》[②]。于省吾先生于此所论尤为详细，见其《释类》一文[③]，其要点王文已作摘引，同时还引及于先生1983年提出的两点补充意见，即："在甲骨文中，'耒'和'力'的偏旁可以互换，二字本代表一器；'耒'和'力'二字，从声韵学上看，是一声之转。"

前几年裘锡圭先生著有《甲骨文中所见的商代农业》一文，篇中有"力和耒"小节，见解有所不同[④]。他同意"力是由原始农业中挖掘植物或点种用的尖头木棒发展而成的一种发土工具，字形里的短画象踏脚的横木"，但并不同意"力""耒"是同一种农业工具。他说："耒跟力的性质相近，因此有时作为表意符号可以通用。

---

① 王恒杰:《"耒""力"一器考》,《古文字研究》第17辑,中华书局,1989年。

② 徐中舒:《耒耜考》,《历史语言研究所集刊》第2本第1分,1930年。

③ 于省吾:《释类》,《甲骨文字释林》中卷,中华书局,1979年。

④ 裘锡圭:《甲骨文中所见的商代农业》,《农史研究》第8辑,农业出版社,1989年。

例如甲骨文里的'楙'字偶而也有写作从'力'的。这并不足以证明'耒'、'力'是一个字。'耒'、'力'二字声母虽然相同，古韵却不同部（'耒'属微部）。'耒'跟'力'在语音上的关系，不如'耜'跟'力'的关系密切。从形制上看，力、耜、畚为一系，由木棒式原始农具发展而成，耒则应由用树杈做的原始农具发展而成。"按"耒"字古音是来母微部，"力"字是来母职部，职部为之部的入声，这是裘说的依据。

"力"字，学者从来都认为是一个象形字。《说文》云："筋也，象人筋之形。"人筋何以如"力"字之形，有些费解。徐锴《说文解字系传》解释说："象人筋竦其身作力劲健之形。"段玉裁《说文解字注》则说象筋之条理，两说都显得牵强。因此，林义光的《文源》放弃了"象人筋"的说法，改为"象奋臂形"。我们看周代金文"嘉""男"等字，所从的"力"往往上端增从"爪"形，可见"力"是一种可以用手握持上端的具体东西，不是筋上的纹理，也不是竦身或奋臂之形。

《说文》"筋"字下云："肉之力也。"与"力"字互训。这种解释的好处是可以由筋推导出"力"的意义。人筋是肌肉所以有力之处，所以"力"有了力气、力量等含义。许慎分析"筋"字说："从力从肉从竹。竹，物之多筋者。"这类说法固然不准确，但"力"总应与肉体有关，而且应该是一种结实有力的东西。

我觉得，杨树达先生关于"力"字的解释可能是对的。他曾撰有《释力劦》一文[1]，篇中说："树达窃谓力象人脅骨横列之形，盖即肋之初文。……加肉为肋，犹云之为雲，臣之为颐，乃力之后

---

[1] 杨树达：《释力劦》，《积微居小学金石论丛》（增订本），科学出版社，1955年。

起字矣。"他又解释"劦"字说："《说文》十三篇下劦部云：'劦，同力也。从三力。'肉部别有脅，云：'两膀也。从肉，劦声。'愚疑劦亦脅之初文，……许君别力肋为二文，又分劦脅为二文，殆皆失之矣。"据此，"力"和"劦"都是象形字，"力"象单独的一根肋骨，"劦"则象骈列的几根肋骨，这和甲骨文两字的形状殊为吻合。肋骨是一种特别坚硬有力的骨头，"力"的较晚的意义当即由此推导而得。

甲骨文"力"字作 [1]，其小横并不在曲笔的转折处，这和"耒"字的小横笔位置有别，所以它也许不是耒类农具横木的象形，而只是表示肋骨的粗壮一端。"力"是"肋"的初文，并不妨碍此字与农业工具有某种联系。不妨设想，我国上古人民曾利用大脊椎动物的肋骨作为发土工具，这和利用脊椎动物的胛骨作翻土工具（如河姆渡的"骨耜"）是一样的，后来才"斫木为耜，揉木为耒"。这还能够说明为什么耒柄是弯曲的，和民族调查中所见尖头木棒有所不同。因为肋骨是这样弯曲的，只要对其粗壮一端略予加工，便适于发土之用。这个想法希望在考古工作中能取得证明。

由甲骨文、金文的"耒"字，可以看出当时的耒已比较发展了。其下端是歧尖的，但靠上一点便连为一片。这种农具如何使用，前人论述已详。甲骨文中的"耤（藉）"字，"象一人手持双齿的耒用脚踏刺土形"[2]，已为学者所公认。其实，甲骨文这个字的人形，脚并未踏在耒的横木上，还不可说是象形惟妙惟肖。

耒这类农具，实物在后世仍有存留，不过是在我国之外。徐中

---

① 岛邦男：《殷墟卜辞综类》4049，汲古书院，1971年。

② 彭邦炯：《商史探微》，第198页，重庆出版社，1988年。

舒先生《耒耜考》已引有日本珍藏的子日辛锄为证。子日辛锄下端尖锋，和歧尖的耒尚有差异。实际歧尖的耒类农具见于朝鲜，还没有学者介绍过，下面试做一简单叙述。

图19所示，是一件盾形青铜器的拓本，见于日本奈良县立橿原考古学研究所东潮和堺女子短期大学田中俊明二氏合著的一本书①。这件盾形青铜器下部已残，传为韩国大田出土，系公元前3世纪至前2世纪前半之物。器及器上的纹饰均为铸成，其上端似屋宇形，有六个方形小穿孔。两面都有花纹，一面饰云纹边框，框中央有竖置的细栉纹带，将器面分为左右两侧，两侧都饰有树枝形，枝上栖有立鸟。另一面饰栉纹带边框，框中央也有竖置的栉纹带，左侧有一骑马人形，骑者头上有立髻，马首前有一罐；右侧则饰有一人脚踏耒类农具，下面还有图形，可惜已残缺，难以辨识。踏农具人头上有很长的羽状饰物，很是奇特。

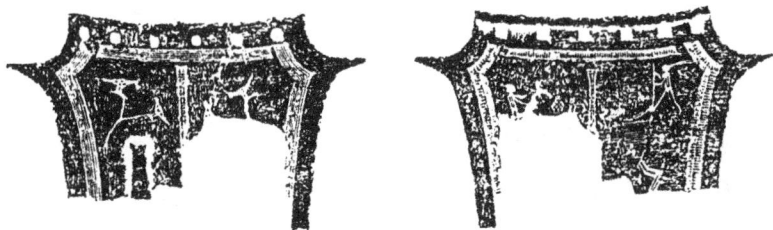

图19

盾形青铜器上这个脚踏耒类农具的人形，和甲骨文"耤"字的构形近似，只是人形两足前后跨开，以前足力踏农具刺土，形象更

① 东潮、田中俊明：《韩国的古代遗迹 1 新罗篇（庆州）》（日文），第41—42页，中央公论社，1988年。

为生动，使我们清楚地看到这种农具的使用方法。还不难看到，耒类农具的下端前伸歧尖，而且相当地长。

这种农具，东潮、田中俊明二氏书中称之为"夕匕"（踏锄）。据介绍，大田的韩南大学校博物馆尚藏有现代踏锄实物，其形制和盾形青铜器图形所见非常类似，下端是歧尖的。由此可见，图形中的踏锄下端绝非板状，而是一种歧尖的耒类农具。据东潮、田中俊明二氏说，盾形青铜器起源于辽宁，后经辽东半岛由海路传入朝鲜半岛。

我们还应注意到图形中踏锄下方的并列平行线，这是由条形畎构成的田地的形象①。在锄尖前的那条畎，只画出一半，是表示踏者正在用农具作畎。这种农具的性质功能，于此已表露无遗，可供我们研究耒的参考。

八、日本胆泽城遗址出土《古文孝经》论介

1988年八九月间，应日本都市研究会（会长五井直弘教授）之邀，我和中国社会科学院历史研究所另外四位学者一起，赴日参观各地古代城市遗址及有关文物。9月9日，在岩手县水泽市胆泽城遗址考察，获见近年发现的漆纸文书《古文孝经》原件，叹为眼福。当时曾表示，这是《古文孝经》已见最早写本之一，在经学史研究上有重要价值，尚未为中国学术界所知，返国后当尽速做出介绍。此事已见诸日本报纸。

在讨论这一《古文孝经》写本以前，有两点需要作一简单

---

① 参看李学勤：《青川郝家坪木牍研究》，《文物》1982年第10期。

说明。

　　首先要谈一下胆泽城的历史背景。胆泽城位于日本东北地方的岩手县水泽市佐仓河，是平安时代初年为控制陆奥的胆泽地区而建造的城栅。这座城栅的设立，是同奈良时代后期开始的对虾夷征伐密切相关的。胆泽一带，那时屡有战事。自桓武天皇延历十三年（公元794年，唐德宗贞元十年）以后的七年中，副将军坂上田村麻吕均以征夷大将军兼按察使兼陆奥守兼镇守将军的头衔在胆泽一带讨伐虾夷。延历二十一年（公元802年，唐贞元十八年）正月至七月，建造胆泽城，任造胆泽城使的也就是田村麻吕。同时，迁骏河、甲斐、相模、武藏、上总、常陆、信浓、上野、下野等国浪人四千于胆泽城①。由此可见，胆泽城的建立标志着征夷战事的进展，而作为镇守府的胆泽城在当时历史上起过相当的作用。

　　胆泽城遗址在第二次世界大战后屡经发掘调查，自1974年水泽市教育委员会设专任调查员，继续进行有计划的发掘。根据发掘调查，城略呈正方形，边长约670米，已发现政厅等遗迹②，兹不详述。

　　其次谈谈什么是漆纸文书。漆纸文书的存在，与当时日本的髹漆手工业有关。那时的漆工，在髹漆告一段落的时候，怕器皿中的漆干硬，便用纸覆盖在漆液表面上，称为盖纸。用作盖纸的每每是废弃的文书，由于浸漆，在地下不再腐坏而得保存。这种漆纸文书

---

　　① 水泽市教育委员会：《镇守府胆泽城》（日文）附《有关胆泽城古代史年表》。

　　② 冈田茂弘：《东北的古代城栅》，《一粒的籾：定期讲演会讲演录》（日文），1988年。

最初是在离胆泽城不远的多贺城遗址发现的。多贺城位于宫城县，1970年8月即有不少此种文物被发现，其表面呈暗褐色，肉眼不见字迹，被认为是风化残碎的皮革制品。随后又有一些陆续发现。1976年经用显微镜观察，确定是被漆硬化而保存的纸。到1978年，采用红外线电视等方法观察、摄影，字迹得以辨认释读[1]。继多贺城之后，日本其他若干遗址也有漆纸文书出土，胆泽城即其中之一。

漆纸文书《古文孝经》是1983年发掘获得的。这次发掘编号为第43次发掘调查，目的在于继续1981年的第40次调查，要弄清官衙地区的结构。发掘位置在政厅范围的东南方，所发现建筑基址被推定为官衙群。出我们所讨论的漆纸文书的SK830灰坑呈椭圆形，口径1.5米×2.0米，深0.9米，打破了SB866建筑基址。灰坑内为烧土与炭混合的褐色土，分为四层。第26号漆纸即《古文孝经》出于最下面的第四层，同出有陶器，包括土师器杯、须惠器杯、短颈壶及绿釉五轮花碗等，另有第25号漆纸，系无字的白纸[2]。

第26号漆纸还保留着原来盖纸的圆凸形状。推测用这片纸覆盖的漆桶直径约31厘米，而纸高不超过30厘米，不足的部分系用另一纸片接补。两纸片上面文字书写方向互成直角。文字是墨笔楷书，颇为工整，据统计存约228字，纸背无其他字迹。内容是《古文孝经》及孔安国传，仔细观察，知道本来是卷子本，上端可见作为天格的横线。全书不分章，连续竖行抄写，传文作双行夹缀于经

---

① 宫城县多贺城迹调查研究所：《多贺城漆纸文书》（日文），1979年。

② 岩手县水泽市教育委员会：《胆泽城迹——昭和五十八年度发掘调查概报》Ⅱ《第43次发掘调查》（日文）。

文句间。日本学者据日本三千院本（详后）加以复原，证明卷子上每行字数按传文计算为24—28字，纸片现存文字属于《古文孝经》中的《士》《庶人》《孝平》《三才》等四章。与其他本子相比，仅有个别异文^①。

《孝经》是儒家基本经典之一，记孔子与曾子问答。书中孔子论孝云："先王有至德要道，以顺天下，民用和睦，上下无怨"，为"德之本也，教之所由生也"。这一思想对秦汉以下社会文化有深刻影响。《孝经》文中多称引《诗》《书》，体例与《礼记》所收《中庸》《大学》相似，确为曾子一系儒家作品。《吕氏春秋》曾引《孝经》，证明其书成于先秦。

关于《古文孝经》的出现及其传流，学者已有详细考证。扼要说来，大概的经过是这样的。汉初所传《孝经》，本来是河间人颜芝所藏，由其子颜贞献出。长孙氏、博士江翁、少府后仓、谏大夫翼奉、安昌侯张禹等家所传，经文皆同，即《汉书·艺文志》所载《孝经》一篇十八章。后来鲁恭王坏孔子宅，在壁中发现《尚书》《礼记》《论语》《孝经》等书，凡数十篇，孔安国悉得其书。汉昭帝时，鲁国三老献《古文孝经》，卫宏校之，即《汉书·艺文志》所载《孝经古孔氏》一篇二十二章。十八章本一般称为今文本，二十二章本就称为古文本。

这两种本子都传流到后世。今文本有郑玄注^②，古文本则有孔安国传。三国时王肃作《孔子家语后序》，曾记述孔安国有《孝经

① 岩手县水泽市教育委员会：《胆泽城迹——昭和五十八年度发掘调查概报》Ⅳ《胆泽城迹第43次调查出土漆纸文书》（日文）。

② 郑玄确有《孝经》注，见顾实：《汉书艺文志讲疏》，二《六艺略·孝经》，上海古籍出版社，1987年。

传》二篇，为"壁中科斗本"。据《隋书·经籍志》，南朝梁代以孔传、郑注并立国学，而孔传亡于梁乱。到隋开皇十四年（594），王孝逸在京市买得孔传，以示王劭，王劭送予刘炫。刘炫据此作《孝经述议》五卷，于是孔传复传，和郑注再次并立。刘炫所传的这个本子当时就有人非议。唐玄宗时，诏令诸儒质定《孝经》，刘知幾、司马贞等所主不一，事见《唐会要》。开元十年（722），玄宗撰御注，兼采众家之说，至天宝二年（743）加以更订后颁行，于是孔传、郑注并废。

唐玄宗的御注本收入后来的《十三经注疏》，其经文大体根据今文本，造成《古文孝经》的亡佚。清《四库全书总目》说"以经而论，则郑存孔亦存"，是不对的。此后，只有北宋司马光在秘阁中得古文本，据作《古文孝经指解》，但他认为"其文则非"，《古文孝经》未能复兴。直到清雍正十年（公元1732年，日本享保十七年），日本太宰纯刊刻《古文孝经》孔传。此书传入中国，收入《知不足斋丛书》，《古文孝经》才重新流传。有关《古文孝经》在日本传流的情形，胡平生《日本〈古文孝经〉孔传的真伪问题》一文[1]已根据日本学者的研究做了很好的介绍，并做了进一步探究。他指出以下三点：

（一）日本古抄本系统《古文孝经》系隋唐时自中国传去，即刘炫本，文字较《古文孝经指解》可靠。清人、近人指为近世日人伪造，是完全错误的。

（二）与北京图书馆所藏曲氏高昌和平二年（552）《孝经》残卷对比，可证刘炫本经文并非伪撰。

---

① 见《文史》第23辑，中华书局，1984年。

（三）通过日本发现的刘炫《孝经述议》的研究，可知刘炫不是《古文孝经》孔传的伪造者。

大家知道，《古文孝经》自日本重归中国之后，学者群起指斥。他们认为孔传是伪书，日本传来的孔传更是伪中之伪[①]。经过胡文的论述，其中疑点很多已经澄清了。

日本保存的《古文孝经》写本，较早而完整的有：（一）爱知县猿投神社藏本，一帖，建久六年（1195）抄写。（二）兵库县武田长兵卫氏藏本，一帖，仁治二年（1241）清原教隆抄写。（三）京都府三千院藏本，一卷，建治三年（1277）抄写。

此外，还有一些传为奈良时代写本的残叶，包括：（一）奈良县天理图书馆藏，一叶，存孔序四行。（二）同上藏，一叶，存《孝治章》十一行。（三）京都府神田喜一郎氏藏，一叶，存《圣治章》七行。（四）武田长兵卫氏藏，一叶，存《五刑章》三行半。

据近年研究，残叶一为奈良时代所写可能甚大，但其纸背为宝龟六年（775）"奉写一切经所食口帐"，所以很可能是写经生为了习字，临写了几行孔序，并非真正的经传写本。至于残叶二至四，有可能属于同一卷，但是否奈良时代写本尚需进一步研究[②]。因此，胆泽城遗址出土的漆纸《古文孝经》便是最早的写本了。

据胆泽城遗址发掘者所述，出这一漆纸文书的SK830灰坑年代是9世纪后半，这是该《古文孝经》写本被废弃的时间，抄写当早于此时。经日本许多学者鉴定，一致认为从书体看是日本写本而不

---

① 丁晏：《孝经征文》附《集先儒说辨古文孔传之伪》《日本古文孝经孔传辨伪》。

② 岩手县水泽市教育委员会：《胆泽城迹——昭和五十八年度发掘调查概报》Ⅳ《胆泽城迹第43次调查出土漆纸文书》（日文）。

是中国的唐写本，年代属于奈良时代中期至后半，换句话说，是8世纪中至后半的写本，其写成年代应早于胆泽城的兴建。

如前所说，在中国，8世纪中期《孝经》御注颁行，孔传、郑注同归衰亡，这件事也影响到日本。日本大宝二年（公元702年，武后长安二年）颁布的学令原规定学生治经必兼修《孝经》《论语》，《孝经》用孔传、郑注。到贞观二年（公元860年，唐懿宗咸通元年）诏书，以唐玄宗御注立于学官，但同时又说："但去圣久远，学不厌博，若犹敦孔注，有心讲诵，兼听试用，莫令失望。"①这是孔传继续在日本传流的重要原因。

《古文孝经》何以在胆泽发现？据日本学者意见，这是和当时制度及胆泽城的性质有关的。在各国府要举行释奠，其时轮流讲读七经，即《孝经》《礼记》《毛诗》《尚书》《论语》《周易》《左传》。胆泽城置镇守府，与在多贺城的陆奥国府并立，很可能也举行释奠。在胆泽城发现的其他漆纸文书上曾见有"国博士"，可为旁证②。《古文孝经》传流到胆泽城，或即以此。

《古文孝经》与今文的不同，不仅是文字和章数的差异，而且在于古文本是一种隶古定本。其经文均为和《古文尚书》相仿的隶古定体，传文则为一般楷书。胡平生先生曾介绍过日本三千院本和足利本保存的隶古定文字。在胆泽城遗址漆纸文书《古文孝经》上可以看到三个隶古定体文字，即"孝亡终始而患不及者未之有也"的"终始"写作"叒乿"，"曾子曰甚哉孝之大也"的"哉"写作"才"，均与较晚的日本写本一致。"哉"作"才"，在古文字中常

---

① 《三代实录》，贞观二年十月十六日。

② 岩手县水泽市教育委员会：《胆泽城迹——昭和五十八年度发掘调查概报》IV《胆泽城迹第43次调查出土漆纸文书》（日文）。

见（如西周班簋等）。"终"字写法则是假"冬"为"终"，和《说文》"冬"字古文一样，是从"日"的，只不过"日"置于上端，隶定时又讹作"白"了。"始"字写法是假"治"为"始"，其形与"治"字古文相似。

讲《古文孝经》传流的学者，大多忽略了唐代还有古文本的发现。这次发现，载于郭忠恕《汗简》卷第七，据所引李士训《记异》云："大历初（唐代宗年号，大历元年为公元766年），予带经钮瓜于灞水之上，得石函，中有绢素《古文孝经》一部，二十二章，壹阡捌伯柒拾贰言。初传与李太白，白授当涂令李阳冰。阳冰尽通其法，上皇太子焉。"又引韩愈《科斗书后记》云："贞元中，愈事董丞相幕府，于汴州识开封令服之。服之者，阳冰子，授予以其家科斗书《孝经》、卫宏《官书》两部合一卷。愈宝畜之而不暇学。后来京师，为四门博士，识归公。归公好古书，能通合之。愈曰：'古书得据依，盖可讲。'因进其所有书属归氏。……"这部《古文孝经》据说是科斗书即古文的帛书本，其分章与孔传本《古文孝经》同。另外，夏竦《古文四声韵》序也提到这件事，并说："又有自项羽妾墓中得《古文孝经》，亦云渭上耕者所获。"郭、夏两书所收古文，不少注明出《古孝经》，当即来自上述古文本。夏书"治"字下引"乿""亂"两体，注"并《古孝经》"，与漆纸文书本"始"字近似而有区别。这似乎可以说明孔传本经文的隶古定文字确乎是有其根据的。

前些时，我在一篇小文中论及汉魏时期的孔氏家学①，指出汉代孔子后裔一家有些人世守家学，成为一个学派。其中最早的是孔

---

① 李学勤：《竹简〈家语〉与汉魏孔氏家学》，《孔子研究》1987年第2期。

安国，此后传习其学术者不少，特别值得提到的有东汉时孔僖和孔季彦，还有三国时孔猛。《古文尚书》《孔丛子》《孔子家语》等书，都可能与这一学派有关，《古文孝经》孔传也是如此。王肃曾得《家语》于孔猛，他提到孔安国的《古文论语训》和《孝经传》自非偶然。看来我们研究古代的经学和学术思想，必须对孔氏家学做进一步的探讨。

胆泽城遗址漆纸文书《古文孝经》的发现，确证了日本传流的《古文孝经》不伪，否定了清代不少学者的考据。考据学本为清人所长，做出了许多成绩，但由于清代学者难于避免的局限性，也有一些不可掩饰的缺陷，因门户造成的偏见即为其一端。今天我们应当摆脱前人的局限，对学术史上若干重大问题重新检验和考虑，在研究中开拓新的局面。

第六篇 续见新知

一、良渚文化与文明界说

良渚文化的器物在清代业已出现，遗址在本世纪30年代开始发掘，但这一文化声闻遐迩则是近年的事。一系列内涵异常丰富的新发现，把良渚文化推上了考古学研究的前沿。

学术界热衷于良渚文化的一个主要原因，是这一文化与中国文明起源可能有关。随着材料的增多和研究的深入，学者们对良渚文化的估价越来越高。最近由余杭组织编辑的一部论文集，就题作"文明的曙光——良渚文化"①。书中有的文章较有保留，称"良渚文化是中华文明的源头之一"，有的论作比较肯定，说"良渚文化已进入了文明时代"。这些意见的差别，只在于将良渚文化置于文明门槛的内外，同该书编委会揭示的"文明曙光从这里升起"并无背离之处。

怎样从文明起源问题的角度来研究良渚文化，是当前讨论中的

① 余杭市政协文史资料委员会、余杭市文物管理委员会、余杭市良渚文化学会、余杭市城建局编:《文明的曙光——良渚文化》，浙江人民出版社，1996年。

关键课题。要在这一关键点上有所突破，固然有待于更多的田野发现，但有关理论的探讨至少有着同样重要的意义。

文明起源问题本身便是富于理论性的。如前面讨论过的，目前对于什么是文明，国内学者看法比较统一，而对于在考古学上如何判断一种文化是否属于文明时代，意见就很不一致了。可以看出，考古学界各家提出的文明标准，尽管彼此相异，在一定程度上都受到近些年国际上流行观点的影响。有些学者直接引用了这种观点，有些所受影响是间接的。

所谓流行观点，不妨以大家比较熟悉的英国考古学家丹尼尔（Glyn Daniel，1914—1986）[1]的论著为代表。丹尼尔1968年的《最初的文明：文明起源的考古学》一书[2]，曾重印多次，是国外这方面流传最广的著作之一。他在这本书里提到了几种文明的界说，并认为在考古学研究中最能适用的，是克拉克洪（Clyde Kluckhohn）的标准，即：

一个称作文明的社会，必须具有下列三项中的两项：

有五千以上居民的城市；

文字；

复杂的礼仪中心。

克拉克洪和丹尼尔的这种标准，国内不少作品曾引述过。

克拉克洪的学说，原系1958年在美国芝加哥大学东方研究所

---

① 参看李学勤：《丹尼尔及其〈考古学简史〉》，《文物研究》第5辑，1989年。

② Glyn Daniel, *The First Civilizations: The Archaeology of their Origins*, Thomas Y. Crowell Co., 1970.

举行的"近东文明起源学术研讨会"上提出的。这次会议上的讲演和讨论，1960年汇辑为《无敌之城》一书出版。该书远不如丹尼尔的《最初的文明》那么普及，所以克拉克洪的学说实际是借丹尼尔的介绍和支持才得以传播的。

从克拉克洪提出他的观点的那次会议，读者不难理解他的学说主要是以美索不达米亚及埃及等古代文明的研究为基础的。西方学者关于文明的界说，情形一般都是如此。《最初的文明》的优长，正是在论述中增入了印度河谷、中国、美洲等古代文明，视野拓宽了许多。不过，丹尼尔由于语言隔阂，对中国考古学的叙述毕竟有所局限。同时在客观上，60年代中国考古工作没有像现在这样展开，如良渚文化之类非中原地区文化尚未获得充分注意。丹尼尔谈的中国只限于"黄河文明"，是不足怪的。

中国古代文明是世界上有数的独立兴起的古代文明之一。对中国文明起源和发展过程的研究，应当能使过去主要以近东等地文明为依据的一些理论得到补充和完善。张光直先生曾说："中国历史初期从原始社会向文明社会的演进过程有它自己的若干特性。如何解释它这种特性与近东和欧洲的西方文明这一段社会演进特征之间的差异，与由此所见中国历史研究对社会科学一般法则的贡献，正是亟待我们进一步积极研究的课题。"[①]对于在考古学上如何判断一个文化是否属于文明时代的问题，恐怕也不能简单套用流行的界说。特别是面对良渚文化这样在很多方面前所未知的考古文化，我们还是要从实际出发，寻求实事求是的结论。

---

① 张光直：《中国青铜时代（二集）》，第14页，生活·读书·新知三联书店，1990年。

二、商周青铜器与文化圈

中国古代青铜器的研究，随着近年田野考古工作的进展，取得了许多新的重要成果。成果之一是，由于大量的考古发现，现在已有可能对秦以前的青铜器作区域性的划分。这对于青铜器以至青铜器时代文化的研究，可说有着关键性的意义。

中国幅员辽阔，从来是一个多民族的国家，在其领土上的古代文化，自然是既有共同性，又有各地的区域性。就考古学文化而言，近年已有学者提出作区域性划分的问题，他们的工作主要是在新石器时代的范围内。例如苏秉琦、殷玮璋先生认为：

> 过去有一种看法，认为黄河流域是中华民族的摇篮，我国的民族文化先从这里发展起来，然后向四处扩展；其它地区的文化比较落后，只是在它的影响下才得以发展。这种看法是不全面的。在历史上，黄河流域确曾起到重要的作用，特别是在文明时期，它常常居于主导的地位。但是，在同一时期内，其它地区的古代文化也以各自的特点和途径在发展着。各地发现的考古材料越来越多地证明了这一点。同时，影响总是相互的，中原给各地以影响，各地也给中原以影响。①

佟柱臣先生也主张：

---

① 苏秉琦、殷玮璋：《关于考古学文化的区系类型问题》，《文物》1981年第5期。

　　中国的新石器时代阶段，并不存在从一个地点起源的问题。而是从旧石器时代晚期、经过中石器时代、向着新石器时代延续发展下来的。延续发展下来的新石器时代文化，又形成若干个中心，因此，作多中心发展。这些多中心的文化，发展有迟有速、有高有低，受到强烈的不平衡规律支配，因而又呈现不平衡状态。①

安志敏先生则认为仍应把黄河流域视作中国文明的摇篮，他说：

　　从历史上看，夏、商、周首先在这里建立了阶级国家，为长期的集权统治奠定了基础。从考古发现上证实，商、周遗存也以这里最为集中，特别是商代文明继承史前文化的脉络尤为清晰可鉴，因此黄河流域的中原地区，无疑是中国文明的发祥地，并且很快地扩展到长江中下游以及更广阔的地带，但周围的某些地区直到较晚的时候才逐渐结束氏族制度，这种发展上的不平衡性是客观存在的。可见商周文明的出现，不仅标志了早期国家的诞生，随着疆域和影响的不断扩大，还起着逐渐统一的作用，后来的历代王朝也基本承袭了这一历史传统。②

这些学者的看法虽有很大分歧，但他们都重视了不同区域文化的差异及其相互影响，反映出中国考古学发展的一种趋势。

　　从考古学角度看，青铜器乃是考古学文化的因素之一，所以

---

　　① 佟柱臣：《中国新石器时代文化的多中心发展论和发展不平衡论》，《文物》1986年第2期。

　　② 安志敏：《试论文明的起源》，《考古》1987年第5期。

青铜器的区域性划分，理想上应与其所属考古学文化的划分联系一致。不过就目前研究和材料的状况来说，要达到这一点仍有限制。同时，如上引安志敏文所表明，研究商、周时期青铜器文化，不能不同历史文献相结合。我在前些年写的《东周与秦代文明》一书中，曾试把东周列国分为七个文化圈[①]，便是将考古材料和文献综合考虑的。这里想以青铜器本身为主，对商、周青铜器文化的区域性分布略做讨论，也是用同样的方法。这样做的结果，可能和严格的考古学文化划分稍有差别，所以仍使用文化圈的概念。

七个文化圈的划分大体上适用于整个商、周时期，在某些阶段还可分出亚圈。为方便起见，我们用地理方位来称呼这些文化圈，略述如下：

（一）中心文化圈：黄河中游及其附近。

（二）西北文化圈。

（三）北方文化圈：可分为北方和东北两个亚圈。

（四）东方文化圈：山东一带。

（五）东南文化圈：可分为长江下游和东南两个亚圈。

（六）南方文化圈：长江中游以南。

（七）西南文化圈。

中国古代青铜器有其独立的起源和传统。有关问题迄今尚未研究清楚，但可以断定的是，青铜器制造在兴起过程中曾吸收和借鉴在新石器时代晚期业已存在的若干文化因素，而这些因素实来自不同的文化圈。

---

① 李学勤：《东周与秦代文明》（增订本），第11—12页，文物出版社，1991年。

已经分析鉴定的早期铜器，还不能联成一个完整的发展序列。这些铜器所属文化，包括马家窑文化、马厂文化、龙山文化、齐家文化、火烧沟文化、夏家店下层文化、东下冯下层文化和二里头文化等[①]。按早晚顺序考察，最早的位于西北文化圈，随后分布在北方、中心及东方各文化圈。目前尚无材料证明南面的三个文化圈有早期铜器存在。

二里头文化的青铜器已较成熟，它属于中心文化圈范围。从技术角度来讲，二里头文化时期的青铜器制造已达到相当的发展程度，有可能制作出较大、较复杂的器物[②]。这一时期已有完整的作为礼器的青铜器发现，而其形制多可在河南龙山文化陶器中找到渊源。山西襄汾陶寺遗址出土龙山晚期陶器的纹饰，如盘内底的蟠龙纹，被指为商代青铜器纹饰的前驱，也处于中心文化圈。

商代青铜器上面的光怪陆离的各种纹饰，似乎有颇为复杂的来源。最流行的纹饰饕餮纹（或称兽面纹），在新石器时代晚期的良渚文化和山东龙山文化的玉器上也很常见[③]。良渚文化玉器的一种有两个脸面的饕餮纹，亦见于商代青铜器和象牙器。青铜器的铭文于商代中晚期发达。大汶口文化陶器和良渚文化玉器上的刻划符号，很多学者认为是文字，是商代铭文的前身。在二里头文化青铜

---

① 北京钢铁学院冶金史组：《中国早期铜器的初步研究》，《考古学报》1981年第3期；苏荣誉、华觉明、李克敏、卢本珊：《中国上古金属技术》，山东科学技术出版社，1995年。

② 李学勤：《中国青铜器的奥秘》，第17页，商务印书馆香港分馆，1987年。

③ 林巳奈夫：《所谓饕餮纹表现什么》（日文），《东方学报》（京都）第56册，1984年。

器、玉器上出现的嵌绿松石的技术，也可能来自大汶口文化。敖汉旗大甸子等地的夏家店下层文化陶器，纹饰风格很像商代青铜器。由此可见，北方和东南、东方文化圈都对青铜器的兴起发展有所促进。

在商代，形成了以中心文化圈为核心，其影响向周围散播的局面。商朝多次迁都，都在中心文化圈内，因此这种局面与政治结构是吻合的。这时的中心文化圈即典型的商文化。

处于周围的各文化圈，发展并不平衡。它们与中心文化圈影响的关系有三种情形：

第一种情形：中心来的影响与地方特色相融合，成为带有特定色彩的商文化，如西北的陕西、山西交界地区，东南的江西清江吴城地区，南方的两湖之间地区。

第二种情形：中心来的影响与地方文化基本不结合，在同地共处，前者主要在青铜礼器上表现，如北方的辽宁地区。

第三种情形：以地方文化为主，吸收中心来的影响，如西南的四川成都地区。

当然，周围各文化圈与中心、各文化圈之间，还存在着交互的影响。

至少在青铜器方面，商代的东方没有多少特色。典型的商文化青铜器似乎直接分布到山东半岛，但数量甚少。

在西北，陕西、山西交界的一带地区，北起保德，南至永和，出现了一个夹黄河两岸的纵长地带，有许多青铜器出土。在神木，还出有精美的玉器。这里的器物，在商文化的基础上加有明显的少数民族因素。有些特点，和青海的青铜器有共通之点。同类的民族因素，如特殊的削、短剑、"匕"，向东影响到河北的北、中部。

有学者认为，这是当时鬼方一类的方国文化。

在北方，内蒙古的西拉木伦河一带出有青铜器，系商文化的仿制物。辽宁北到沈阳一带，西到大凌河流域，出过不少商文化青铜器，但未发现其与当地文化结合的痕迹。

典型商文化在东南方向扩展到淮河流域。在清江吴城，我们看到商文化同以几何印纹陶为特征的当地文化的融合。吴城的文字和殷墟是一致的。江苏的长江下游迄今未见商代青铜器，而浙江杭州、安吉等地都有出土，是值得深思的。浙江发现的大型铜铙，则与湖南出土的相似，有着明确的联系。

典型商文化很早到达长江中游，湖北黄陂盘龙城遗址、沙市周良玉桥遗址等均是证明，和甲骨文亦可印证。湖南北部的石门、澧县、宁乡等地也有商文化遗址，而青铜器在很多地点发现，特别是环绕洞庭湖的地区[①]。在广西的兴安、武鸣，也有发现。这些青铜器的风格，基本上同于中原，但器种、纹饰以及金属成分都有特色，其工艺并不逊色于中原。看来商文化自湖北进入湖南，有重大的影响，和文献所说武丁奋伐荆楚当有关系[②]。

在西南，今四川地区的蜀国传统悠久，据《华阳国志·蜀志》说，夏、商、周三代都为诸侯。靠近成都的广汉，1931年（或说1929年）就曾出土玉器，地点在县西北的中兴古遗址，后经多次试掘和发掘[③]。1986年，在遗址范围中的三星堆发现了两处祭祀坑，

① 高至喜：《"商文化不过长江"辨》，《求索》1981年第2期。

② 江鸿：《盘龙城与商朝的南土》，《文物》1976年第2期。

③ 四川省文物管理委员会、四川省博物馆、广汉县文化馆：《广汉三星堆遗址》，《考古学报》1987年第2期。

出土大量青铜器、金器及玉石器①。其中有的青铜礼器，如尊、罍，形制、纹饰与安徽、湖北、湖南的商代器物酷似。同出玉器，则与河南偃师二里头、陕西神木石峁发现的二里头文化至商代器物有明显联系。看来中心文化圈的影响显然到达蜀地，而影响的进入，湖南、湖北至少是一个路径。

文献所载周人的发祥地，今陕西周原遗址一带，在商代已受中心文化圈的强烈影响。当时典型的商文化已进至关中东部，在其以北是西北文化圈东端的上述陕西、山西交界的那种青铜器文化，在其南方则是以汉中城固、洋县一带为代表的文化，可能与更南的蜀国有某种关系。用文献的民族名称来说，周实夹处在戎狄、羌和西南夷之间②。

周朝建立后，局面改观。

中心文化圈的重心西移，把陕西关中包括在内，这是西周王畿有东西两都之故。

陕西、山西交界地带不再有特殊地位。西北文化圈对中心文化圈西缘的影响，在陕西宝鸡的一些青铜器墓葬中有不少表现。

西周中心文化圈仍向周围散播影响，其主要方向似在北方与东南。

在北方，燕国的建立起了重大作用。北京琉璃河的青铜器，充分证明召公始封于燕，命其子就国的史实。辽西大凌河一带，

---

① 四川省文物管理委员会、四川省文物考古研究所、四川省广汉县文化局：《广汉三星堆遗址一号祭祀坑发掘简报》，《文物》1987年第10期；四川省文物管理委员会，四川省文物考古研究所，广汉市文化局、文管所：《广汉三星堆遗址二号祭祀坑发掘简报》，《文物》1989年第5期。

② 李学勤：《商青铜器对西土的影响》，《殷都学刊》1987年第3期。

多次发现青铜器窖藏，其中包含商代孤竹国遗物和燕侯的器物，可知燕人的统治北及辽西。该地的西周青铜器没有多少地方因素可见。

相反，在东南，吴国的情形则很不相同。如《史记》所载，吴太伯、仲雍一开始便"文身断发"，从当地民族之俗。今江苏南部一带的土墩墓，有鲜明地方特色，其间出土的青铜器，有的与中原相同，有的则具有明显的地方特点。这恰和燕国的现象形成鲜明的对照。

1984年我曾谈到，江苏丹徒烟墩山的青铜器有的有特殊的草叶形纹，以致有学者误以之和蟠虺纹混同，认为很晚，而据近年丹阳等地的发掘，其实是一种地方性的纹饰；还有一些器物上，则有由几何印纹陶移植的纹饰，也不是时代晚的证据[1]。最近有学者讨论安徽屯溪土墩墓出土青铜器，举出其中的剑，提出时代可能很晚[2]，但剑的形制与东周剑相像而又有不同，考虑到吴人本以剑著称于世，如《考工记》所说，吴越之剑"迁乎其地而弗能为良"，长剑在吴地早有存在也是可能的。

在今浙江的越人地区，青铜器似乎在很大程度上承续商代的传统而有所发展，不过材料太少，难于做详细论述。

西周时期的南方荆楚地区，青铜器的发现还较少。在湖北汉水地带发现有同昭王南征有关的器物，黄陂、浠水等地也出土一些近于中原的器物，其他则地方特点较多。这可能是在昭王南征失

---

① 李学勤：《西周时期的诸侯国青铜器》，《中国社会科学院研究生院学报》1985年第6期。

② 马承源：《长江下游土墩墓出土青铜器的研究》，《上海博物馆集刊》第4期，1987年。

败后，周朝势力已不及于此。西周晚期的楚公豪戈，则带有蜀器的意味。

在西南的蜀国，周初受了周文化的很大影响，彭县竹瓦街的青铜器窖藏是其明证。西周中期以后，蜀似已与中心文化圈隔绝，所受周文化影响有不少因素却一直传流下来。例如西周前期那种短胡的虎纹戈，在这里竟延续到战国时，当然，在具体的形制上已有不少改变了。

和商与西周不同，东周中心文化圈已不再起核心作用。各个文化圈各自发展，并互相影响。不少问题，在《东周与秦代文明》书中已做了研究，这里只谈几点。

北方的青铜文化兴起，而且依民族的不同，分为北方和东北两大区域。近年，有学者重新考察了所谓鄂尔多斯式青铜器，并对其与蒙古西伯利亚地区的文化联系做了研讨①。东北的青铜文化也有其本身的特点，与朝鲜、日本有相当的影响关系。

东方的齐、鲁地区显示出自己的特色，和中心文化圈有所差异。

南方的楚文化非常发达，有强大的扩张趋势。特别是战国时期，楚文化先向南发展，后又向东扩张。不过，东南的吴越文化也反过来对楚有所影响，在湖南便出现有越人的青铜器。

巴蜀文化的影响也不可低估，其中包括对秦的影响。在西南又兴起了滇文化（广义的）。分布很广的铜鼓也与东南亚地区有影响关系。

秦虽处于西北，其青铜器却是在西周的基础上独立发展形成

---

① 田广金、郭素新：《鄂尔多斯式青铜器》，文物出版社，1986年。

的，没有多少西北少数民族的因素。秦兼并列国，也把其文化以强力带到全国，不过由于秦代过于短促，各个文化圈在统一局面下的融合，则是汉代的事了。

综观东周时期青铜器文化发展错综复杂的局面，其间最引人注目的是两次趋向统一的浪潮。

第一次是上面已经提到的楚文化的扩展。在《东周与秦代文明》书中，已指出这一扩展是东周时期的一件大事。楚国青铜器文化的特色，是在春秋中晚期形成的。其青铜器有着自己独特的形制、花纹和组合，一望而知与其他文化圈有别。楚人的强盛，并国最多，几乎统一了中国江山半壁，其青铜器风格也对四方有非常强大的影响。例如河南新郑出土的春秋郑器，四川新都出土的战国蜀器，都可看到这种影响。

第二次是秦文化的扩张。春秋初期，秦青铜器已有了自己的特点，在形制、纹饰上均有突出表现。其发展自成序列，不能用东方的标尺去衡量。其传播到东方，要到战国中期才开始明显，从此席卷全国，成为汉代那种规格化器物的基础。

三、论洋县范坝铜牙璋等问题

陕西洋县范坝十里塬 1979 年发现的一批商代青铜器，简报最近在《文博》发表①。其中有十件铜牙璋，特别值得注意。

通常所谓"牙璋"，是一种有特定形制的玉器，迄今所知最早的实例见于山东、陕北龙山时代晚期，随后在中原地区得到充分发

---

① 李烨、张历文：《洋县出土殷商铜器简报》，《文博》1996 年第 6 期。

展，并向南方传播，以商代晚期为其下限[1]。前几年，由于在香港大湾以及越南的北部出土了玉牙璋，不少学者对这种玉器做了深入探讨，还举行过围绕有关主题的学术会议[2]。

我曾将玉牙璋大致划分为三个类型[3]，其最晚的第三类型的特点是前端的凹弧形锋刃变成V字形歧尖[4]。这种类型的玉牙璋，较早虽有例证，但歧尖不像后来的那样向外分披。向外分披的玉牙璋主要见于四川广汉三星堆的两座器物坑。陈德安先生对三星堆玉牙璋做过详细的分型[5]，有V字歧尖的是他所说的C型，据云一号器物坑有两件，二号器物坑则有多件。

洋县范坝的铜牙璋，显然是玉牙璋的仿制品。其所以改用铜制，不知是否因为当地不易取得玉料，也可能是出于地域性习俗的差异。简报描述这十件铜牙璋说："长条形，射部前端有两外撇牙，射柄间有两对齿。素面，一面铸平。可分两式，Ⅰ式体形宽大，Ⅱ式体形瘦小。"所举标本，Ⅰ式一件长23厘米，Ⅱ式一件长17厘米，都在常见玉牙璋尺寸的范围内。其"前端有两外撇牙"，即我们说的V字形歧尖，且向外分披；"射柄间有两对齿"，我们称之为两处阑。三星堆器物坑这种类型的玉牙璋都有两个阑，阑间或有小齿，或像范坝铜牙璋那样没有小齿。铜牙璋不设小齿，或许系因

---

① 李学勤：《论香港大湾新出牙璋及有关问题》，《南方文物》1992年第1期。

② 邓聪编：《南中国及邻近地区古文化研究》，香港中文大学出版社，1994年。

③ 李学勤：《论香港大湾新出牙璋及有关问题》，《南方文物》1992年第1期。

④ 李学勤：《试论牙璋及其文化背景》，《南中国及邻近地区古文化研究》，香港中文大学出版社，1994年。

⑤ 陈德安：《试论三星堆玉璋的种类、渊源及其宗教意义》，《南中国及邻近地区古文化研究》，香港中文大学出版社，1994年。

铸造较粗，难于像玉雕那般精细。

汉中的城固、洋县一带早有发现青铜器的记录。20世纪50年代以来，屡有出土报道，受到学术界的关切。1983年，李伯谦先生撰《城固铜器群与早期蜀文化》①一文，揭示出这里的商代青铜器同蜀文化存在密切关系。1990年，西北大学赵丛苍先生在刘士莪先生指导下，到两县调查，著成《城固洋县铜器群综合研究》论文，最近已在《文博》发表②。文中把这一带"业已发现的新石器晚期至夏、商积年范围的考古学文化，姑且作为早期巴蜀文化的一个类型"，并认为当地发现的商代礼器、兵器数量众多，尤其城固"苏村一带亦有与三星堆相似之地形"，可能与三星堆一样，也是"一处政治中心"。该文也论及范坝的发现。

赵文对城固、洋县一带的青铜器进行分析，指出："该地区铜器以二里岗期至殷墟二期者多而其后几见消失。"范坝的器物正有着这样时期的特色。仔细考察，尚可说得更确切一点。

范坝青铜器中包含有三件"镰形器"，赵文因其无锋刃改称为"弯形器"，是城固、洋县青铜器中最富于地域性的一种器物。这种器物下端有銎，可插入长柄，我颇疑为像乐舞时所执用的羽。"弯形器"在城固、洋县出青铜器诸地点中，并不普遍。在范坝外，只是1975年在城固湑水出过10件，1980年至1981年在城固龙头镇出过2批46件③。龙头镇的礼器，从器形、纹饰看，均属二里岗上层

① 李伯谦：《城固铜器群与早期蜀文化》，《考古与文物》1983年第2期。

② 赵丛苍：《城固洋县铜器群综合研究》，《文博》1996年第4期；参看刘士莪、赵丛苍：《论陕南城、洋地区青铜器及其与早期蜀文化的关系》，《三星堆与巴蜀文化》，巴蜀书社，1993年。

③ 赵丛苍：《城固洋县铜器群综合研究》，表一，《文博》1996年第4期。

偏晚；湑水同出的鼎①，属殷墟一期偏早，或许更早一些。范坝的器物，年代应与之相距不远。这与铜牙璋接近三星堆一号坑已有的玉牙璋型式，是谐调的。

我们又可注意到，范坝的八件直援戈，就形制论也不能晚于殷墟早期。同出的一件蛙纹钺，直内有阑，固然是商文化钺的传统，然其刃缘的形态却同商文化钺有明显差别。和它轮廓相像的，乃是四川新繁水观音的有銎钺②。水观音也出有直援有阑的戈，是大家都熟悉的。这是当地文化和蜀文化联系的另一证据。

洋县范坝铜牙璋的发现，有助于三星堆器物坑年代的判定。器物坑材料公布后，有学者将其年代估计较晚，以为是西周甚或东周的。现在知道其中包含的V字形歧尖玉牙璋与范坝的铜牙璋有关，两者都是富于时代性的器物，看来三星堆器物坑的年代是不能推迟的。

至于城固、洋县商代青铜器的族属，窃以为系商代的西南夷的一支。关于那时西南夷的分布，当与《尚书·牧誓》所记八国相参照。《牧誓》载，周武王伐纣，甲子昧爽至于商郊牧野，乃誓。"王左杖黄钺，右秉白旄以麾，曰：'逖矣西土之人。'王曰：'嗟！我友邦冢君、御事、司徒、司马、司空、亚旅、师氏、千夫长、百夫长，及庸、蜀、羌、髳、微、卢、彭、濮人，……'"孔传云："八国皆蛮夷戎狄属文王者国名。羌在西；蜀，叟；髳、微在巴蜀；卢、彭在西北；庸、濮在江汉之南。"

---

① 陕西省考古研究所、陕西省文物管理委员会、陕西省博物馆编：《陕西出土商周青铜器（一）》，九九至一〇一，文物出版社，1979年。该书云一〇二尊亦同出，上引赵丛苍文表一未列入，今不论。

② 赵丛苍：《城固洋县铜器群综合研究》，图九、一一，《文博》1996年第4期。

　　孔传所说八国地理位置，应据孔颖达《正义》理解。《正义》说："此八国皆西南夷也。文王国在于西，故西南夷先属焉。大刘（焯）以蜀是蜀郡，显然可知，孔不说，又退庸就濮解之，故以次先解羌。云'羌在西；蜀，叟'者，汉世西南之夷，蜀名为大，故传据蜀而说。左思《蜀都赋》云'三蜀之豪，时来时往'，是蜀都分为三。羌在其西，故云'西'。'蜀，叟'，叟者，蜀夷之别名。……'髳、微在巴蜀'者，巴在蜀之东偏，汉之巴郡，所治江州县也。'卢、彭在西北'者，在东蜀之西北也。文十八年《左传》称庸与百濮伐楚，楚遂灭庸，是'庸、濮在江汉之南'。"这段话中，"蜀"有几重意思，狭义的仅指治成都的蜀郡，广义的则兼指"三蜀"。按《文选》的《蜀都赋》注："三蜀，蜀郡、广汉、犍为也。本一蜀国，汉高祖分置广汉，汉武帝分置犍为。"《正义》据"三蜀"为说，羌在三蜀之西；蜀在蜀郡；髳、微在三蜀东部以至巴郡；卢、彭在髳、微的西北；庸、濮则同于《左传》所说，即庸在今湖北竹山东，汉在中郡东部，濮则为若干部族总称，流动性大，其时应距庸不远。

　　以上所说《牧誓》八国，最东的庸在东经110度左右。后来著作或有异说，都不出今四川、云贵之间。现代学者怀疑这一地区那时能否与周发生关系[1]，试把羌、蜀以外的各国移东，如说彭、卢即《左传》近楚的彭和卢戎，髳即今山西南端的茅戎，微在今陕西眉县。按《诗·商颂·殷武》云"维汝荆楚，居国南乡"，可知荆楚一带系商之南土，和茅戎之地一样，都与武王所说的"逖矣西土之人"不合。

---

① 顾颉刚：《史林杂识初编》，第26—33页，中华书局，1963年。

顾颉刚先生指出:"蜀之北境本达汉中,故《蜀王本纪》有
'东猎褒谷,卒见秦惠王'之事。"①商代的蜀可能没有这么大,但
汉中地区,包括城固、洋县,与川西成都平原的蜀有密切关系,已
为考古学所证实。把汉中以南各种富于民族特色的文化,与以《牧
誓》八国为代表的西南夷结合考虑,大约不是牵强附会罢?

四、重论夷方

殷墟甲骨文中的尸(夷)方,或释人方,多年前已引起学者的
注意。有关尸方的材料,主要是属于商末的黄组卜辞里征尸方的记
录,发现数量较多,同时年祀月日明晰,因此成为用排谱法整理甲
骨的成功事例。不过,对于尸方的地理位置和征尸方的具体王世,
研究者一直有不同见解。

董作宾先生《甲骨文断代研究例》主张征尸方在帝辛时,并与
《左传》《吕氏春秋》等书所述"纣克东夷"之类联系起来。后来他
在《殷历谱》书中引申了这一论点。撰作时间相当的郭沫若先生的
《卜辞通纂》,也认为尸方当即东夷,"殷代之尸方乃合山东之岛夷
与淮夷而言"②,但他由于力主帝乙迁沫,把征尸方排在帝乙时。

尸方亦见于商末金文。《卜辞通纂》云:"旧多释尸为人,余谓
当是尸字,假为夷。"③陈梦家先生《殷虚卜辞综述》反对此说,仍
释为"人"④,在地理方面,则和日本岛邦男的《殷墟卜辞研究》一

---

① 顾颉刚:《史林杂识初编》,第31页,中华书局,1963年。

② 郭沫若:《卜辞通纂》,第462页,科学出版社,1983年。

③ 郭沫若:《卜辞通纂》,第462页,科学出版社,1983年。

④ 陈梦家:《殷虚卜辞综述》,第301页,中华书局,1988年。

样，大体与董、郭之说相似。我50年代的小作《殷代地理简论》也释人方，并推想用兵人方是自东向西[①]。前几年，邓少琴、温少峰二先生有《论帝乙征"人方"是用兵江汉》一文[②]，郑杰祥先生《商代地理概论》又持类似《殷虚卜辞综述》的说法[③]。

若干年来，我常有有机会自行修正《殷代地理简论》的设想。我渐渐悟到，因为商代过于古远，后世地名相同或相似的又多，单纯互相比附，即使找到一串共同地名，终究是有些危险的。另外，甲骨文的地名也会有异地同名的，过去使用的联系方法颇有流弊。要真正确定甲骨文地名的方位，还有赖于寻找考古学的证据。当然，要找这样的证据谈何容易，但机会终于来了。

1973年6月，在山东兖州李宫村发现一批青铜器和陶器[④]。其中一件卣，高33厘米，盖顶有捉手，细颈鼓腹，除梁为绹形外，均与帝辛时标准器四祀𠨘其卣一致[⑤]，所饰饕餮纹也很相似。还有一件爵，高19厘米，双柱在流折后较远，圜底，饰饕餮纹。两器的铭文分别作"剌册，父癸"和"剌，父癸"。报道正确地说明，"剌"即"索"字，器主属于周初封鲁的殷民六族中的索氏。我曾有小文指出，这样写的"索"是征尸方卜辞中的地名之一[⑥]，其位置由这

① 李学勤：《殷代地理简论》，第二章，科学出版社，1959年。

② 邓少琴、温少峰：《论帝乙征"人方"是用兵江汉》，《社会科学研究》1982年第3、4期。

③ 郑杰祥：《商代地理概论》，第四章，二，中州古籍出版社，1994年。

④ 郭克煜、孙华铎、梁方建、杨朝明：《索氏器的发现及其重要意义》，《文物》1990年第7期。

⑤ 李学勤主编：《中国美术全集·工艺美术编4·青铜器（上）》，六七，四祀𠨘其卣，文物出版社，1985年。

⑥ 李学勤：《海外访古续记（九）》，《文物天地》1994年第1期。

次发现应定在山东兖州。

小文又谈到，根据征尸方卜辞和一组约在祖甲时的出组卜辞，索和杞相距两天的路程，征尸方从杞到索，是朝向王都而行，杞可能在出土过杞国青铜器的山东新泰，而不是周初所封的河南杞县。

现藏于台北故宫博物院的杞妇卤①，时代也是商末，铭文为"亚醜（此字待考），杞妇"。器主系亚醜族氏之女而嫁于杞者。亚醜青铜器集中出于山东益都苏埠屯②，杞当距之不远，新泰在位置上是适宜的。

益都苏埠屯大墓非常庞伟，堪与殷墟大墓相埒，可见亚醜氏地位的重要。我曾因这一族氏器物常有铭文作"亚醜，诸后以太子障彝"，"以"训为"与"，从而推测该氏同王室有直接的血缘关系。至于亚醜的意义，不妨参考殷墟所出商末器寝鱼爵的铭文，其器铭为"辛卯，王锡寝鱼贝，用作父丁彝"，盖铭则是"亚鱼"。"寝"是《周礼》宫伯之类官职，"亚"则是亚旅，即众大夫。寝鱼作器，便以"亚鱼"为氏③。依此，亚醜的得氏应来自黄组卜辞所见的小臣醜。

《龟甲兽骨文字》2，25，10："辛卯王〔卜贞〕，小臣醜其作圉于东，对。王占曰：大〔吉〕。"④"圉"，意思是疆垂，"作圉"为建立疆界，可参看《左传·隐公十一年》："亦聊以固吾圉也。""对"，

①《商周青铜酒器特展图录》，图版贰柒，台北故宫博物院，1987年。

② 中国社会科学院考古研究所编辑：《新出金文分域简目》，第151、207页，中华书局，1983年。

③ 李学勤：《考古发现与古代姓氏制度》，《考古》1987年第3期。

④ 此片系龟腹甲右前甲的残部，其右下方循兆坼折断，"醜"字下另一字恐不属于本辞。

训为"配""当"。《诗·皇矣》"帝作邦作对",毛传:"对,配也。"郑笺:"作,为也。天为邦,谓兴周国也;作配,谓为生明君也。"朱子《集传》:"对,犹当也。作对,言择其可当此国者以君之也。"卜辞小臣醜作疆于东,也是封国,故卜其是否可当其位。

商末周初所谓"东",需要作一说明。《逸周书·作雒》:"武王克殷,乃立王子禄父,俾守商祀;建管叔于东,建蔡叔、霍叔于殷,俾监殷臣。"武王崩,"三叔及殷、东、徐、奄及熊盈以略"。周公东征后,又"俾康叔宇(宅)于殷,俾中旄父宇(宅)于东"。三处均以殷、东并举。前人多以东为卫地,如陈逢衡《逸周书补注》云:"孔(晁)注'东为卫',本郑《诗谱》意。当时武王以纣之京师封武庚。京师即朝歌,邶在其北,鄘在其南,国小而逼,故统谓之殷而其地已见。东则地大而远,其形胜足以控制殷都,盖即卫也。其不曰卫而曰东者,是时方命百弇以虎贲誓命伐卫,告以馘俘,势尚不能合全卫而有之,但得卫之东偏,即以管叔据其地而监殷,此东之所由名也。《康诰》曰'肆汝小子封在兹东土',定四年《左传》'取于相土之东都,以供王之东蒐',非其明证欤?……卫即东,东即'周公居东'之东。"①把东释为卫地东偏,未免过于狭窄。实则《作雒》的东是指商朝的东土,与《金縢》"周公居东"等指周朝的东土有很大不同。小臣醜所封的东,也是商朝东土。联系苏埠屯大墓考虑,其封国当在益都一带。

小臣醜的事迹与尸方有关。《殷虚书契前编》5,30,1:"其大出。吉。醜其遣至于攸,若。王占曰:大吉。其迟于之,若。"《卜

---

① 黄怀信、张懋镕、田旭东:《逸周书汇校集注》,第547页,上海古籍出版社,1995年。此书多误,今改正。

辞通纂》引此云："言'至于攸'，攸于它辞与夷方同出。"① 此片所说"其大出"，揣指敌方大出，故王命醜动员，卜其或以驲传往攸②，或迟留原地。

十祀征尸方卜辞云王命攸侯喜征尸方，是攸当在伐尸方的前沿。小臣醜赴攸，所防御的敌人，很可能就是尸方。醜的封地既明，尸方的方位也能因之估定。以上的看法可与一些商末金文印证。

现藏于美国旧金山亚洲艺术博物馆的小臣艅犀尊③，铭文为："丁巳，王省夔，享，王锡小臣艅夔贝，惟王来征尸方，惟王十祀又五肜日。"此尊传为清道光时山东梁山出土，所谓"梁山七器"之一。梁山的位置，在兖州的西北方向。

《三代吉金文存》5，11，1 作册般甗："王宜尸方，无攸（侮、轻慢），咸，王赏作册般贝，用作父己觯。来册。"我曾指出，同一器主还有一鼎一觚④。鼎见《历代钟鼎彝器款识法帖》88，3："癸亥，王送（过）于作册般新宗，王赏作册丰贝，太子锡东大贝，用作父己宝铼。"觚见《西清古鉴》32，11："王令般祝米于铸，□□二，用宾父己。来。"

鼎铭王所赏"作册"即作册般，可由后云父己证明。王赏给他丰地之贝，太子又赐他东土的大贝。此处的丰，疑即塑方鼎"惟周公于征伐东尸（夷）丰伯、薄姑"的丰。薄姑在山东博兴，丰当去之不远。

觚铭"铸"字象形，与卜辞《殷虚文字甲编》1647相似。清

---

① 郭沫若：《卜辞通纂》，第472页，科学出版社，1983年。

② 于省吾：《甲骨文字释林》，第277—280页，中华书局，1979年。

③ 李学勤主编：《中国美术全集·工艺美术编4·青铜器（上）》，八六，文物出版社，1985年。

④ 李学勤：《殷代地理简论》，第60页，科学出版社，1959年。

光绪初，山东桓台发现铸子器多件①。郭沫若《两周金文辞大系考释》据论铸由桓台后迁肥城。桓台与博兴正好是邻县。

由甗和觥，知道作册般为来氏。光绪二十二年（1896），山东黄县莱阴出土一批青铜器，包括旅鼎、束父辛卣②、厘伯鼎等等。旅鼎铭文是："惟公大保来伐反（叛）尸（夷）年，在十又一月庚申，公在蹇师，公锡旅贝十朋，旅用作父障彝。来。"所载系周初伐东夷之事，旅也是来氏③。

陈梦家先生说明今黄县即古莱国，厘伯就是莱伯④。"来"也是莱，与厘是同一国名异写，和纪国原作"己"，后改作"異"是类似的。来氏与商朝同姓，见《世本》⑤及《史记·殷本纪》。莱国人物商末周初都参与伐夷之役，也足表明夷的地理位置。

总之，商末的尸方还是应读作夷方，与东夷为一事。这就重新回到董作宾、郭沫若等先生的观点来了。

五、秦封泥与秦印

古陶文明博物馆路东之先生近期收得的秦封泥，传出自西安附

---

① 中国社会科学院考古研究所编辑：《新出金文分域简目》，第205页，中华书局，1983年。

② 即束觯，见李学勤、艾兰：《欧洲所藏中国青铜器遗珠》，90，文物出版社，1995年。

③ 唐兰：《西周青铜器铭文分代史征》，第215—216页，中华书局，1986年。有学者怀疑"来"字释读，见《东夷古国史研究》第1辑，第157—158页，恐不妥当。

④ 陈梦家：《西周铜器断代（五）》，《考古学报》1956年第3期。

⑤《世本》孙冯翼集本，第14页，《世本八种》，商务印书馆，1957年。

近。我曾有机会观察一部分实物，见其泥质良好，文字明晰，品种繁多，背面有封缄遗痕，确系重要发现。这批封泥，对研究当时职官、地理、文字等方面，都有非常珍贵的价值。

封泥受到学者重视，为时甚迟。第一部封泥著录，是晚清吴式芬、陈介祺合编的《封泥考略》。这部书里，已经有个别类似古陶文明博物馆藏品的例子，其共同特点是印面有阑，或称界格，如《考略》4，27"参川尉印"、6，61"即墨丞印"、6，65，2"安台丞印"、6，66"安台左墼"、10，18，2"公孙强印"等。后来《续封泥考略》《再续封泥考略》等书，也有一些，但同样是零星的。像古陶文明博物馆所藏这样大量出现，还没有先例。

大家知道，清代学者在玺印研究上的一大贡献，是区别出所谓"古玺"，即战国时期六国的官玺、私玺。到陈介祺的《十钟山房印举》，又特别划分了"周秦"印，意思是周秦之际的印。在《封泥考略》书中，更进一步明确标举出"秦印"。例如在"参川尉印"下云："按《汉书·地理志》河南郡注：'故秦三川郡，高帝更名雒阳。'《百官公卿表》：'郡尉，秦官，掌佐守典武职甲卒。'此曰'参川'，即三川郡尉之印。印篆'参'字与石鼓同，字又近斯，当是秦印。《史记·李斯列传》'拔三川之地'，'斯长男由为三川守'，亦一证也。"在"公孙强印"下云："有十字阑，似秦印。"①

《封泥考略》的上引论述，事实上已为鉴定秦印和秦封泥设立了三条标准：

（一）职官、地理合于秦制，与汉制有异；

① 吴式芬、陈介祺辑：《封泥考略》，中国书店，1990年。（《汉书·地理志》"高帝更名雒阳"一句，据中华书局1962年版《汉书》，"雒阳"二字应属下句：故秦三川郡，高帝更名。雒阳户五万二千八百三十九。——编者注）

（二）文字风格、结构同于已知的秦文字；

（三）印面有界格。

此后学者关于秦印的界说，大都不出这些标准的范围，可参看罗福颐、王人聪先生的《印章概述》和罗福颐先生的《古玺印概论》等书。例如后者说："秦代官、私印上文字，多半与秦始皇诏版权量上文字同。其书法的特点是方中寓圆，得自然风趣。秦印多数是白文凿款，成语印偶有铸的。四字方印多加田字格，长方印（又称半通印）多有日字格。这可能是当时风行的格式。"[①] 即在《封泥考略》的标准上，做出进一步发展。

罗福颐等先生已觉察汉初印与秦印一脉相承。《古玺印概论》说："西汉初仍有少数官印沿秦制，印文上加田字格或日字格。"[②] 他主编的《秦汉南北朝官印征存》，于"秦官印"云："从其具有田字格，并多凿印为标识，故定为秦。虽未必全当，殆可得其大半。"[③] "汉初期官印"下云："从皆具田字格，是汉初因秦制之证。其文字渐趋工整而多出铸造，其半通印亦然，故定此类为汉初期官印。"[④]

随后的一些论著，多致力于更清楚地区分秦印与汉初印。1982年，赵超先生的《试谈几方秦代的田字格印及有关问题》，重点在确定秦印，同时提到："现可见到的西汉早期墓葬中出土的官印均未添加田字格。但端方《齐鲁封泥考存》中收有一方'菑川丞相'封泥，则可能是汉文帝十五年以后的器物。由此看来，西汉早期可

---

① 罗福颐编：《古玺印概论》，第5—6页，文物出版社，1981年。

② 罗福颐编：《古玺印概论》，第6页，文物出版社，1981年。

③ 罗福颐主编：《秦汉南北朝官印征存》，第1页，文物出版社，1987年。

④ 罗福颐主编：《秦汉南北朝官印征存》，第9页，文物出版社，1987年。

能仍残存有一些使用田字格形制的官印。"①

　　王人聪先生近年的研究，在秦印和汉初印的界定方面有很多收获。关于秦官印，他在《秦官印考述》中列举11点；关于汉初官印，他在《论西汉田字格官印及其年代下限》中列举6点，均甚重要②。其间尤其值得注意的如：秦印作鼻钮，可细分为坛钮与瓦钮，坛钮下限不晚于秦；汉初印则另有鱼钮、蛇钮。秦印除自右竖读外，有横读及交叉读；汉初印不再有交叉读，然新增回读。秦印"字不盈空，并不讲求填满印面"；"汉初印则填满字格，整齐饱满"，界格平直规整。

　　上述王文已明确指出秦印不限秦代，应将战国晚年的秦国包括在内。前几年出版的《珍秦斋古印展》图录，也规定"秦""包括秦代印与战国秦印"③。

　　根据已有研究成果来考察古陶文明博物馆的这批封泥，不难看到以下几点：

　　（一）职官、地理有仅合于秦制者，例如官名"属邦"，曾见于陈介祺旧藏相邦吕不韦戈，不讳"邦"字，显然早于汉高祖即位。地名"咸阳""废丘"等，据《汉书·地理志》也早于汉高祖时。

　　（二）文字秀劲，不填满格空，作风与秦诏版等近似。

　　（三）绝大多数印面有田字或日字界格，格线不很规整。

----

① 赵超：《试谈几方秦代的田字格印及有关问题》，《考古与文物》1982年第6期。

② 王人聪、叶其峰：《秦汉魏晋南北朝官印研究》，香港中文大学文物馆，1990年。

③《珍秦斋古印展》，澳门市政厅，1993年。

（四）田字界格印一般均自右竖读。

以上前三点是有利于论定为秦封泥的。

封泥点作交叉读的，有"小厩将马"一例。按《秦汉南北朝官印征存》有以下诸印，均交叉读：

23　章厩将马

24　左厩将马

25　左厩将马

26　右厩将马

27　右厩将马

29　小厩将马

最末一印钤本左侧不清，可参看《印典》2054页[①]。此印原著录于周铣诒《共墨斋藏古玺印谱》，文字与封泥全同。只是封泥业已卷曲，不易判别确否就是用这钮印钤盖的。

对于上引各印的读法，王人聪先生《秦官印考述》做了详细讨论。今观封泥有章厩、左厩、右厩、小厩诸丞，《秦汉南北朝官印征存》又有"左右将马"（竖读）、"小厩南田"（交叉读）等印，互相参照，知王说是正确的。

这批封泥还有可与以往著录的封泥对照的，如"安台丞印"，上面已提过见于《封泥考略》。彼此细勘，新见的封泥因泥边内卷，印缘不完全了，可是笔画的位置，甚至十字线的横线左侧微微下

---

① 康殷、任兆凤主辑：《印典（三）》，第2054页，国际文化出版公司，1994年。

曲、右侧略有上弯，都是一样的。其为同一钮印钤成，殊无疑义。

秦印、秦封泥的研究，有了这一大批封泥实物，将得到很大的拓展。目前，我们的有关知识仍是有限的，对战国晚期秦国、秦代和汉初的印与封泥，仍难作全面的划分，考虑到秦代不过短促的15年，这种划分或许在客观上是不可能的。因此，今天我们说秦印、秦封泥，应理解为年代可有上溯下延，以不远于秦代为近是。

至于田字界格官印的下限，我们在讨论越南清化出土的"胥浦侯印"时曾说明，可晚到汉武帝太初前[①]，在此不再赘述。

六、商代夷方的名号和地望

殷墟卜辞中的夷方，或释人方，对商代历史研究甚关重要，早为学者所关注。特别是黄组卜辞的十祀征夷方，是甲骨排谱研究最成功的事例，其所属王世，累经诸家讨论，意见逐渐统一为帝辛（纣）时，近年"夏商周断代工程"的成果进一步给以证明。不过迄今为止，有关夷方仍有不少问题有待探索和解决。

最近读到安徽省文物考古研究所陈秉新等先生的新著《出土夷族史料辑考》[②]，书中就卜辞以及同时期金文关于夷方的材料做了辑集，便于检索对比。本节在此基础上，想提出以下三点向大家请教：

（一）该方国名号实系"夷方"，不是"人方"。

---

① 李学勤、艾兰：《欧洲所藏中国青铜器遗珠》，210，文物出版社，1995年。
② 陈秉新、李立芳：《出土夷族史料辑考》，安徽大学出版社，2005年。

（二）约当文丁时还有一次对夷方的征伐。

（三）夷方在今山东中东部，其都邑在淄、潍之间的鲁北地区。

先谈夷方的名号。把这个方国名号读为"人方"的，以叶玉森、陈梦家等先生为代表；释作"尸（夷）方"的，以郭沫若、董作宾等先生为代表。我个人50年代写《殷代地理简论》，从"人方"说；90年代考虑到一些考古发现，在小文《重论夷方》中改用"夷方"说[1]；心中一直犹豫，所以在2005年另一小文又回到"人方"说[2]。

在黄组以前的各组卜辞里，"人""尸（夷）"两字的区别是比较清楚的，即"尸"字所象人形足部前伸或有曲笔，作夷俟蹲踞状。武丁时所卜征伐"尸（夷）"或"尸（夷）方"的"尸"字就是这样。在《出土夷族史料辑考》中，可以看到《甲骨文合集》6457—6464、6480等宾组卜辞载王和旁伯茲、侯告征夷，或命妇好和侯告伐夷，《合集》33039自组卜辞云"侯告伐夷方"，20612、33038自组卜辞也都有"夷方"，33112历组卜辞也可能同时。凡此"夷"字均作足前伸或有曲笔的"尸"。

武丁以后几位王的卜辞都不见夷方。夷方再在卜辞内出现，要到无名组卜辞，而且是该组很晚的类型，《出土夷族史料辑考》亦有收录。这些"夷方"的"夷"同样是可与"人"字区别的上述写法的"尸"。

无名组卜辞涉及"夷方"各辞非常重要。如《小屯南地出土甲骨》2064，出土于灰坑H31，系右胛骨左边偏上部分，其辞为：

① 李学勤：《重论夷方》，《民大史学》第1期，中央民族大学出版社，1996年。

② 李学勤：《论新出现的一片征人方卜辞》，《殷都学刊》2005年第1期。

王族其敦夷方邑售，右、左其甞。

弜甞，其聧售，于之若。

右旅［弜］雉众。

王族是由王的亲族组成的直属部队①。《国语·楚语》记春秋时晋、楚鄢陵之战，晋国雍子说："楚师可料也，在中军王族而已。若易中下，楚必歆之。若合而陷吾中，吾上下必败其左右，则三萃以攻其王族，必大败之。"《左传·成公十六年》述同事，也有苗贲皇说："楚之良在其中军王族而已。请分良以击其左右，而三军萃于王卒，必大败之。"当时楚中军王族，加左右军，共为三军。《屯南》2064的商军也是一样，王族与右旅、左旅，实是三军。

"王族其敦夷方邑售，右、左其甞"，"甞"字又见《合集》29185，字疑从"吕"声，读为"营"，意思是环绕。"弜甞，其聧售"，"聧"从"串"声，读为"串"，意思是贯穿。这是卜问战术的安排，在作为中坚的王族攻打售时，右、左两旅将售包围，或者配合进捣。"雉众"的"雉"，则读为夷伤的"夷"。

《屯南》2350，出土于H57，也是无名组同一类型的，系右胛骨左边偏下部分，辞为：

王其以众合右旅［眔左］旅，甶于售，戈（捷）②。吉，在售。

王以众就是王族，"合"可读为"迨（会）"。这条卜辞无疑同《屯

---

① 李学勤：《释多君、多子》，《甲骨文与殷商史》，上海古籍出版社，1983年。
② 魏三体石经"捷"古文作"戬"。

南》2064同时。

《屯南》2064释文论"雔"字说："该字在此为人方的邑名，是商王国进攻之地，在第五期（即黄组卜辞）则为商王国之领土。"并举十祀征夷方"在雔"的《殷虚书契前编》2，5，1为例，是很正确的。讲在黄组卜辞雔是商的领土，大约是因为商王"在雔"，可是看上引《屯南》2350，知道王军抵达雔地便称"在雔"，不一定要将雔邑占领，因此黄组卜辞的雔恐怕仍属夷方。

黄组卜辞十祀征夷方，帝辛于十一月癸亥由危（暂释）前进，六天后己巳已接近攸侯喜的封国。再过十天己卯卜"王其虫"，是与夷方接战，两天后辛巳称"在雔"，随之停留数日，再往后没有重要的战事卜辞。这说明，对夷方战争的主要战斗和无名组卜辞一样，是在夷方邑雔发生的。雔看来不是夷方的一处边邑，而是其政治军事的中心，即都邑。

这里附带提到，"雔"字过去多释为"旧"，但卜辞新旧的"旧"都从"萑"，不应混淆[1]。这个字可能是从"臼"声，是否可读为"鸠"，与上古夷人有"五鸠"有关？似乎可供斟酌。

《屯南》2328也出自H57，其辞云：

> 壬□卜，王其弗戋（捷），亡甾……戌，惠今日壬。
> 翌日王其令右旅眔左旅虫，视方，戋（捷），不雉众。
> 其雉。

---

① 沈建华、曹锦炎：《新编甲骨文字形总表》，第91页，香港中文大学出版社，2001年。

应亦属于对夷方的这次战事。其中卜问命右、左两旅攻打，以观敌方的虚实，当在《屯南》2064、2350之前。

H57出土无名组卜辞属伐夷方的，还有《屯南》2320，只是拓本模糊不清，必须参看书中摹本，其辞有：

> 甲辰卜，在爿牧征启，右……邑……。引吉，在潷。
>
> 癸酉卜，戍伐，右牧单启，夷方伐，有戋（捷）。吉，弜悔。
>
> ［右戍有］戋（捷）。引吉。
>
> 中戍有戋（捷）。引吉。
>
> 左戍有戋（捷）。
>
> 亡戋（捷）。吉。
>
> 右戍不雉众。
>
> 中戍不雉众。吉。
>
> 左戍不雉众。吉。

这版胛骨所卜是商军准备出发的情况，如果和《屯南》上述几版是一次战役，应较后者都早。戍分右、中、左，也即三军。甲辰日，王在潷，卜问"在爿牧征启"，"牧"是官长（但与文献常见的民事官有别），"征"是其名，"启"意为先锋，《周礼·乡师》疏："谓军在前曰启，在后曰殿。"

爿是攸侯国的地名，曾见于历组卜辞《合集》32982：

> 戊戌贞，右敉（养）于爿攸侯由鄙。
>
> 中敉（养）于义攸侯由鄙。

无名组、黄组的伐夷方皆自攸出发，所以《屯南》2320所载一定也是伐夷方时的事。

癸酉日，右、中、左戍进军，由右牧名罕者前导，他大约就是右戍的首领。

裘锡圭先生指出①，《合集》35345黄组卜辞与这版《屯南》2320是同时的，只比癸酉早一天：

> 壬申卜在攸贞，右牧罕告启，王其呼戍从，宵（周）伐，弗悔，利。
>
> 弗戈（捷）。吉。
>
> 不雅（雉）众。王占曰：引吉。
>
> 其雅（雉）众。吉。

"周伐"意思是围攻，词见西周中期史密簋铭文：

> ……师俗率齐师、遂人左［周］伐长必；史密右率族人、厘（莱）伯、僰（偪）殿……②

"周伐"的对象是邑，卜辞所"周伐"的应该是夷方的邑，极可能便是售。

上文业已说过，无名组"夷方"的"夷"都明显是"尸"，易

---

① 裘锡圭：《古代文史研究新探》，第353—356页，江苏古籍出版社，1992年。

② 李学勤：《走出疑古时代》，第170—171页，辽宁大学出版社，1997年；刘钊：《古文字考释丛稿》，第101—105页，岳麓书社，2005年。

与"人"字区别①，由此推论，黄组卜辞该方国的名号只能是"尸（夷）方"，不能读为"人方"，尽管在字形上每每难与"人"字分开。类似情形，在古文字里屡见，比方说卜辞的"子"字和"巳"字，众所习知。

合观《屯南》2320、《合集》35345知道，甲辰日王在潼，商军先锋在攸地丬。过二十九日壬申，王在攸。这同帝辛十祀征夷方途径相仿，而日程完全不合，是不同属一王的两次战事。

无名组卜辞征夷方属哪一王呢？《屯南》这种卜辞分出于H31和H57。H31发掘报告列为"中期·第4段"，相当殷墟文化三期后段；H57列为"晚期·第5段"，相当殷墟文化四期前段②。既然两坑出了同时的卜辞，卜辞的时间应以前者为下限。在甲骨分期研究中已有证明，无名组、黄组卜辞有重叠的时期，即在文丁之世③，故将此次征夷方估计为文丁时，是妥当的。

《屯南》2320文丁在潼，这个地名非常关键。学者早有定论，卜辞中的潼即文献所见潼水，旁有因水得名的畫邑，在临淄（今淄博）西北④。当时商军先锋已为攸侯地丬的官长，可见攸距潼不远。

黄组卜辞又有不属帝辛十祀的征夷方卜辞，王在齐次，如《合

---

① 无名组卜辞《合集》28012："弜盄（益）裏人，方不出于之。弜盄（益）涂人，方不出于之。王其呼卫于罖，方出于之，有戋（捷）。"系卜问何处增加人力防守，未记明方国名号。

② 中国社会科学院考古研究所安阳工作队：《1973年小屯南地发掘报告》，《考古学集刊》第9集，科学出版社，1995年。

③ 李学勤、彭裕商：《殷墟甲骨分期研究》，第四章第五、七节，上海古籍出版社，1996年。

④ 于省吾主编：《甲骨文字诂林》，第3122—3126页，中华书局，1996年。

集》36493等，郭沫若先生便认为齐在临淄[1]。现在从遣的出现看，郭说是正确的。

不管是无名组卜辞的文丁，还是黄组卜辞的帝辛，征伐夷方都是自攸到售。帝辛十祀征夷方，王到售后，十二月癸未"步于淲"，甲申"在淲"，乙酉即"步于淮"[2]。这又表明，淮距售不远。此处的淮自然不是淮水，而是潍水[3]。实际上，直到《汉书·地理志》还有把"潍"写作"淮"的[4]。这样，我们知道攸侯和夷方邑售位于淄、潍之间。

高广仁、邵望平先生曾从考古学角度论述"以潍、淄流域为中心，包括惠民地区在内的鲁北小区"说："这一地区商代晚期的遗址分布相当密集，……由于该区，特别是潍水流域，主要是在商代后期才受到商文化浸润的，因此呈现出一种复杂的文化面貌：从贵族墓葬材料看，如青州苏埠屯大墓，几乎完全是反映商王朝礼制的遗存，非商文化的因素不见或极为少见；而从一般遗址或中小型墓葬材料看，则是商文化因素与土著文化因素共存。……从地理上看，商文化因素所占比例由西而东递减、土著文化因素递增；从社会层次看，商礼的浸润随社会层次的降低而递减。"[5]凡此现象，正说明淄、潍一带是商王朝与夷人间的界面，商王对夷方屡行征伐，势力

---

① 郭沫若：《卜辞通纂》，第463页，科学出版社，1983年。

② 李学勤：《殷代地理简论》，第38页，科学出版社，1959年。

③ 李学勤：《中国古代文明十讲》，第208页，复旦大学出版社，2003年。

④ 琅邪郡灵门等条下，见王先谦：《汉书补注》，第744页，中华书局，1983年；参看杨守敬、熊会贞：《水经注疏》，第2263页，江苏古籍出版社，1989年。

⑤ 高广仁、邵望平：《海岱文化与齐鲁文明》，第222—223页，江苏教育出版社，2005年。

逐渐东扩，结果是《左传·昭公十一年》所说的"纣克东夷"。

攸确应是《左传·定公四年》所言封鲁殷民六族中的條氏[1]。同属六族的长勺氏，原居地长勺前人云在莱芜东北[2]，條氏的居地更东一些也是可以想象的。

七、城固两罍铭文的研究

在已经发现的陕西城固、洋县青铜器中，有两件带有铭文[3]，值得专门研究，现分别讨论如下：

（一）1976CHBSXT：2方罍。

1976年城固苏村小冢出土的一对方罍，编号1976CHBSXT：1、2，分别高51.2厘米和52.5厘米，形制一致，纹饰只有细微不同。其中1976CHBSXT：2一耳下有"亚伐"二字铭文。

赵丛苍教授已经指出，这对方罍与1976年殷墟妇好墓856、866一对方罍十分相似。后者分别高52.5厘米和51.4厘米，纹饰结构与苏村小冢的方罍，特别是1976CHBSXT：1几乎完全相同，属于同时是没有疑问的，即相当殷墟文化第二期晚段。

形制、纹饰接近的方罍，在著录中还有一些，可看林巳奈夫《殷周青铜器综览》第一卷罍6、8、12。林书罍8藏于日本根津美术馆，高51.5厘米，有"又（右）羧（养）"铭文。铭文相同的爵，

---

① 陈梦家：《殷虚卜辞综述》，第306页，中华书局，1988年。

② 中国历史大辞典·历史地理卷编纂委员会编：《中国历史大辞典·历史地理卷》，第146页，上海辞书出版社，1996年。

③ 赵丛苍主编：《城洋青铜器》，科学出版社，2006年。

曾见于1978年发掘的西安袁家崖商代晚期墓葬[①]。

"亚伐"铭文相当少有[②]，仅见于1978年河北灵寿西木佛村柳家坟出土的一件卣。据简报[③]，卣出土于一座长方形竖穴土坑墓，同出器物都可定为商代晚期。卣高22厘米，提梁前后纵跨，盖饰饕餮纹，有盖角，器颈饰夔纹，腹饰饕餮纹，最大径偏下，自盖至足有四道扉棱，圈足饰夔纹。盖器均有铭文"亚伐"，但盖铭"伐"字在"亚"形内，器铭则"伐"字反写。卣的形制接近殷墟郭家庄等地点所出，不能早于殷墟文化第三期晚段[④]。

西木佛村墓中还有其他族氏铭文，所以不能断言墓主一定是"亚伐"族氏，但与"亚伐"应该有一定关系。看来"亚伐"这个族氏至少存在于殷墟第二、三期，而且器物的流传范围异常广泛。

金正耀等先生指出，苏村小冢方罍的铅同位素组成数据属于普通铅，"类似铅同位素组成的器物，在殷墟四期铜器……中比较多见，……在已经完成测定的几十件殷墟一期和二期的铜器中，未发现有器物在铅同位素组成上与这件方罍相似"[⑤]。这可能表明属于"亚伐"族氏的方罍器主那时在殷墟以外的地区，有另外的金属原料来源。

（二）1992CHBCT∶1圆罍。

1992年城固博望乡陈邸村出土的这件圆罍，高42.8厘米，一耳下有"山，父己"三字铭文。

---

① 巩启明：《西安袁家崖发现商代晚期墓葬》，《文物资料丛刊》5，1981年。

② 《殷周金文集成》8941、8942恐不能释为"亚伐"。

③ 正定县文物保管所：《河北灵寿县西木佛村出土一批商代文物》，《文物资料丛刊》5，1981年。

④ 李学勤：《重写学术史》，第255—259页，河北教育出版社，2002年。

⑤ 赵丛苍主编：《城洋青铜器》，第253页，科学出版社，2006年。

"山"是比较多见的族氏铭文，在《殷周金文集成》中有近20件。值得注意的是，有出土地点记录的这一族氏器物，都在陕西境内。

《殷周金文集成》3070"癸山"簋，原著录于《攈古录金文》1，1，24，传为"关中出，有乳"。

《集成》3032"山"簋，1973年出于岐山贺家村1号墓①。这是一件无耳、深腹、高圈足的簋，腹饰高乳丁的方格乳丁纹，有明显的先周特色。墓内同出的圆罍②，高37.7厘米，形制、纹饰都和博望陈邸的罍相同。

陕西历史博物馆曾征集一件"山"盘，内底有一字铭文，字体与贺家村簋一样③。

《集成》7653、7654两件"山"爵，1967年出土于长安张家坡87号墓④。爵饰饕餮纹，柱位在流折偏后，鋬上饰牛首，圜底，三棱形足，铭文在鋬内。

贺家村1号墓属商代晚期，张家坡87号墓则在周初。

南宋时薛尚功《历代钟鼎彝器款识法帖》21，4著录一件"彝"

---

① 陕西省考古研究所、陕西省文物管理委员会、陕西省博物馆编：《陕西出土商周青铜器（一）》，二八，文物出版社，1979年；曹玮主编：《周原出土青铜器》第6卷，第1229页，巴蜀书社，2005年。

② 陕西省考古研究所、陕西省文物管理委员会、陕西省博物馆编：《陕西出土商周青铜器（一）》，二六，文物出版社，1979年；曹玮主编：《周原出土青铜器》第6卷，第1246页，巴蜀书社，2005年。

③ 陕西省考古研究所、陕西省文物管理委员会、陕西省博物馆编：《陕西出土商周青铜器（一）》，图版说明第5页，文物出版社，1979年。

④ 中国社会科学院考古研究所沣西发掘队：《1967年长安张家坡西周墓葬的发掘》，《考古学报》1980年第4期。

的铭文①：

> 六月初吉癸卯，
>
> 伊𢁢征于辛吏，
>
> 伊𢁢贾（赏）辛吏秦
>
> 金，用乍（作）父□鐏彝。山。

器主也是"山"这个族氏。看铭文格式、字体，年代已到西周早中期之际。

以上材料表明，"山"应当是周人或长期与周人共处的族氏，这和"亚伐"的情况很不相同。

八、关于鹿邑太清宫大墓墓主的推测

张长寿、高天麟两位先生，在《商丘——商文化的源头》文中谈到1997年在商丘市以南鹿邑太清宫发掘的"长子口"大墓，指出"这个发现是十分重要的，应该把长子口墓和商丘宋城联系起来，作为商丘商文化的一个重要内容"，这个见解我是十分赞成的。

太清宫大墓的发掘报告《鹿邑太清宫长子口墓》，已于2000年由中州古籍出版社出版。这是一座周初的两墓道大墓，出土大量成组的青铜礼器，规模相当诸侯一级。墓的地点虽属鹿邑，但北距商

---

① 刘昭瑞《宋代著录商周青铜器铭文笺证》（中山大学出版社，2000年，第137页）推测该"彝"应该是簋。

丘不远，很可能与宋国有关。有学者认为，墓主是宋国始封之君微子启，或继之为君的微仲衍，是有道理的，不过"长"字无法改释作"微"，墓主又明明名"口"，讲成微子、微仲都不妥当。

2001年我写过一篇题为"长子、中子和别子"的小文（《故宫博物院院刊》2001年第6期），论证太清宫墓青铜器铭文里的"长子"一词意思是大儿子。墓主在铭文中自称"长子"，是对他所祭祀的"文母乙"而言。墓内没有祭祀墓主父亲的铭文，看来作器时其父仍然在世。

那么，这个名"口"的墓主是谁的长子，他的父亲是什么人呢？

查《史记·宋微子世家》，微子启本来是商王帝乙首子（大儿子），纣的庶兄。周成王时周公奉命平三监之乱，"乃命微子开（启）代殷后，奉其先祀，作《微子之命》以申之，国于宋。……微子开（启）卒，立其弟衍，是为微仲"。同书《三代世表》也说仲衍是"启弟"。

《宋微子世家》的记载可与几种古籍对照。《吕氏春秋·当务》说："纣之同母三人，其长曰微子启，其次曰中衍，其次曰受德，受德乃纣也，甚少矣。纣母之生微子启与中衍也，尚为妾，已而为妻而生纣。纣之父、纣之母欲置微子启以为太子，太史据法而争之曰：'有妻之子而不可置妾之子。'纣故为后。"仲衍系启之弟，同《史记》一致。

《礼记·檀弓》记鲁国子服伯子语，说到"微子舍其孙腯而立衍也"，郑玄注："微子适（嫡）子死，立其弟衍，殷礼也。"《孔子家语·本姓》也说微子启"其弟曰仲思，名衍，或名泄，嗣微子后，故号微仲"，都是讲微子启之子先死，由弟衍继位，这与殷礼兄终弟及相合。

《汉书·古今人表》说法则有一点不同，在"宋微中（仲）"下注为"启子"。这个异说曾为少数学者，如宋代的苏辙、明代的包尔庚所采用，清初阎若璩还力辩仲衍是微子启次子，但《人表》只是孤证，恐难信据。

这样，从殷商末年王室到宋国初年的公室，世系应该是：

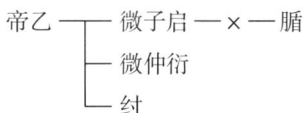

$$
\text{帝乙}
\begin{cases}
\text{微子启} —×— \text{腯} \\
\text{微仲衍} \\
\text{纣}
\end{cases}
$$

我认为，微子启未立的嫡子，腯的父亲，就是太清宫墓的墓主"长子口"。他是微子启的长子，其母系"文母乙"，子即腯。

纣继帝乙为商王，当时年龄尚少，他在位据殷墟甲骨文和金文至少有25年。微子启比纣年长，成王封他为宋君时年龄已经很大，长子先死，并有名腯的孙子，是很自然的。微子启为宋君的年数不会太多，否则仲衍也来不及嗣位了。由此推算，作为微子启长子的口，死时必在周初，离封宋不久。这同太清宫墓所呈现的年代特点是相符合的。

从甲骨文的研究知道，殷礼对于有资格嗣位未立的长子，每每和已立同样尊崇，比如汤之子太丁、武丁之子孝己，在祀典中都有与王一样的地位。微子启的"长子口"有诸侯规格的大墓，也就没有什么奇怪了。

如果以上所言不虚，将来在商丘到鹿邑一带很可能发现微子启、微仲衍等宋国国君的墓，太清宫墓已经为之提供了线索。

九、释楚帛书中的女娲

长沙子弹库楚帛书是在1942年发现的，1945年蔡季襄《晚周缯书考证》出版，首次著录帛书中基本完整的一件，也是60多年前的事了。该件帛书的释读研究，随着公布材料的渐趋完善和楚文字研究水准的逐步提高而不断深入，然而由于帛书的古奥费解，仍然有不少疑难留待解决。从这里我们可以看到古文字学特别是战国文字的考释工作确实繁难，绝非一蹴可几。

子弹库楚帛书的研究有几次令人印象深刻的突破[1]，古史传说人物伏羲一名的发现是其中之一。这个发现是台湾著名古文字学家金祥恒先生作出的，他的精彩论文《楚缯书"甂虘"解》发表在《中国文字》第28册。《中国文字》是台湾大学文学院中国文学系编印的，系非卖品，其第28册印于1968年6月，正值海峡此岸"文革"火热的时候，大陆学者无缘得见。我自己是在1979年访问美国之际，承张光直、许倬云两先生先后以《中国文字》相赠，才有机会读到金先生这篇著作的。

金祥恒先生在文章中说："余以为霝从靁从勹（勹）声，'霝蝥'即'甂虘'。勹即《说文》勹，'象人曲形，布交切'。……靁即《说文》电之古文省讹。古文电从⊕⊕，段注'象其磊磊之形'，……小篆从雨包声，缯书从靁省勹声。"接着，他历引古籍，说明伏羲的写法有包牺、庖牺、炮牺、包羲、庖羲、虑羲、宓羲、宓牺、虑

---

① 参看曾宪通：《楚帛书研究述要》，《楚地出土文献三种研究》，中华书局，1993年。

戏、宓戏、密戏、密牺、伏羲、伏牺、伏戏等等，故宧虘自即伏羲，论证详密，无怪乎论者翕然。

帛书记述伏羲，讲到其娶女生子，有配偶之名。众所习知，伏羲的配偶是女娲，帛书上面"女"下一字却不易辨识，引起许多学者的钻研推测。多数意见觉得应该读释为"娲"，但没有详细讨论，问题在于字的难加隶定[1]。也有的认为该名不是"女娲"，而是在古书里出现过的女娲的别名[2]，也未得到满意的解决。我对此曾反复斟酌，甚至怀疑帛书所载不是女娲[3]，不过是不合情理的，既有伏羲，何以没有女娲？

关键仍在于"女"下面的字的分析。在这一点上，很重要的一步是由何琳仪教授迈出的[4]，他正确地指出字上部从"出"，并讨论了"出"声与"咼"声相通的可能性。持类似看法的，还有刘信芳教授[5]，只是关于字下部的结构，他们的意见很不相同。

我们要感谢饶宗颐、曾宪通两位先生，他们撰著的《楚帛书》一书，不仅有印刷清晰的帛书照片，还有放大3.3倍的"分段图版"和包含这里讨论的字的放大12倍的"局部附图"[6]，使我们能够看得更为清楚。

字的上部从"出"是没有疑问的。下部的下端是"土"，不过

---

① 李零：《长沙子弹库战国楚帛书研究》，第117页，中华书局，1985年。

② 梁玉绳：《人表考》卷二，《史记汉书诸表订补十种》，第511页，中华书局，1982年。

③ 李学勤：《简帛佚籍与学术史》，第48页，江西教育出版社，2001年。

④ 何琳仪：《长沙帛书通释（续完）》，《江汉考古》1986年第2期。

⑤ 刘信芳：《子弹库楚墓出土文献研究》，第20页，艺文印书馆，2002年。

⑥ 饶宗颐、曾宪通：《楚帛书》，图版第15、46页，中华书局香港分局，1985年。

靠上一横与竖笔交叉之处用毫略重，笔道变宽一点，摹写者或误以为向左右的斜笔。

在"土"的上方有"曱"形，是这个字最难理解的部分。几乎全同的"曱"见于包山楚简①，乃是"尹"字。大家了解，"尹"字本来只有一个手形，左方是一竖笔，到战国文字常讹变成两个手形的"曱"，然后手形的斜笔又断开，成为简文的"曱"。这样，我们可以揣想帛书字中的"曱"也是从两个手形变来的，只是右上角地方作两笔写而已。如果这个想法不错的话，两手形加"土"就是"坚"字。

熟悉古文字（尤其是甲骨文）的都知道，"坚"字即《说文》"圣"字②。许书云该字"从土从又，读若兔窟"，按"窟"字从"屈"声，而"屈"字从"出"声，古音都在物部，这就说明了帛书这个字在"坚"上加"出"作为声符的缘由。

女娲的"娲"字从"咼"声，"咼"从"凸"声，都是见母歌部字，但同样从"凸"声的"骨"却是见母物部字③，这是因为歌月对转，月物又旁转。王力先生曾详论"抈""掘"两字的关系④，实际"掘"字有月部、物部两读，正是旁转的佳例。"娲"属见母歌部，与溪母物部的"坚"即"圣"，声为同组，韵为对转又旁转，是顺理成章的。

① 李守奎：《楚文字编》，第180页，华东师范大学出版社，2003年；张守中：《包山楚简文字编》，第42页，文物出版社，1996年。

② 于省吾：《甲骨文字释林》，第232—233页，中华书局，1979年。

③ "骨"是形声字，参看季旭昇：《说文新证》上册，第328—329页，艺文印书馆，2002年。

④ 王力：《同源字典》，第454—455页，商务印书馆，1982年。

总之，帛书中伏羲所娶的女子，其名应隶写作"女壄"即"女圣"，也就是文献常见的女娲。

十、关于绵阳双包山汉墓墓主的推测

绵阳双包山汉墓在20世纪90年代已受到学术界广泛注意，特别是其2号墓规制宏大，出土文物众多，有重要的研究价值。最近，发掘报告业已出版[①]，这里试就其墓主和年代谈一些推测性的意见，向大家请教。

报告"结语"指出，"双包山二号墓葬规模巨大，墓葬的椁室构造则较为复杂，是四川地区迄今发现的最大的一座西汉木椁墓，……其等级当为列侯级的墓葬"，而"一号墓葬的椁室结构相对简单，规模一般"。两墓形制及出土物有一些共同点，"埋葬年代应在同一时期，且为家族墓地中的主要墓葬"[②]。经对墓葬结构与器物特征分析后，"结语"认为"绵阳永兴双包山汉墓年代拟定在武帝前后为宜"[③]。

双包山2号墓有银缕玉衣残片，这表明墓主身份当在列侯之上[④]。墓中所出漆耳杯的针刻文字有"平宫右茜""平宫左茜""平

---

① 四川省文物考古研究院、绵阳博物馆：《绵阳双包山汉墓》，文物出版社，2006年。

② 四川省文物考古研究院、绵阳博物馆：《绵阳双包山汉墓》，第144—145页，文物出版社，2006年。

③ 四川省文物考古研究院、绵阳博物馆：《绵阳双包山汉墓》，第145页，文物出版社，2006年。

④ 卢兆荫：《再论两汉的玉衣》，《文物》1989年第10期。

膺（府）"等①，为平宫的造酒、藏酒机构②，由之可见墓主有宫寝设施，也足以印证其高贵身份。

西汉时期今四川境内并无诸侯王之封，报告推定双包山墓墓主系列侯，是正确的。至于墓主究竟是谁，还需要结合墓的年代来考虑。

关于2号墓的年代，报告"结语"已说明，墓中漆器与湖南长沙马王堆1、3号墓，湖北江陵凤凰山168号墓和陕西新安木椁墓所出相似，后者年代为文帝至武帝初年。同时，双包山2号墓出土的三十余枚钱币，"都是四铢'半两'"③，这种钱币铸作于文帝前元五年至武帝建元元年④。这样看来，2号墓有可能在武帝以前。

1号墓则不出半两，只出五铢，而且都是罢半两后最早铸作的类型，如报告图二六：1穿上一横，同于《中国钱币大辞典》秦汉编第328页25、26；报告图二六：2穿上一横，穿下月纹，同于《中国钱币大辞典》秦汉编第330页。其铸作均应在武帝元狩五年至元鼎四年。

1号墓还出有一面残镜⑤，这是比较特殊的蟠螭连弧纹镜，圆钮座，在连弧纹间加饰蟠螭纹、鸟纹，以雷纹衬地。类似的铜镜在

---

① 四川省文物考古研究院、绵阳博物馆：《绵阳双包山汉墓》，第111页图七六，文物出版社，2006年。

② 王辉：《秦铜器铭文编年集释》，第77页，三秦出版社，1990年。

③ 四川省文物考古研究院、绵阳博物馆：《绵阳双包山汉墓》，第145页，文物出版社，2006年。

④《中国钱币大辞典》编纂委员会编：《中国钱币大辞典·秦汉编》，第216页，中华书局，1998年。

⑤ 四川省文物考古研究院、绵阳博物馆：《绵阳双包山汉墓》，第33页图二五，文物出版社，2006年。

《长安汉镜》书中列为蟠螭纹镜的 B 型 I 式，认为是继承战国镜的作风，"可视为汉初——文景时期流行和制作的镜式"①。由此估计，1 号墓的年代恐不能过晚，列于武帝前期比较合适。

我认为，双包山汉墓应该是汁方侯家族的墓葬。

汁方，或作汁防、汁邡、什邡等，据王先谦《汉书补注》，故城在今什邡县南②。汁方侯的始封是楚汉战争时的名将雍齿。查《史记·高祖功臣侯者年表》和《汉书·高惠高后文功臣表》，雍齿于高祖六年三月戊子封，在位九年，称肃侯；惠帝三年，荒侯巨（《汉书》作钜鹿）嗣位，在位三十八年；景帝三年，侯野嗣位，在位十年；景帝中元六年，终侯桓嗣位，到武帝元鼎五年，坐酎金，国除。双包山 2 号墓可能是荒侯巨或侯野的墓，1 号墓则为终侯桓的墓，后者虽继位为侯，但遭除免，墓制便大为缩减了。

绵阳当时是涪县，距什邡较远，但汁方侯封地绝不止后来的县境。任乃强先生曾指出："什邡县，《前汉志》作十（应作汁）方，《高惠文功臣表》作汁防，《后汉志》作什邡。盖录蜀人本语之音，故无定字。本蜀国之要邑，秦已置县，故《汉志》列于（广汉）郡治梓潼之次，明其历史地位更重于涪与雒也。原县境甚广阔，半为山地，半是平原。……秦灭蜀，郫与什邡皆为大县。……其后乃分什邡置绵、雒二县也。"③雍齿受封时，什邡应当还大，其家族墓地在今绵阳永兴，是可以理解的。

汁方《汉志》在广汉郡，是终侯桓国除后的情况。周振鹤先生论高祖分巴、蜀置广汉郡说："《汉志》云广汉郡高帝置，但不明

① 程林泉、韩国河：《长安汉镜》，第47、51页，陕西人民出版社，2002年。
② 王先谦：《汉书补注》，第773页，中华书局，1983年。
③ 任乃强：《华阳国志校补图注》，第168页，上海古籍出版社，1987年。

其始置年。《华阳国志》系之于高帝六年。这一年刘邦在封建齐、荆等同姓王国时，曾析置东阳、胶西、城阳、博阳等郡，因此广汉置于此年，亦有可能。要之，至迟在高帝末年，必已有广汉郡的存在，才能足高帝末年十五汉郡之数。"[①]至于广汉郡各县的建置，以及其与汁方侯国的关系，现在还没有多少材料，有待将来仔细探究。

十一、谈"信古、疑古、释古"

前几年我应邀在一次小型学术座谈会上做了发言，后经友人整理，发表在《中国文化》第7期上，标题为"走出'疑古时代'"，后来辽宁大学出版社印行我的小书，书名便移用了这个题目。对于有关问题，我本已没有新的话可说，只是发言中引到冯友兰先生的一个提法，未能详细说明，有些遗憾。正好《原道》创刊，要我就这个问题写些东西，于是想略谈几点，作为那次发言的补充。

我所引冯友兰先生的话，见于30年代后期他为《古史辨》第6册撰的序，近年已收入《三松堂学术文集》。冯先生说：

> 我曾说过，中国现在之史学界有三种趋势，即信古、疑古及释古。就中信古一派，与其说是一种趋势，毋宁说是一种抱残守缺的人的残余势力，大概不久就要消灭；即不消灭，对于中国将来的史学也是没有什么影响的。真正的史学家，对于史料，没有不加以审查而即直信其票面价值的。

① 周振鹤：《西汉政区地理》，第142页，人民出版社，1987年。

疑古一派的人，所作的工夫即是审查史料。释古一派的人所作的工夫，即是将史料融会贯通。就整个的史学说，一个历史的完成，必须经过审查史料及融会贯通两阶段，而且必须到融会贯通的阶段，历史方能完成。但就一个历史家的工作说，他尽可只作此两阶段中之任何阶段，或任何阶段中之任何部分。任何一种的学问，对于一个人，都是太大了。一个人只能作任何事的一部分。分工合作在任何事都须如此。由此观点看，无论疑古释古，都是中国史学所需要的，这其间无所谓孰轻孰重。

冯先生的这段话，由于《传统文化与现代化》1994年第1期作为补白的"语林"摘录了[①]，已经引起更多人的注意。

好多年来，学者们谈起冯先生的"信古、疑古、释古"之说，总是当作三个阶段来理解的，甚至认为三者的关系是辩证法的正、反、合。重看上面引的原话，冯先生只讲了三种趋势，没有说三个阶段，他提到的"阶段"，是说审查史料和融会贯通为历史研究工作的两阶段，不是以"信古、疑古、释古"为三阶段。不过，细心吟味冯先生所讲，信古一派将归消灭，显然已属过去，疑古、释古均为历史研究所必需，但融会贯通究竟应居审查史料之后，因此，冯先生所说的三种趋势，在一定意义上还是带有三个阶段的意味，不少人将之理解作三个阶段说，不能认为出于无因。

"信古、疑古、释古"之说，涉及中国学术史上的一大公案。"信古"一名之生，是由于疑古思潮的兴起，在疑古出现以前并无

---

① 见《传统文化与现代化》1994年第1期，第48页。

其说；而"释古"一名的提出，又是为了与疑古有所区别。所以，"信古、疑古、释古"一说的出现，关键仍在疑古思潮的盛行。疑古思潮最盛的时期，正是在20世纪的二三十年代，冯友兰先生"信古、疑古、释古"之说，是针对当时业已充分展开的这一思潮及其影响提出来的。

疑古有着相当久远的根源，疑古思潮中的不少著作，已经把这一点反复说明了。需要指出的是，历史上有好几次流行疑古的风气，各有代表的学者和作品，就其成果的承袭来说，确有一贯的脉络，但是，各个时期的疑古之风，其历史、文化的背景互不相同，绝不可一概而论。

疑古之风的首次流行，是在宋代。北宋庆历以后，学风丕变，如王应麟《困学纪闻》所云："自汉儒至于庆历间，谈经者守训故而不凿。《七经小传》出而稍尚新奇矣；至《三经义》行，视汉儒之学若土梗。"宋儒之学的一般特点，是以义理之学取代汉唐的注疏之学①，从而能摆脱注疏的约束，直接考察作为经典的古书，自行裁断。集宋学大成的朱子，便是富于这种精神的，其流风遗韵直至明代。

疑古之风的第二次流行，是在清初。清儒力反宋学，而于辨伪书方面则继续了宋人的统绪。他们所辨古书，每每同反对宋学有关，例如阎若璩等指摘古文《尚书》，宋儒津津乐道的《大禹谟》十六字心传便失了依据；胡渭等批评河图洛书，也是针对周敦颐以至朱子的学说。清人崇尚门户，先以汉学反对宋学，接着以今文经学反对古文经学。刘逢禄作《左氏春秋考证》等例子，是大家熟知的。

---

① 侯外庐主编：《中国思想通史》第4卷上册，第497页，人民出版社，1959年。

到了晚清，今文经学与变法维新的进步思想结合起来，这一趋向，在龚自珍学说中已见其端倪。梁启超《清代学术概论》说："光绪间所谓新学家者，大率人人皆经过崇拜龚氏之一时期。初读《定庵文集》，若受电然，稍进乃厌其浅薄。然今文学派之开拓，实自龚氏。"[1]这一学派魏源著《诗古微》《书古微》，邵懿辰著《礼经通论》，等等，都主张辨伪，梁氏书中已有详述。至于其最典型的人物著作，自推康有为及其《新学伪经考》《孔子改制考》。

梁书指出康有为的今文经学受廖平影响，"有为早年，酷好《周礼》，尝贯穴之著《政学通议》，后见廖平所著书，乃尽弃其旧说"[2]。我们却不能说廖氏也有像康有为那样的变法维新立场。由此可见，不可以把当时的今文学派同变法维新完全等同起来。

康有为的著作对20年代以来的疑古思潮有颇大影响，可是两者的思想性质实有根本的不同。康氏和其他今文经学家一样，把孔子推崇到神的地位，后来力倡建立孔教。20年代的疑古思潮则与此相反，顾颉刚先生1924年在一则笔记中说："我们今日所以能彻底的辨论古史，完全是没有崇拜圣人观念之故。这崇拜圣人的观念须到今日伦理观念改变时才可打消。"[3]这与康有为的孔教刚好对立，有很不同的历史背景。无论如何，龚自珍到康有为的今文经学，和20年代兴起的疑古思潮，都起过重要的进步作用。我曾说"今文学派作为思想史上的思潮，其进步意义应予以充分肯定"[4]，

---

① 朱维铮校注：《梁启超论清学史二种》，第61页，复旦大学出版社，1985年。

② 朱维铮校注：《梁启超论清学史二种》，第63页，复旦大学出版社，1985年。

③ 顾潮：《顾颉刚年谱》，第101页，中国社会科学出版社，1993年。

④ 李学勤：《重新估价中国古代文明》，《人文杂志》增刊《先秦史论文集》，1982年。

即指此而言。

二三十年代的疑古思潮，确实把信古打倒了，凡细读过七册《古史辨》的人，都会看到这一思潮的成绩。疑古的学者不仅总结了宋、清以来这方面的成果，而且完善了辨伪的方法和理论。这一思潮的基本学说，如顾颉刚先生在1922年建立的"层累地造成的中国古史"观，至今仍影响着海内外的学术界。

《古史辨》肇端于1923年在《读书杂志》上进行的长达9个月的古史讨论，随之一个阶段的论争主要是环绕古史问题，后来讨论的范围渐趋扩大，涉及古代的很多方面，特别是古书的真伪问题更是突出。现在看来，疑古思潮的影响表现最显著的，正是在古书的辨伪问题上，冯友兰先生专门提出的史料审查，也即这个问题。

梁启超《中国近三百年学术史》说："无论做那门学问，总须以别伪求真为基本工作。因为所凭借的资料若属虚伪，则研究出来的结果当然也随而虚伪，研究的工作便算白费了。中国旧学，十有九是书本上学问，而中国伪书又极多，所以辨伪书为整理旧学里头很重要的一件事。"[①]自宋以来，学者疑古，首在辨古书之伪，其成效昭著，为人所共见。但是他们的辨伪，每每议论纷纭，难于折中，并且扩大化，以致如梁氏所说伪书极多，汉以前古书几乎无不可疑，所谓"东周以前无史"的观点于是产生。

疑古一派的辨伪，其根本缺点在于以古书论古书，不能跳出书本上学问的圈子。限制在这样的圈子里，无法进行古史的重建。我不很清楚冯友兰先生所讲融会贯通的释古究竟是指什么，不过在

---

① 朱维铮校注：《梁启超论清学史二种》，第382—383页，复旦大学出版社，1985年。

二三十年代，重建古史的正面工作实际已在开始了。我们看中国古史研究之所以有今天的局面，主要是由于有了新的理论观点和考古发现，而这两者都可溯源到20年代。

这里当然要提到王国维先生。

王国维先生早年治哲学、文学，1911年冬东渡日本后始转攻经史小学。他研究经学，既不是康有为那样的今文家，也不是章太炎那样的古文家。实际上，他对于清代以来的今古文之争并非漠视，而是做了很多切实重要的研究工作。例如，他在1916年开始研究汉魏石经，尤其注意魏石经的古文，这一工作随着石经陆续出土而逐步深入，一直到1925年还在继续①。也是在1916年，王国维先生在研究石经中，"颇怪汉石经诸经全用今文，而魏时全用古文，因思官学今古文之代谢，实以三国为枢纽。乃考自汉以来诸经立学之沿革，为《汉魏博士考》"，书共三卷②。他从古文字学角度，专门研究古文，1916年著《汉代古文考》③，1918年校唐写本《尚书孔传》和薛季宣《书古文训》④，到1926年还作有名文《桐乡徐氏印谱序》⑤。此外，1917年和1920年，王氏又校勘过与古文经学有关的《孔子家语》。至于他对《尚书》研究的贡献，是用不着在这里多说的。

1927年3月，王国维先生的学生姚名达给顾颉刚先生写信，讲

---

① 孙敦恒：《王国维年谱新编》，第57、120、122、124、133、138、150等页，中国文史出版社，1991年。

② 孙敦恒：《王国维年谱新编》，第62页，中国文史出版社，1991年。

③ 孙敦恒：《王国维年谱新编》，第63页，中国文史出版社，1991年。

④ 孙敦恒：《王国维年谱新编》，第78页，中国文史出版社，1991年。

⑤ 孙敦恒：《王国维年谱新编》，第162页，中国文史出版社，1991年。

道："王静安（国维）先生批评先生，谓疑古史的精神很可佩服"，然"与其打倒什么，不如建立什么"①。这体现了王氏对疑古一派的态度。王氏是努力于古史的建立的，他著名的"二重证据法"就是建立古史的方法。

大家知道，1924年冬，顾颉刚写信给胡适，荐王国维到正在筹办的清华学校研究院，胡适遂向清华推荐②。次年初，王氏就聘，4月迁入清华。7月，应学生会邀请，向暑期留校学生讲演，题为"最近二三十年中中国新发见之学问"，发表于《清华周刊》③。文中列举近期古器物图籍的发现，强调其对学术发展的影响。9月，清华国学研究院开学，王氏讲课题为"古史新证"，其总论说：

> 吾辈生于今日，幸于纸上之材料外，更得地下之新材料。由此种材料，我辈固得据以补正纸上之材料，亦得证明古书之某部分全为实录，即百家不雅驯之言，亦不无表示一面之事实。此二重证据法，惟在今日始得为之。④

对他7月讲演的观点，做了理论的提高和引申。王氏的研究与疑古的差别，在上述一段话中可以看得很清楚。

---

① 顾潮：《顾颉刚年谱》，第139页，中国社会科学出版社，1993年。

② 孙敦恒：《王国维年谱新编》，第136页，中国文史出版社，1991年；顾潮：《顾颉刚年谱》，第101页，中国社会科学出版社，1993年。两书所记月份稍有不合，似应以顾书为准。

③ 孙敦恒：《王国维年谱新编》，第143—144页，中国文史出版社，1991年。后收入《静庵文集续编》，《王国维遗书》第5册，上海古籍书店，1983年。

④ 王国维：《古史新证》，第2页，清华大学出版社，1994年。

我们还要提到郭沫若先生。

郭沫若先生在1929年撰《中国古代社会研究》，开以马克思主义观点研究中国古史的先声。他在自序中称："本书的性质可以说就是恩格斯的《家庭、私有制和国家的起源》的续篇。研究的方法便是以他为向导，而于他所知道了的美洲的印第安人、欧洲的古代希腊、罗马之外，提供出来了他未曾提及一字的中国的古代。"[1]

值得注意的是，他在自序里特别讲到"在前两年跳水死了的王国维"，"王国维，研究学问的方法是近代式的，思想感情是封建式的。……然而他遗留给我们的是他知识的产品，那好像一座崔巍的楼阁，在几千年来的旧学的城垒上，灿然放出了一段异样的光辉"。

1930年，在《中国古代社会研究》的"追论及补遗"中，郭沫若先生肯定"顾颉刚的'层累地造成的古史'，的确是个卓识"[2]，并就顾氏提出的夏禹的问题，依据准实物的材料（齐侯镈及钟、秦公簋等），提出自己的见解。这仍然是以王国维的"二重证据法"为出发点的。

把古书的记载与考古的成果结合起来，再上升到理论的高度，郭沫若先生开拓的这条道路，决定了此后很多年中国古史研究的走向。应该说这已经超出疑古，而进入新的时代了。

冯友兰先生肯定疑古一派的史料审查，是很正确的。有些朋友（包括外国学者）担心我们不重视史料审查了，也不无道理。现在确有些论作忽略了史料审查，它们的结论自然是不可信的。在史料

---

① 郭沫若著作编辑出版委员会编：《郭沫若全集·历史编1》，第9页，人民出版社，1982年。

② 郭沫若著作编辑出版委员会编：《郭沫若全集·历史编1》，第304页，人民出版社，1982年。

审查上，我们主张要以"二重证据法"来补充纠正疑古一派的不足之处。疑古的史料审查，由于限于纸上的材料，客观的标准不足，而"二重证据法"以地下之新材料补正、证明纸上之材料，这本身便是对古书记载的深入审查。

最近这些年，学术界非常注意新出土的战国秦汉时期的简帛书籍。大量发现的这种真正的"珍本秘籍"，使我们有可能对过去古书辨伪的成果进行客观的检验。事实证明，对辨伪工作中造成的一些"冤假错案"，有必要予以平反。更重要的是，通过整理、研究出土佚籍，能够进一步了解古书在历史上是怎样形成的。我们还体会到，汉晋时期的学者整理、传流先秦古书，会碰到怎样复杂的问题，做出多么艰辛的努力，后人所不满意的种种缺点和失误又是如何造成的。我曾经说过，疑古思潮是对古书的一次大反思，今天我们应该摆脱疑古的若干局限，对古书进行第二次大反思。[①]

这就是我大胆提出"走出疑古时代"的原因。

十二、对《走出疑古时代》的几点说明

不久前在《传统文化与现代化》1995年第4期上读到刘起釪先生《关于"走出疑古时代"问题》一文。《走出疑古时代》是1992年我在一次学术座谈会上的发言，承北京大学李零先生等位依录音整理，发表在《中国文化》第7期上。现就刘文附记所说必须指出的问题，谨作说明如下。

---

① 李学勤：《对古书的反思》，《中国传统文化的再估计》，上海人民出版社，1987年。

（一）我在发言中提到西汉孔安国作隶古定，我当然知道"隶古定"一语的出处，以及宋以来有些学者对之的怀疑，可是我经过考虑，并不赞成他们的意见，不认为清代一些学者的论断科学。不止我一人这样看，近年如马雍先生的《〈尚书〉史话》，也主张孔安国曾为隶古定（中华书局 1982 年版，第 13 页）。至于敦煌卷子等隶古定《尚书》，其字体我亦以为有据。这方面的学术见解我与刘先生不同，应该是可以允许的。

（二）日本白鸟库吉在东洋协会评议委员会上的一次讲演，记录发表在明治四十二年（清宣统元年，公元 1909 年）八月出版的《东洋时报》上，题为"中国古传说之研究"，否定尧、舜、禹为实有的历史人物。在其以前，《东洋时报》第 129 号有后藤朝太郎的《论尧舜禹的抹杀》，是白鸟氏该篇的先声。次年一月，林泰辅在《东洋哲学》第 17 编第 1 号，就尧、舜、禹问题向白鸟库吉质询，后来写了《论尧舜禹抹杀论》，在《汉学》第 2 编第 7 号、《东亚研究》第 1 卷第 1 号和第 2 卷第 1 号连载，大正元年（民国元年，公元 1912 年）九月，又在《东亚研究》第 2 卷第 9 号刊出《再论尧舜禹抹杀论》，都是同白鸟氏讨论的。白鸟氏该文以尧舜禹抹杀论著名，所以我在发言时用了这个词，记录内未能详细注释。

白鸟库吉、林泰辅的作品，我以往读过，目前手头无书，系根据日本历史教育研究会所编《明治以后历史学的发达》（该会 1919 年版，第 413—414 页）叙述的。刘先生的《现代日本的〈尚书〉研究》（《传统文化与现代化》1994 年第 2 期）前此我还没有读。文中有白鸟库吉"当时有名的《尧舜禹抹杀论》"等语（第 82 页），刘先生已说明书名号是误排。该文在我的发言发表以后，彼此自无关系。

（三）周公旦子君陈及其后裔世袭周公，春秋时周公即其统绪，但由此并不能推知战国时周公是什么人。《史记·周本纪》载："考王封其弟于河南，是为桓公，以续周公之官职。桓公卒，子威公代立。威公卒，子惠公代立，乃封其少子于巩以奉王，号东周惠公。"据此，战国早期原来世袭的周公已绝，从而周考王封其弟揭，以续其职。此事在哪一年不能确知，总在考王在位的公元前440—前426年之间，东周惠公之封则可考定在周显王二年（前367），可参看杨宽先生《战国史》（上海人民出版社1980年版，第275页）。申徒狄的年代当在东周惠公以前，他所见周公是考王弟桓公一系，即《战国策》所云西周君之类，我在《长台关竹简中的〈墨子〉佚篇》小文（《徐中舒先生九十寿辰纪念文集》巴蜀书社1990年版，第6页）已有论述。

信阳长台关简是1957年9月在《文物参考资料》公布的，两个月后我在《光明日报》上发表有关小文，实无与任何人抢先的情事。认为简中一组属儒家言的，虽以我为早，还有不少位学者先生。中山大学的几位先生检出简中文句与《墨子》佚文相合，是重要发现，但当时仍以全篇归于儒家。至于"指出《墨子》中也有先王、三代、周公等词"，推想该简是《墨子》佚篇的，乃是1990年我那篇带有自我批评性质的小文，不难复按。该简究竟是《墨子》，还是仍系儒家，应该说尚未定论，是有待学术界深入探讨的问题。

（四）我的发言说"后人所谓'河图洛书'，宋代讲易学的那些基本的东西，不可能是宋人发明的"，随后还提到清朝有的学者"考出宋人的卦图出于陈抟"等，所涉及的河图、洛书卦图，是指宋人《易》学著作中的图，和河图、洛书究竟是什么无干。刘先生《古史续辨》关于河图、洛书的观点，我的看法与之也有不同，我想也是可以允许的。

附录　本书所收论文出处

导　论　《中国文化》第7期，1992年。

第一篇

一、《马克思主义历史观与中华文明》，重庆出版社，1991年。

二、《炎黄文化与民族精神》，中国人民大学出版社，1993年。

三、《华夏文明》第1集，北京大学出版社，1987年。

四、《中国历史学年鉴1988》，人民出版社，1988年。

五、《读书》1990年第3期。

六、《洛阳——丝绸之路的起点》，中州古籍出版社，1992年。

七、《中华文化》创刊号，1992年。

八、《中国史研究动态》1989年第1期。

第二篇

一、《东南文化》1991年第5期。

二、《湖南博物馆文集》，岳麓书社，1991年。

三、《东方》创刊号，1993年。

四、《中国文化》第6期，1992年。

五、《南方文物》1992年第1期。

六、《楚文化研究论集》第2集，湖北人民出版社，1991年。

第三篇

一、《中国社会科学院研究生院学报》1988年第5期。

二、《中国文物报》1991年10月20日。

三、《文博》1991年第6期。

四、《第二届国际中国古文字学研讨会论文集》，香港中文大学中文系，1993年。

五、《文物季刊》1990年第1期。

六、《中国文物报》1993年3月7日。

七、《中国社会科学院研究生院学报》1991年第2期。

八、《中国文物报》1991年2月3日。

九、《文物》1993年第10期。

第四篇

一、《文史知识》1989年第3期。

二、《东南文化》1988年第5期。

三、《华夏文明》第3集，北京大学出版社，1992年。

四、《四川文物·三星堆古蜀文化研究专辑》，1992年。

五、《大禹及夏文化研究》，巴蜀书社，1993年。

六、《中国文物报》1989年7月21日。

七、《三星堆与巴蜀文化》，巴蜀书社，1993年。

八、《文物》1991年第10期。

九、《文史知识》1990年第11期。

十、《传统文化研究（二）》，古吴轩出版社，1993年。

十一、《学术界》1991年第1期。

十二、《江汉考古》1989年第4期。

第五篇

一、《文物》1991年第1期。

二、《中国文物报》1990年2月22日。

三、《中国文物报》1990年5月31日。

四、《紫禁城》1992年第4期。

五、《文博》1992年第5期。

六、《中国文物报》1994年2月27日。

七、《农业考古》1990年第2期。

八、《孔子研究》1988年第4期。

第六篇

一、《浙江学刊》1996年第5期。

二、在1988年澳大利亚"古代中国与东南亚青铜文化"会议
论文（英文）基础上修订。

三、《文博》1997年第2期。

四、《民大史学》第1期，1996年。

五、《西北大学学报》（哲学社会科学版）1997年第1期。

六、《中国史研究》2006年第4期。

七、《城洋青铜器》，科学出版社，2006年。

八、《商丘日报》2006年9月24日。

九、《湖南省博物馆馆刊》第3期，2006年。

十、《川大史学·考古学卷》，四川大学出版社，2006年。

十一、《原道》第1辑，1994年。

十二、《传统文化与现代化》1995年第6期。

辽宁大学出版社1994年版后记

节气刚到芒种，北京的早晚还算凉爽，午间已很暑热，伏案不免流汗。竭尽数日之力，终于把这本小书的校样读完了。

应该感谢的是，此书在成书过程中，李缙云做了大量的工作。

作为本书导论的演讲记录《走出疑古时代》，是经李零、魏赤两位整理的。

第五篇中《针刻纹三角援戈及其他》和《鲜簋的初步研究》，系与英国伦敦大学亚非学院艾兰博士（Dr. Sarah Allan）合写。

以上几点，需要在这里作一说明。

这样一本研究古代的书，编辑印制相当繁难。我再次向辽宁大学出版社，向责任编辑王逸梅女士、黄永恒先生，表示衷心的感谢。

作　者

1994年6月

辽宁大学出版社1997年修订本跋

《走出疑古时代》初版后，两年以来，不断有人向我询问怎样能买到这本书，也有直接致函出版社的。对于读者这样关心拙著，在此谨表示深切的谢意。

我更要特别感谢在种种场合评论《走出疑古时代》的各位先生。例如我在书中提到"用今天出土的这些材料设立几个定点，然后把其他的古书排进去"，清华大学葛兆光先生在给我另一本书写的书评《古代中国还有多少奥秘？》中，恰当地称之为"古籍'排队'"（《读书》1995年第11期）。复旦大学钱文忠先生就此评论说："李学勤先生似乎想用这个方法弥补以往只能排出相对年代的缺憾，试图确定绝对年代。然而李先生举出的例子所确定的仍然只是相对年代。在早期历史中，除了古天文学研究依靠诸如日食等记载得以确定极少的几个日子外，我们似乎束手无策。西周以前早期中国史的编年残缺，是否将成为进一步推动我们对上古史进行多学科综合考察的一个新的契机？"（《文汇读书周报》1997年3月22日）

这正是我们当前在做的工作。国家重大科研项目"夏商周断代工程"，以自然科学和人文、社会科学相结合，通过多学科交叉来研究夏商周的年代学，迄今已涉及历史学、文献学、古文字学、历史地理学、考古学、测年技术科学、天文学以及世界古代史等学科。1996年5月，在由李铁映、宋健同志主持的有关会议上，宋健同志做了题为"超越疑古，走出迷茫"的报告，已在《科技日报》《光明日报》发表。我们相信，这是多学科研究中国古代文明的具有历史意义的开端。

《走出疑古时代》的修订版，除校正初版中的一些错误之外，还根据出版社的要求，从我最近的论作里选取了7个题目，编为书的第六篇，就称作《续见新知》。与初版原有的43个题目合计，刚好是50个题目。在这第六篇的末尾，有《谈"信古、疑古、释古"》和《对〈走出疑古时代〉的几点说明》两文，可供读者同书的导论参看。

辽宁大学出版社为这一修订版的印行，又做了辛勤的努力，书此以志不忘。

李学勤

1997年4月17日

长春出版社2007年版书后

《走出疑古时代》是我十几年前出版的一本论文集。书名移的是我1992年在北京大学一次学术座谈会上发言整理稿的标题，但其中想法可追溯到我1981年的《重新估价中国古代文明》和稍后的《对古书的反思》①。

这本书经辽宁教育出版社俞晓群先生介绍，1994年由辽宁大学出版社初版。1997年出了修订本，增加了《续见新知》七篇小文。现在幸由长春出版社印行新版，除修改一些错字外，又补收了最近写的五篇小文，仍插编于《续见新知》之中。

"走出疑古时代"这个观点，这些年得到许多学者关注。特别是1998年9月洛阳大学东方文化研究院组织"二十世纪疑古思潮回顾学术研讨会"，2006年10月山东大学、中华书局和《历史研究》编辑部主办"上古史重建的新路向暨《古史辨》第一册出版八十周年国际学术研讨会"，都有论作对"走出疑古时代"给予评论，前

---

① 李学勤：《李学勤集》，第15—27、41—46页，黑龙江教育出版社，1989年。

一研讨会的论文集业已出版①。还有散见报刊的有关论作，我都尽可能绎读，对其中的匡正指教深为感谢。国外也有学者注意有关讨论，如在美国印行的《当代中国思想》杂志出了题为"疑'疑古'"的专号，里面翻译了我的《走出疑古时代》一文②。这次《走出疑古时代》新版封面的英文书题就来自那期杂志。

在这里要衷心感谢长春出版社各位先生，尤其是张中良先生投入了大量精力和时间，使这本书多方面获得改进。

更希望大家继续赐予批评。

李学勤

2006年11月20日夜

---

① 洛阳大学东方文化研究院主编：《疑古思潮回顾与前瞻》，京华出版社，2003年。

② "Walking Out of the 'Doubting of Antiquity' Era", *Contemporary Chinese Thought*, vol.34, no.2, winter 2002–2003.